日本大学高等学校

〈収録内容〉

2024年度 ………………………… 一般A日程（数・英・国）

2023年度 ………………………… 一般A日程（数・英・国）

2022年度 ………………………… 一般A日程（数・英・国）

2021年度 ………………………… 一般A日程（数・英・国）

DL 2020年度 ………………………… 一般A日程（数・英）

DL 2019年度 ………………………… 一般A日程（数・英）

便利なDLコンテンツは右のQRコードか

解答用紙　過去年度　非対応 リスニング ⇒

※データのダウンロードは2025年3月末日まで。
※データへのアクセスには、右記のパスワードの入力が必要となります。 ⇒ 354370

〈合格最低点〉

2024年度	197／206／185
2023年度	162／170／150
2022年度	176／176／157
2021年度	217／207／188
2020年度	210／181／156

※スーパーグローバル／特別進学／総合進学

本書の特長

実戦力がつく入試過去問題集

▶ 問題 …………… 実際の入試問題を見やすく再編集。

▶ 解答用紙 …… 実戦対応仕様で収録。

▶ 解答解説 …… 詳しくわかりやすい解説には、難易度の目安がわかる「基本・重要・やや難」の分類マークつき（下記参照）。各科末尾には合格へと導く「ワンポイントアドバイス」を配置。採点に便利な配点つき。

入試に役立つ分類マーク

基本 確実な得点源！
受験生の90％以上が正解できるような基礎的、かつ平易な問題。
何度もくり返して学習し、ケアレスミスも防げるようにしておこう。

重要 受験生なら何としても正解したい！
入試では典型的な問題で、長年にわたり、多くの学校でよく出題される問題。
各単元の内容理解を深めるのにも役立てよう。

やや難 これが解ければ合格に近づく！
受験生にとっては、かなり手ごたえのある問題。
合格者の正解率が低い場合もあるので、あきらめずにじっくりと取り組んでみよう。

合格への対策、実力錬成のための内容が充実

▶ 各科目の出題傾向の分析、合否を分けた問題の確認で、入試対策を強化！

▶ その他、学校紹介、過去問の効果的な使い方など、学習意欲を高める要素が満載！

解答用紙ダウンロード 解答用紙はプリントアウトしてご利用いただけます。弊社ＨＰの商品詳細ページよりダウンロードしてください。トビラのＱＲコードからアクセス可。

UD FONT 見やすく読みまちがえにくいユニバーサルデザインフォントを採用しています。

日本大学高等学校

普通科
生徒数　1537名
〒223-8566
神奈川県横浜市港北区箕輪町2-9-1
☎045-560-2600
東急東横線・東急目黒線・日比谷線・横浜市営地下鉄グリーンライン　日吉駅
スクールバスあり　徒歩12分

体験型教育を重視し、最先端のＩＣＴで効率良く学習
多彩なプログラムで希望進路を実現

URL	http://www.yokohama.hs.nihon-u.ac.jp

プロフィール　最先端を行く教育活動を展開

1930年創設、日本大学の教育理念「自主創造」のもと、校訓「情熱と真心」、教育目標「自覚と責任」を掲げ、教育活動を展開している。付属校として内部推薦制度の優位性と、国公立や最難関私大も目指せる「進路ハイブリッド校」として、一人ひとりの進路目標の達成を目指す。そして生涯にわたって豊かで幸せな人生を歩むための人生の基盤を育む。

環境　機能的で安心できる学習環境

全教室に電子黒板が導入され、1人1台のタブレットPCと連動して、効率的かつ効果的な授業を行っている。高機能な理科実験室、50,000冊を超える蔵書の図書館、人工芝のグラウンドなど、充実した環境の中で学校生活を送ることができる。

カリキュラム　体験型を重視した、希望進路を叶えるカリキュラム

「特別進学コース」、「総合進学コース」、「総合進学コーススーパーグローバルクラス」の2コース1クラス制。「特別進学コース」は、1・2年次は放課後に週2〜3回、大手予備校講師による大学受験講座を開講。また、「スーパーグローバルクラス」は週2回スーパーグローバル特別講座を開講。1年次は、オンライン・スピーキング・トレーニング等を、2年次はサイエンス授業(英語で「数学」「理科」を学ぶ)、中国語・中国文化講座等を実施。放課後には、学内予備校のNゼミ、ネイティブ教員と自由に話せるイングリッシュラウンジ、チューターが常駐する自習室のスタディールームなど、それぞれの希望に応じたプログラムに参加することが可能。また、スタディサプリやスタディサプリENGLISHを導入し効率よく学習を行い、学力の向上に繋げている。

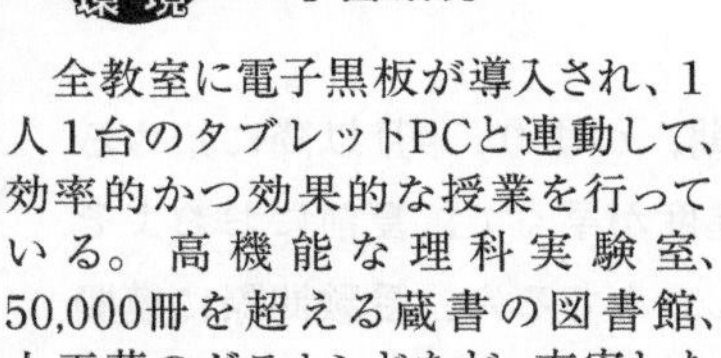

学校生活　多彩な校外活動・海外研修プログラム

スーパーグローバルクラスは1年次でハワイ海外研修、2年次でニュージーランド海外研修を実施する。特進・総進コース以外の生徒は、2年次のオーストラリア修学旅行で、ファームステイやシドニー研修などを体験する。部活動は、約38の中から、自分に合ったものを選択できる。水泳、ラクロス、チアリーディングなど全国で活躍する部も多数。

［運動部］　アメリカンフットボール、剣道、ゴルフ、サッカー、山岳、射撃、柔道、水泳、体操、卓球、テニス、バスケットボール、バレーボール、ラグビー、陸上競技、バドミントン、ラクロス、硬式野球、軟式野球、チアリーディング

［学芸部］　囲碁将棋、演劇、化学、書道、吹奏楽、生物、美術、物理、文芸、放送、地理歴史研究、マジック・ジャグリング、軽音楽

［同好会・愛好会］　華道、鉄道研究、ポピュラー音楽、写真

進路　進学校と付属校が融合　現役進学率9割以上

医・歯・薬・獣医などを含む17学部86学科を擁する日本大学への進学だけでなく、国公立や早慶上理、GMARCHへの進学実績も向上。生徒一人ひとりの夢の実現に向け、それぞれの希望や適性に応じたサポートを行っている。

2024年度入試要項

試験日　12/9(帰国生)
1/22(推薦)
2/10(一般A日程)
2/12(一般B日程)

試験科目　面接(推薦)
国・数・英(一般・帰国生)

2024年度	募集定員	受験者数	合格者数	競争率
推薦	100	149	143	1.0
一般A/B	160	513/113	425/64	1.2/1.8

※帰国生の募集は若干名

過去問の効果的な使い方

① **はじめに**　入学試験対策に的を絞った学習をする場合に効果的に活用したいのが「過去問」です。なぜならば，志望校別の出題傾向や出題構成，出題数などを知ることによって学習計画が立てやすくなるからです。入学試験に合格するという目的を達成するためには，各教科ともに「何を」「いつまでに」やるかを決めて計画的に学習することが必要です。目標を定めて効率よく学習を進めるために過去問を大いに活用してください。また，塾に通われていたり，家庭教師のもとで学習されていたりする場合は，それぞれのカリキュラムによって，どの段階で，どのように過去問を活用するのかが異なるので，その先生方の指示にしたがって「過去問」を活用してください。

② **目的**　過去問学習の目的は，言うまでもなく，志望校に合格することです。どのような分野の問題が出題されているか，どのレベルか，出題の数は多めか，といった概要をまず把握し，それを基に学習計画を立ててください。また，近年の出題傾向を把握することによって，入学試験に対する自分なりの感触をつかむこともできます。

過去問に取り組むことで，実際の試験をイメージすることもできます。制限時間内にどの程度までできるか，今の段階でどのくらいの得点を得られるかということも確かめられます。それによって必要な学習量も見えてきますし，過去問に取り組む体験は試験当日の緊張を和らげることにも役立つでしょう。

③ **開始時期**　過去問への取り組みは，全分野の学習に目安のつく時期，つまり，9月以降に始めるのが一般的です。しかし，全体的な傾向をつかみたい場合や，学習進度が早くて，夏前におおよその学習を終えている場合には，7月，8月頃から始めてもかまいません。もちろん，受験間際に模擬テストのつもりでやってみるのもよいでしょう。ただ，どの時期に行うにせよ，取り組むときには，集中的に徹底して取り組むようにしましょう。

④ **活用法**　各年度の入試問題を全問マスターしようと思う必要はありません。できる限り多くの問題にあたって自信をつけることは必要ですが，重要なのは，志望校に合格するためには，どの問題が解けなければいけないのかを知ることです。問題を制限時間内にやってみる。解答で答え合わせをしてみる。間違えたりできなかったりしたところについては，解説をじっくり読んでみる。そうすることによって，本校の入試問題に取り組むことが今の自分にとって適当かどうかが，はっきりします。出題傾向を研究し，合否のポイントとなる重要な部分を見極めて，入学試験に必要な力を効率よく身につけてください。

数学

各都道府県の公立高校の入学試験問題は，中学数学のすべての分野から幅広く出題されます。内容的にも，基本的・典型的なものから思考力・応用力を必要とするものまでバランスよく構成されています。私立・国立高校では，中学数学のすべての分野から出題されることには変わりはありませんが，出題形式，難易度などに差があり，また，年度によっての出題分野の偏りもあります。公立高校を含め，ほとんどの学校で，前半は広い範囲からの基本的な小問群，後半はあるテーマに沿っての数問の小問を集めた大問という形での出題となっています。

まずは，単年度の問題を制限時間内にやってみてください。その後で，解答の答え合わせ，解説での研究に時間をかけて取り組んでください。前半の小問群，後半の大問の一部を合わせて50%以上の正解が得られそうなら多年度のものにも順次挑戦してみるとよいでしょう。

英語

英語の志望校対策としては，まず志望校の出題形式をしっかり把握しておくことが重要です。英語の問題は，大きく分けて，リスニング，発音・アクセント，文法，読解，英作文の5種類に分けられます。リスニング問題の有無(出題されるならば，どのような形式で出題されるか)，発音・アクセント問題の形式，文法問題の形式(語句補充，語句整序，正誤問題など)，英作文の有無(出題されるならば，和文英訳か，条件作文か，自由作文か)など，細かく具体的につかみましょう。読解問題では，物語文，エッセイ，論理的な文章，会話文などのジャンルのほかに，文章の長さも知っておきましょう。また，読解問題でも，文法を問う問題が多いか，内容を問う問題が多く出題されるか，といった傾向をおさえておくことも重要です。志望校で出題される問題の形式に慣れておけば，本番ですんなり問題に対応することができますし，読解問題で出題される文章の内容や量をつかんでおけば，読解問題対策の勉強として，どのような読解問題を多くこなせばよいかの指針になります。

最後に，英語の入試問題では，なんと言っても読解問題でどれだけ得点できるかが最大のポイントとなります。初めて見る長い文章をすらすらと読み解くのはたいへんなことですが，そのような力を身につけるには，リスニングも含めて，総合的に英語に慣れていくことが必要です。「急がば回れ」ということわざの通り，志望校対策を進める一方で，英語という言語の基本的な学習を地道に続けることも忘れないでください。

国語

国語は，出題文の種類，解答形式をまず確認しましょう。論理的な文章と文学的な文章のどちらが中心となっているか，あるいは，どちらも同じ比重で出題されているか，韻文(和歌・短歌・俳句・詩・漢詩)は出題されているか，独立問題として古文の出題はあるか，といった，文章の種類を確認し，学習の方向性を決めましょう。また，解答形式は，記号選択のみか，記述解答はどの程度あるか，記述は書き抜き程度か，要約や説明はあるか，といった点を確認し，記述力重視の傾向にある場合は，文章力に磨きをかけることを意識するとよいでしょう。さらに，知識問題はどの程度出題されているか，語句(ことわざ・慣用句など)，文法，文学史など，特に出題頻度の高い分野はないか，といったことを確認しましょう。出題頻度の高い分野については，集中的に学習することが必要です。読解問題の出題傾向については，脱語補充問題が多い，書き抜きで解答する言い換えの問題が多い，自分の言葉で説明する問題が多い，選択肢がよく練られている，といった傾向を把握したうえで，これらを意識して取り組むと解答力を高めることができます。「漢字」「語句・文法」「文学史」「現代文の読解問題」「古文」「韻文」と，出題ジャンルを分類して取り組むとよいでしょう。毎年出題されているジャンルがあるとわかった場合は，必ず正解できる力をつけられるよう意識して取り組み，得点力を高めましょう。

数学

出題傾向の分析と合格への対策

●出題傾向と内容

本年度の出題数は，大問が5題，小問数にして18題で，例年並みであった。

問題1は8題の小問群で，数・式の計算，式の値，連立方程式，角度，平面図形，関数，確率など，中学数学の広範囲からの出題。問題2からは大問で，問題2はデータの整理，問題3は図形と関数・グラフの融合問題，問題4は平面図形の計量問題，問題5は空間図形の計量問題となっている。

問題数は適量で，中学数学の内容をほぼ網羅した標準的な出題内容である。

✔学習のポイント

図形や確率の問題が多く出題されているのでしっかり学習しておこう。計算問題は時間をかけずに解けるようにしておきたい。

●2025年度の予想と対策

来年度も，問題量やレベル等に大きな変化はないと思われる。中学数学の全分野から基本的な知識や考え方，計算方法，解法を問う問題と，それらを応用した問題とが小問数にして16～20題程度出題されるだろう。

まずは，教科書の内容の理解に努めよう。説明や例題等をノートに整理し，基本の問題や章のまとめの問題がすべて解ける力を養っておこう。余裕ができたら基本レベルから標準レベルの問題集を使って力を定着させるのもよい。途中の計算なども手を抜かないように，また，関数や図形問題では，表やグラフ，図形などを書きながら解くようにしよう。

▼年度別出題内容分類表……

出題内容			2020年	2021年	2022年	2023年	2024年
数と式		数の性質	○				○
		数・式の計算	○	○	○	○	○
		因数分解					
		平方根	○	○	○	○	○
方程式・不等式		一次方程式	○	○	○		○
		二次方程式		○	○		
		不等式					
		方程式・不等式の応用					
関数		一次関数	○	○	○	○	○
		二乗に比例する関数	○	○	○	○	○
		比例関数	○				
		関数とグラフ	○	○	○	○	○
		グラフの作成					
図形	平面図形	角度	○	○	○	○	○
		合同・相似	○	○	○	○	○
		三平方の定理	○	○	○	○	○
		円の性質	○	○	○	○	○
	空間図形	合同・相似		○	○	○	○
		三平方の定理		○	○	○	○
		切断			○		○
	計量	長さ	○	○	○	○	○
		面積	○	○	○	○	○
		体積	○	○			○
		証明					
		作図					
		動点					
統計		場合の数					
		確率		○	○	○	○
		統計・標本調査	○		○	○	○
融合問題		図形と関数・グラフ	○	○	○	○	○
		図形と確率		○			
		関数・グラフと確率			○		
		その他					
その他							

日本大学高等学校

英語 出題傾向の分析と合格への対策

●出題傾向と内容

本年度は，リスニング問題，文法問題，対話文完成，長文読解問題2題の計5題が出題された。

文法問題は空欄を埋める適語選択補充問題であり，中学で学習する幅広い文法知識と語彙力が要求されている。

対話文完成，長文読解問題は長さ・難易度ともに標準的で内容も読みやすいものとなっている。読解問題は小問に分かれているため計4題の英文を読むことになる。内容に関する問題が出されているので細部まで読み取る読解力が必要である。

全体として，リスニング力，文法力，語彙力，読解力の英語の総合力が要求されている。

✔学習のポイント

中学で学習する文法や単語表現をよく復習し，文法力と語彙力をつけよう。いろいろな長さの長文を読み読解問題にも慣れておこう。

●2025年度の予想と対策

来年度も，例年通りリスニング問題，長文読解問題，文法問題の比重が同程度の，かたよりのない出題が予想される。長文読解対策としては，普段からの読解練習が欠かせない。1000語近い長文を早く正確に読む力を養おう。

文法問題については，教科書の内容を完ぺきにした上で基本構文や熟語などをしっかり復習しておこう。上級問題集にも取り組んでおく必要がある。

リスニング対策としては，テレビやラジオ，CDなどを利用して，普段から英語を聞く習慣を身につけておくとよいだろう。

▼年度別出題内容分類表 ••••••

	出題内容	2020年	2021年	2022年	2023年	2024年
話し方・聞き方	単語の発音					
	アクセント					
	くぎり・強勢・抑揚					
	聞き取り・書き取り	○	○	○	○	○
語い	単語・熟語・慣用句					○
	同意語・反意語					
	同音異義語					
読解	英文和訳(記述・選択)					
	内容吟味	○	○	○	○	○
	要旨把握					
	語句解釈					
	語句補充・選択	○	○	○	○	○
	段落・文整序					
	指示語					
	会話文	○	○	○	○	○
文法・作文	和文英訳					
	語句補充・選択	○	○	○	○	○
	語句整序	○	○			
	正誤問題					
	言い換え・書き換え					
	英問英答					
	自由・条件英作文					
文法事項	間接疑問文	○		○		
	進行形	○	○			
	助動詞	○	○	○		○
	付加疑問文					
	感嘆文	○				○
	不定詞	○	○	○		○
	分詞・動名詞	○	○	○	○	○
	比較	○	○		○	○
	受動態		○	○	○	○
	現在完了	○	○			○
	前置詞	○	○		○	○
	接続詞	○	○		○	○
	関係代名詞	○		○	○	○

国語 出題傾向の分析と合格への対策

●出題傾向と内容

本年度も，国語の知識に関する独立問題が1題，現代文の読解問題が2題，古文の読解問題が1題という計4題の大問構成となっている。

一国語の知識問題は，漢字の読み書き，表現技法，敬語など幅広い内容が出題されている。

二論説文の読解問題では，内容吟味や文脈把握を中心に，筆者の考えを読み取らせる設問となっている。三小説では，心情や理由を読み取る設問が中心となっている。

四の古文は，『正法眼蔵随聞記』からの出題で，漢文の内容が含まれている。

解答形式はすべてマークシート方式が採用されている。問題量が多いので時間配分に気をつけよう。

学習のポイント

漢字，語句，文法，文学史などの知識分野の学習を徹底して，様々な種類の文章に触れることを心がけよう。

●2025年度の予想と対策

例年，様々なジャンルの文章が出題されるのが本校の特徴である。今後も，その傾向が続くと思われる。

現代文の文学的文章では，表現上の特色をつかみ，情景や登場人物の心情を読み取ることを心がけよう。論理的文章では，筆者の主張を読み取るために，指示語，接続語などに気をつけて文脈を把握し要旨をつかんでいくようにしよう。古文は，まず，教科書に出てくる文章を読みこなし，基本的な古語の意味をつかみ内容を理解するよう努めたい。漢字の読み書き，語句や文法，文学史など，国語の基本的な知識もしっかり習得しておこう。

▼年度別出題内容分類表 ……

出題内容			2020年	2021年	2022年	2023年	2024年
内容の分類	読解	主題・表題	○	○		○	○
		大意・要旨	○	○	○	○	○
		情景・心情	○	○	○	○	○
		内容吟味	○	○	○	○	○
		文脈把握	○	○	○	○	○
		段落・文章構成					○
		指示語の問題	○	○	○	○	○
		接続語の問題					
		脱文・脱語補充	○	○	○	○	○
	漢字・語句	漢字の読み書き	○	○	○	○	○
		筆順・画数・部首					
		語句の意味		○	○	○	○
		同義語・対義語	○			○	○
		熟語		○	○	○	○
		ことわざ・慣用句					○
	表現	短文作成					
		作文(自由・課題)					
		その他					
	文法	文と文節					
		品詞・用法	○	○	○	○	○
		仮名遣い		○			○
		敬語・その他				○	○
	古文の口語訳		○	○	○	○	○
	表現技法		○	○	○	○	○
	文学史		○	○	○	○	○
問題文の種類	散文	論説文・説明文	○	○	○	○	○
		記録文・報告文					
		小説・物語・伝記	○	○	○		○
		随筆・紀行・日記				○	
	韻文	詩	○	○	○	○	○
		和歌(短歌)					
		俳句・川柳					
	古文		○	○	○	○	○
	漢文・漢詩						

2024年度 合否の鍵はこの問題だ!!

数学　問題2，問題3（12），問題4（14），問題5（17）・（18）

問題2　四分位数など統計用語の定義を理解しておこう。

問題3（12）　三角形の面積を実際に求めてもよいが，計算がやや面倒である。

【別解】　A$(0,\ 12)$　$y=-\frac{1}{2}x-3$に$y=0$を代入して，$x=-6$　よって，C$(-6,\ 0)$　直線BCの傾きは，$\frac{-6-0}{6-(-6)}=-\frac{1}{2}$より，直線BCの式を$y=-\frac{1}{2}x+b$とすると，点Cを通るから，$0=3+b$　$b=-3$　よって，D$(0,\ -3)$　直線①とx軸との交点をGとすると，$y=-3x+12$に$y=0$を代入して，$x=4$　よって，G$(4,\ 0)$　点Fのy座標をhとすると，$\triangle \mathrm{CBF}=\triangle \mathrm{CBG}+\triangle \mathrm{CGF}=\frac{1}{2}\times(4+6)\times 6+\frac{1}{2}\times(4+6)\times h=30+5h$　$\triangle \mathrm{CDA}=\frac{1}{2}\times(12+3)\times 6=45$　$30+5h=45\times 3$　$5h=105$　$h=21$　$y=-3x+12$に$y=21$を代入して，$21=-3x+12$　$3x=-9$　$x=-3$　よって，F$(-3,\ 21)$

問題4（14）　△CADが二等辺三角形であることに気づくところがポイントである。弧AB：弧BC＝2：3の条件は不要である。

問題5（17）　平面OBDを考える。

（18）　対称性を利用して，むだな計算をしないようにすることが大切である。

◎関数，図形の大問では，各小問は関連しているので，前問を手がかりに解いていこう。図形の定理や公式はしっかりと使いこなせるように，いろいろな問題を解いておこう。

英語　問題2

問題2は語句選択補充問題である。中学で学習する文法事項，重要構文が幅広く出題されている。語彙力が試される問題も前置詞や接続詞，語彙や会話表現を含む慣用句が出題されている。全体で20題と問題数が多いため，この問題に時間を取られることなく正答を見つけ，その後に続く長文読解問題にていねいに取り組めるようにしたい。英語の正確な知識が試されるこの問題をいかに攻略するかが合否を分けると推測される。

(11)　英語は単数複数，時制ミスは必ず減点になるので，この問題に限らず気をつけよう。

ここでは I can't believe it! の文は現在形だが，空所を含む文は，yesterday という語からもわかるように過去形であることに注意。また先行詞であり文の主語となる tickets は複数形，また tickets と sell は受け身の関係になることから were sold が正解となる。関係代名詞が省略されていることに注意。

(19)　英語では〈主語＋動詞〉の形を正確に把握することが重要。主語がわかりにくい場合は，1つの文の1つしかない動詞から先に見つけるとよい。この文の動詞は Do you see の see，主語は you。the person は see の目的語になるので空所には動詞を入れることができないことに注目。したがって，is sitting や talks は不可。

「郵便局の前に立っている」は「人」を修飾しているので，空所に分詞を入れて後置修飾し，the person から post office までがひとまとまりで see の目的語になることに気づきたい。

the person と空所に入る分詞は〈主語＋動詞〉の関係になるので入れる分詞は現在分詞。(過去分詞は受け身の関係)現在分詞は standing のみ。is sitting の現在分詞 sitting は be + …ing で現在進行形となる動詞なので不可。

語彙力を試される問題では，知らない単語や表現で正答に迷う場合，文全体の内容から消去法で答えを見つけていくのでもよい。日頃からさまざまな英文に当たりながら語彙力を増やしておきたい。

国語　三　問36

★ 合否を分けるポイント

文学的文章を扱った大問の最終問題で，本文全体の内容をとらえさせる設問となる。内容と同時に，登場人物の心情の大きな変化を読み取れるかどうかが，合否を分けるポイントとなる。出典の『ミチクサ先生』という題名に通じる設問であることも意識しよう。

★ こう答えると「合格できない」！

全体の設問数が多いので，本文や選択肢を何度も読んだり丁寧に照合したりしようとすると，時間が足りなくなってしまい，「合格」できない。初読で本文の内容を把握し，選択肢を見落とすことなくすばやく目を通す練習を重ねておこう。

★ これで「合格」！

文章は，後に著名な物理学者となる寺田寅彦が，夏目金之助(夏目漱石)に俳句をやめて学業に専念すべきかを相談する場面を描いている。金之助は，「いろんな寄り道」つまり「道草」をした方が面白いと寅彦に話し，寅彦は「ボク，少し力が湧いて来ました。みちくさをしてみたくなりました。物理学にも俳句があった方が良い気がします」と晴れやかな様子で答えている。この様子に「『みちくさ』を受け入れることで心配が消えていく」と表現している4を選ぼう。金之助の話に1の「『みちくさ』のない人生の充実感」は適当ではなく，「寄り道」と「道草」は同じ意味で用いられているので，2も適当でない。最終場面の金之助の様子に，3の「不安」も合わないことを確認すれば，「合格」だ！

2024年度

入　試　問　題

2024年度

2024年度

日本大学高等学校入試問題

【数　学】（50分）〈満点：100点〉

【注意】定規，コンパス，分度器及び計算機の使用はできません。

問題1　次の各問いに答えなさい。

（1）　$\left(-\dfrac{1}{3}xy^2\right)^3 \times (2x^2y)^2 \div \left(\dfrac{2y}{3x^2}\right)^2 = \dfrac{\boxed{1}\boxed{2}}{\boxed{3}}x^{\boxed{4}\boxed{5}}y^{\boxed{6}}$

（2）　$\left(\dfrac{5}{\sqrt{10}}-\sqrt{2}\right)^2+\left(\sqrt{10}+\dfrac{1}{\sqrt{2}}\right)^2=\boxed{7}\boxed{8}$

（3）　$x=3+\sqrt{6}$，$y=3-\sqrt{6}$のとき，$x^3y-xy^3=\boxed{9}\boxed{10}\sqrt{\boxed{11}}$である。

（4）　連立方程式$\begin{cases} xy=5 \\ \dfrac{1}{x}+\dfrac{1}{y}=2 \end{cases}$を解くと，$x=\boxed{12}\pm\boxed{13}\sqrt{\boxed{14}}$である。

（5）　右の図のような円Oにおいて，$\angle x=\boxed{15}\boxed{16}°$である。

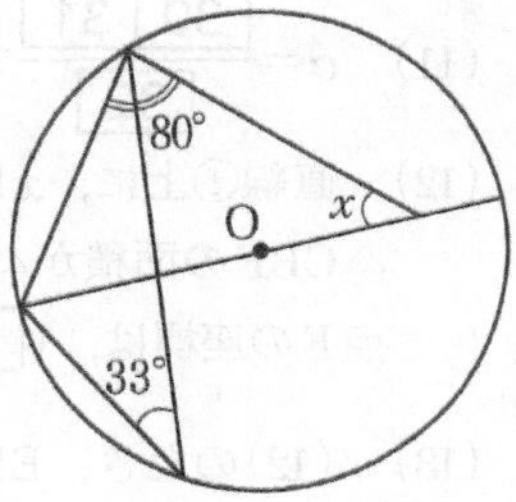

（6）　1辺が2cmの正八角形の面積は，$\boxed{17}+\boxed{18}\sqrt{\boxed{19}}\,\mathrm{cm}^2$である。

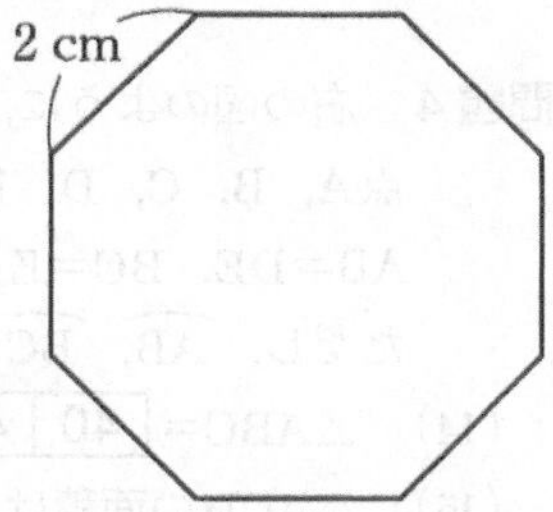

（7）　2つの関数$y=ax^2$と$y=\dfrac{1}{8}x+5$について，xの値が$a-2$から$a+2$まで変化するときの変化の割合が等しくなるとき，$a=\dfrac{\boxed{20}}{\boxed{21}}$である。ただし，$a>0$とする。

（8）　5本のうち3本が当たりであるくじが袋の中に入っていて，その中から3本のくじを引くとき，当たりが2本である確率は，$\dfrac{\boxed{22}}{\boxed{23}}$である。

問題2　右の図は，あるクラスで実施した1問2点の小テストの結果を箱ひげ図に表したものである。受験した40人のうち，2点の生徒は3人であった。

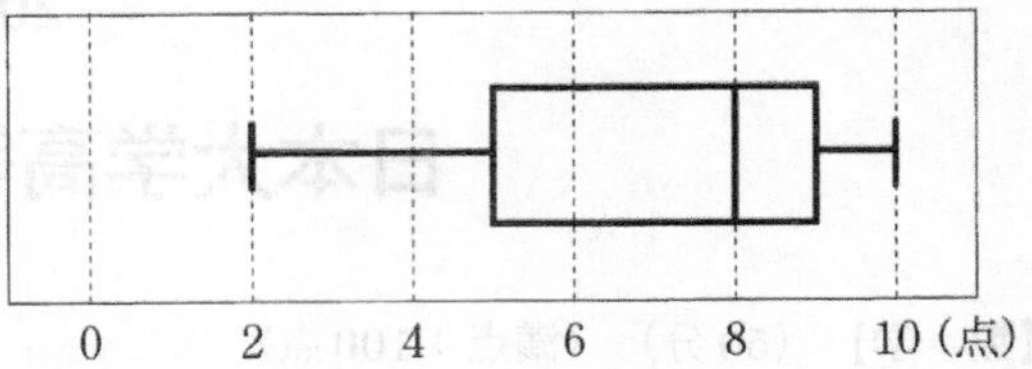

（9）　クラスの平均点が7点であるとき，8点の生徒は，[24][25]人である。

（10）　クラスの平均点がわからないとき，8点の生徒は，[26][27]人以上[28][29]人以下である。

問題3　右の図において，直線①は$y=-3x+12$，

直線②は$y=-\frac{1}{2}x-3$のグラフである。

直線①はy軸，直線②とそれぞれ点A，Bで交わり，直線②はx軸，y軸とそれぞれ点C，Dで交わる。また，点Bを通る放物線$y=ax^2$と直線②の交点のうち，B以外の点をEとする。

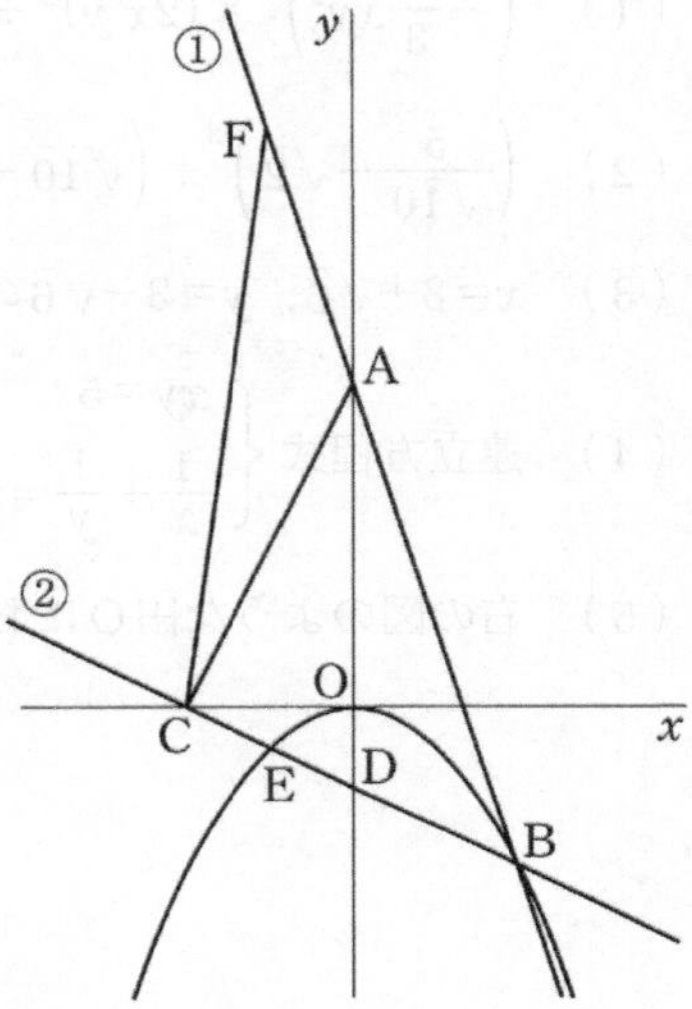

（11）　$a=\frac{[30][31]}{[32]}$である。

（12）　直線①上に，x座標が負である点Fをとる。
△CBFの面積が△CDAの面積の3倍となるとき，
点Fの座標は，（[33][34]，[35][36]）である。

（13）　(12)のとき，EFの長さは，$\frac{[37][38]}{[39]}$である。

問題4　右の図のように，半径2cmの円Oの円周上に点A，B，C，D，Eがあり，∠CAD＝30°，AB＝DE，BC＝EA，$\overset{\frown}{AB}:\overset{\frown}{BC}=2:3$である。
ただし，$\overset{\frown}{AB}$，$\overset{\frown}{BC}$はどちらも短い方の弧とする。

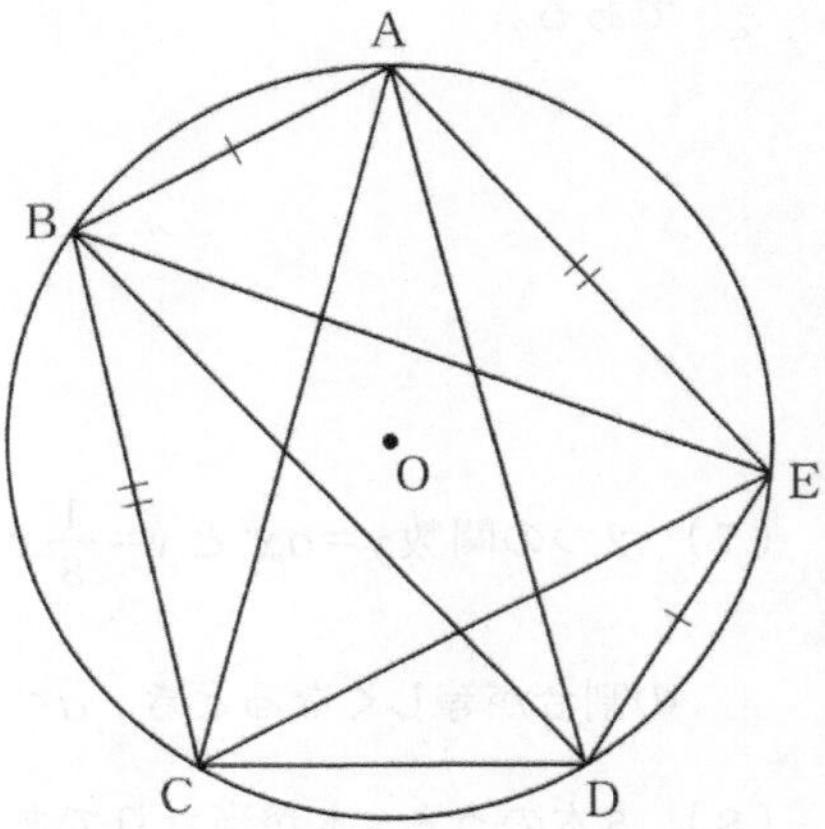

（14）　∠ABC＝[40][41][42]°である。

（15）　△ACDの面積は，[43]＋$\sqrt{[44]}$ cm^{2}である。

問題5　右の図のように，OA＝10cm，AB＝$6\sqrt{2}$cmの正四角錐《すい》O－ABCDがあり，点Oから平面ABCDに引いた垂線をOHとする。また，OA，OCの中点をそれぞれM，Nとし，3点B，M，Nをふくむ平面とOH，ODとの交点をそれぞれP，Qとする。

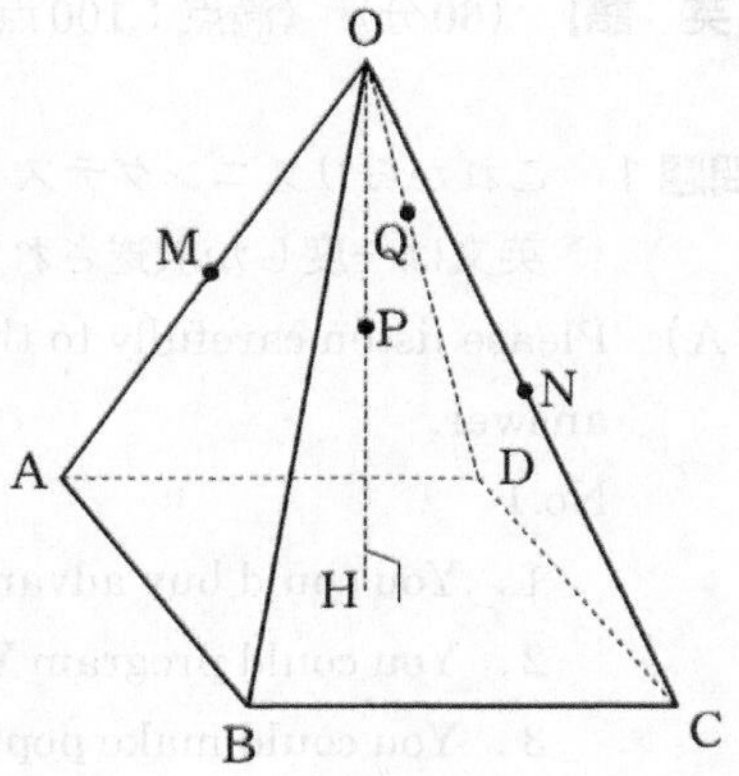

(16)　OP＝[45]cmである。

(17)　△OBQの面積は，[46][47]cm^2である。

(18)　四角錐O－BNQMの体積は，[48][49]cm^3である。

【英　語】（60分）〈満点：100点〉

問題１　これからリスニングテストを始めます。問題は（A）と（B）に分かれています。
英文は一度しか放送されません。メモを取っても構いません。

（A）　Please listen carefully to the following passages and answer the questions. Choose the best answer.

No.1

1．You could buy advanced tapes.

2．You could program VHS tapes.

3．You could make popular TV programs.

4．You could rent VHS tapes.

No.2

1．One that lets her stand.

2．One that lets her eat.

3．One that lets her sit.

4．One that lets her talk to people.

No.3

1．Because she played with a beautiful black cat.

2．Because she saw a capybara in the cat cafe.

3．Because the cats were all sleeping.

4．Because the black cat only played with her for 5 minutes.

No.4

1．Girls make chocolates and give them to others.

2．Everybody gives chocolates or Valentine's cards.

3．Shops give people chocolates for free.

4．People don't like to celebrate Valentine's Day in America.

（B）　Please listen carefully to the following dialogues and answer the questions. Choose the best answer.

No.5

1．To make his arms stronger.

2．To prepare for a marathon.

3．To help the woman run.

4．To teach others how to exercise.

No.6

1．Buy the brushes.

2．Buy the paints.

3．Make dinner.

4．Take the money.

No.7

1． He bought their first album.

2． His uncle played their music for him.

3． His uncle was in the band.

4． He sold their most famous album to his uncle.

No.8

1． Toothpaste.

2． Toothbrush.

3． Pajamas.

4． Charger.

No.9

1． Her grandfather was sick.

2． She was not satisfied.

3． She had an accident while scuba diving.

4． She had horrible food there.

No.10

1． Because it was the cheapest option.

2． Because it was the most powerful option.

3． Because she liked to do remote work outside.

4． Because she liked to play video games.

〈リスニングテスト放送台本〉

No. 1

Before DVDs, people watched movies on VHS tapes. Like DVDs, you could rent VHS tapes at video rental stores. You could also record any TV program on a VHS tape using a VHS player! VHS tapes became less popular as technology advanced. However, some people are still interested in VHS tapes.

QUESTION: How are VHS tapes similar to DVDs?

1. You could buy advanced tapes.
2. You could program VHS tapes.
3. You could make popular TV programs.
4. You could rent VHS tapes.

No. 2

Grace is job hunting to save money for college. She wants a job that allows her to sit down because she hates standing for long periods of time. Even though she doesn't mind short breaks, she wants to have a 1-hour lunch break. Grace also prefers a job that doesn't involve talking to people.

QUESTION: What kind of job does Grace want?

1. One that lets her stand.

2. One that lets her eat.
3. One that lets her sit.
4. One that lets her talk to people.

No. 3

I went to a cat cafe last week. There was a capybara there. I was surprised to see one in a cat cafe! The cats there were very happy. I played with a beautiful black cat, but after 5 minutes, it left to take a nap. If I were a cat, I would also sleep all day and eat delicious fish.

QUESTION: Why was the woman surprised at the cat cafe?

1. Because she played with a beautiful black cat.
2. Because she saw a capybara in the cat cafe.
3. Because the cats were all sleeping.
4. Because the black cat only played with her for 5 minutes.

No. 4

I think Valentine's Day is very interesting. In America, everyone would give each other chocolates or Valentine's cards. I prefer the way America celebrates Valentine's Day because I love free chocolate. But in Japan, only girls would make chocolates and give them to others. I don't like this as much.

QUESTION: How do people in America celebrate Valentine's Day?

1. Girls make chocolates and give them to others.
2. Everybody gives chocolates or Valentine's cards.
3. Shops give people chocolates for free.
4. People don't like to celebrate Valentine's Day in America.

No. 5

M：Excuse me. I'm new to this gym, and I'm not sure how to use this machine.

W：No problem! I use it all the time. This machine will help you get stronger arms. Are you interested in training your arms?

M：Not really. I'm more interested in exercising my legs because I want to participate in a marathon next year.

W：Oh! I've run in three marathons, and that machine really helped me. I'll teach you how to use it.

QUESTION: Why did the man come to the gym?

1. To make his arms stronger.
2. To prepare for a marathon.
3. To help the woman run.
4. To teach others how to exercise.

No. 6

M：It says here that I need to use two different paint brushes. I don't have any!

W：That's okay. When the store opens tomorrow, I will buy them so we can paint after dinner.

M：Thank you. I will put the money on the dining room table. Don't forget to take it before going out.

W：Yes, of course. I will do that first thing tomorrow.

QUESTION: What will the woman do first tomorrow?

1. Buy the brushes.
2. Buy the paints.
3. Make dinner.
4. Take the money.

No. 7

M：Hey, wasn't this band famous in 2000?

W：Oh yeah! It was so famous that their first CD was album of the year.

M：That's cool! My uncle used to play their songs for me. I would love to hear their music again.

W：Me too. It brings back so many childhood memories.

QUESTION: How did the man know about the band?

1. He bought their first album.
2. His uncle played their music for him.
3. His uncle was in the band.
4. He sold their most famous album to his uncle.

No. 8

M：Have you packed your bag for the sleepover?

W：I'm almost done. I got my pajamas, my toothbrush, and my charger.

M：How about toothpaste? I have a travel-sized one in my room. Would you like that?

W：It's okay. Stacy said I could use hers.

QUESTION: Which item is NOT needed by the girl?

1. Toothpaste.
2. Toothbrush.
3. Pajamas.
4. Charger.

No. 9

M：Hey, Jess! How was your summer vacation?

W：Hey, Mike. It was okay. I went to see my grandparents in Fukuoka. My grandmother was very sick, so I didn't have a good time.

M：Oh, I'm sorry to hear that. I went to Okinawa, went scuba diving, and ate some of the best food I've ever had in my life.

W：That sounds really nice. I wish I could have come with you.

QUESTION: What is one thing we learn about the woman's vacation?

1. Her grandfather was sick.
2. She was not satisfied.
3. She had an accident while scuba diving.
4. She had horrible food there.

No. 10

W：I just got a new computer! I love it!

M：Nice! Is it a laptop or a desktop computer?
W：It's a laptop since I like to work remotely in cafes and share spaces.
M：Hmmm, I still think that desktop computers are better than laptops because they are more powerful at a cheaper price. I can also play more video games on my desktop computer.

QUESTION: Why did the woman choose the laptop?

1. Because it was the cheapest option.
2. Because it was the most powerful option.
3. Because she liked to do remote work outside.
4. Because she liked to play video games.

問題2 次の(11)から(30)までの(　　)に入る最も適切なものを1～4の中から1つ選び，その番号をマークしなさい。

(11) I can't believe it! All the tickets for the concert we were looking at (　　) out yesterday.
1. were sold　2. are selling　3. was sold　4. was selling

(12) She started to get more serious about playing lacrosse, although it was just (　　) fun at first.
1. with　2. for　3. by　4. of

(13) Food and drink are not (　　) in the gym, so we decided to have lunch in the classroom before going there.
1. allowed　2. observed　3. obeyed　4. cleaned

(14) A：Odeisha is such a funny person.
B：I know. She always makes me (　　).
1. to laugh　2. laughing　3. laughed　4. laugh

(15) My family expected that our favorite basketball team would win the game, so we were (　　) with the results.
1. disappointed　2. popular　3. through　4. wrong

(16) Mirai listens to some of her favorite songs on headphones and puts on her right shoe first. This is how she (　　) for soccer games.
1. speaks up　2. gets ready　3. stands out　4. feels sorry

(17) A：Noah, let's watch a movie. I bought the DVD you wanted to watch.
B：Thank you very much, but I'm too tired (　　) it tonight. What about this weekend?
1. in watching　2. by watching　3. to have watched　4. to watch

(18) Cecilia really likes the new tablet case she just bought. She is going to buy (　　) one for her sister.
1. other　2. another　3. neither　4. either

(19) A：Excuse me. I'm looking for Ms. Lewis. Could you tell me where she is?
B：Do you see the person (　　) in front of the post office? That's Ms. Lewis.

1. is sitting 2. standing 3. talks 4. waited

(20) A：This school library is amazing! Don't you think so?
B：I think so, too. If I (　　) a student in this school, I would read books and study here every day.
1. am 2. have been 3. was been 4. were

(21) A：Annie, would you like some more tea?
B：No, thank you. I've had (　　).
1. the recipe 2. very 3. enough 4. the flavor

(22) My father is (　　) about golfing, and he goes to practice every evening after work.
1. sorry 2. crazy 3. fed up 4. well

(23) A：Josh, can I borrow your tablet computer for a moment? Mine has (　　) battery.
B：Sure. Do you want to research the writer Kevin introduced in class?
1. got around 2. come up with 3. turned down 4. run out of

(24) In my school, most students get on the school bus, (　　) some students come by bike.
1. until 2. no matter when 3. while 4. as if

(25) A：Jessica, now it's your (　　) to give your presentation. Good luck!
B：I know. I feel really nervous. My heart is beating so fast!
1. turn 2. earn 3. harm 4. calm

(26) Aya rides the train (　　) the Tama River to go to school. She sometimes enjoys the sunset from the bridge on her way home.
1. into 2. between 3. across 4. within

(27) I will go to the (　　) store this afternoon since I need to buy some bread and fruit for tomorrow.
1. clothing 2. furniture 3. grocery 4. stationery

(28) The school can easily be (　　) by public transportation. The nearest train station is serviced by many lines.
1. postponed 2. delivered 3. accessed 4. expected

(29) Recently, the (　　) of forest fires has increased due to high temperatures and dry weather.
1. risk 2. capacity 3. ability 4. shortage

(30) Kei moved to Tokyo a year ago and loves the city life, but he can't stand the hot and (　　) weather in summer.
1. comfortable 2. pleasant 3. freezing 4. humid

問題3 次の(31)から(35)までの(　　)に入る最も適切なものを1～4の中から1つ選び，その番号をマークしなさい。

(31) A：What a wonderful bike you have!
B：Thank you. My father gave it to me last Christmas.
A：(　　)
B：Sounds great! I'll make a packed lunch for us both. Let's meet at the station at noon next Sunday.

1. Have you ridden it before?
2. Do you want me to ride it?
3. How about riding our bikes to the lake together?
4. Did you go to the lake by bike then?

(32) A：I like this vase very much! What do you think of it?
B：Both the color and the shape are fantastic. Let's take it.
A：OK. But (　　)
B：I'll ask the clerk to wrap it carefully so that it won't break.

1. I'm afraid it's too fragile.
2. could you make it cheaper?
3. I'd like to talk with you about it.
4. I would get more from the online store.

(33) A：Hello. I'd like to send this package to Japan. How much would it cost?
B：The express mail service takes three days to arrive and is $78. The standard mail takes ten days to arrive and is $38.
A：I won't need it soon, so (　　)
B：I see. Please fill out the form.

1. I'd like to get it as soon as possible.
2. I want it to arrive in the day time.
3. I'll send it by express mail.
4. I'll use the cheaper way.

(34) A：I didn't see you at the practice meeting last week. Did something happen?
B：I was fine. (　　), so I couldn't attend.
A：I'm glad you were well. Where did you go?
B：My parents and I went to Nagano and hiked up Mt. Kurumayama. It was so refreshing!

1. I was at a school camp
2. I went on a trip with my family
3. I did not feel well for a week
4. My train was accidentally delayed

(35) A：Excuse me. Could you tell me the way to the National Palace Museum?
B：Sure. Can you see the bus stop? Take the No.30 there.

A：Should I take the bus?（　　）
B：If you want to. I think it takes about 40 minutes on foot.
1. I thought I could walk.
2. Call me a taxi, please?
3. I prefer trains.
4. Are you that close?

問題4　次の英文[A]，[B]を読み，その文意にそって(36)から(40)までの(　　)に入る最も適切なものを1～4の中から1つ選び，その番号をマークしなさい。

[A]

A Family Trip

Mr. and Mrs. Kikuchi take a trip every winter vacation with their three daughters. They want their daughters to learn about the culture, history, and food unique to the areas. There are many places to visit in Japan, and so far they have toured many famous Japanese sites. Last year, one of the three daughters complained that she would like to travel abroad instead of within Japan. This year, they (　36　). Mr. Kikuchi searched the internet for a travel agency and found a tour to Washington D.C.

In January the family flew to Washington D.C. They toured historic buildings and the downtown area with a tour guide and ate delicious food. Though they enjoyed the trip very much, (　37　). They did not have enough time to spend at each place. Next year, they will try to stay for a longer period of time.

(36)　1. suggested attending a neighborhood festival
　　　2. tried to be at home as in the past
　　　3. agreed to continue domestic travel
　　　4. decided to go on an international trip

(37)　1. they were too short for the rides
　　　2. they were very busy
　　　3. the weather was so bad
　　　4. their guide was unfriendly

[B]

Poverty

What exactly is poverty? Poverty is not having enough resources to obtain sufficient amounts of life's necessities, such as food, water, health care and education. Without education, most people have very little hope of pulling themselves out of poverty. Providing education is the most important way to help a community or nation rise above poverty. Many people think that (　38　) the poor of the world is by providing them with shipments of food. Believe it or not, this actually makes things worse! Why? There is an ancient Chinese proverb that states, "Give a man a fish, and he will eat for a day; teach him how to fish, and he will eat for a lifetime." Supplying food to the poor without teaching them how to grow their own food will help them only for (39). But if we can teach poor nations how to farm better and create stronger economies as well as help them build schools to educate children, these benefits will last a lifetime. The goal is not to stop the situation but to find ways to improve it in the future, which is what is needed today. This is called (40).

(38) 1. the best way to discover
2. the best way to help
3. the worst way to call
4. the worst way to promise

(39) 1. as long as the food lasts
2. as much as they can eat
3. as soon as they arrive there
4. as fast as the ship goes

(40) 1. economic progress
2. global warming
3. sustainable development
4. protecting wild plants

問題5 次の英文[A], [B]の内容に関して, (41)から(45)までの質問に対して最も適切なものを1～4の中から1つ選び, その番号をマークしなさい。

[A]

From: Danil Vorokov ＜danil-vorokov@globemail.com＞
To: Joseph Harris ＜jharris@mymail.com＞
Date: September 7
Subject: Science and an event

Thanks for lending me the book about science last week. It was really interesting, and I learned a lot. I especially enjoyed reading the part about how the universe works. Do you like science too? If so, which part of science do you like best? Next time we meet, let's tell each other what we've learned from this book. Because I enjoyed the book very much, I asked my father and brother to take me to the science museum, so they did. I learned some more new things in the museum, and I was able to participate in a lot of scientific experiments. The museum staff did the experiments with me, and I was very interested in what they were doing. I was excited by the experiments because they were at a higher level than the ones we do in school.
By the way, on the way to the museum, I found an announcement about a sporting event for middle and high school students here in town. It's going to take place next month at ABC Park near the train station. They are inviting famous basketball players, soccer players, and Olympic track and field athletes as guests. They will be giving

lectures on how to become a better athlete and practice without getting injured. I am a member of the basketball team and would like to join the basketball players' lectures. What sports do you like? If there is a lecture that you would like to attend, why don't you join us?
I hope this year I can enjoy my two interests, science and sports.

Talk soon,
Danil

(41) Why did Danil go to the museum?
1. He wanted to teach people about his new things about the universe.
2. He was told to go to the museum to learn science.
3. He became interested in the book about science he borrowed.
4. He was moved by the experiments in the museum.

(42) What is one thing Danil says about the sporting event?
1. Several lectures on athletes' experiences will be given at the event.
2. The people giving the lectures are all teachers from local schools.
3. People have to buy an expensive ticket to attend the event.
4. Danil's goal this year is to play basketball, not study science.

[B]

Sushi and Hibachi

In New York City alone, it was said that there were about 400 Japanese restaurants fifteen years ago. The number is certainly much larger today. Many of these restaurants serve sushi and/or barbecued meat and vegetables. Most likely, these are the two most popular foods to order among American people at a Japanese restaurant.

Believe it or not, there are many Americans who love raw fish. They eat *nigiri* or rolled sushi, such as a dragon roll or rainbow roll. A dragon roll is covered with many thinly sliced avocados, so they look like the skin of a dragon. A rainbow roll, as the name suggests, is covered with colorful sliced fish, such as tuna and salmon. But it is also true that there are many Americans who do not eat raw fish, whatever their reason is. Those who do not eat raw fish but sit at the counter might order a California roll or shrimp tempura roll, for example. I am sure that you can imagine what a shrimp tempura roll is, but you might not know what a California roll is. To make a California roll, you need the following ingredients: rice, sheets of dried seaweed, avocado, cucumber, artificial crab made of codfish, and a touch of mayonnaise. Let me tell you how to make it. First, you place rice on a sheet of seaweed. Next, you turn it inside out. Then, you place all the cut ingredients on it and roll it. That's it. Isn't it simple? People who like sushi believe that it is healthy. In the United States, people who are interested in health tend to eat fish or chicken instead of red meat. Besides, rice is considered healthier than bread, which contains salt and butter.

Another popular food at a Japanese restaurant is barbecued chicken, pork, beef, seafood, and vegetables. This is what Japanese people call "teppan yaki." But Americans call it "hibachi." I have no idea why they call it "hibachi." So, if you hear Americans talking about "hibachi," you have to remember that they are talking about barbecued meat and vegetables, not a brazier. There, a chef cooks for his customers, who sit directly in front of him. While cooking, he entertains them by tossing knives and spoons in the air. Possibly, the biggest fans of "hibachi" are children. They enjoy both the food and the entertainment. Thus, Americans like sushi and hibachi as much as Japanese people enjoy hamburgers and fried chicken today.

（注） ingredient：食材　dried seaweed：海苔　artificial crab made of codfish：かにかまぼこ
mayonnaise：マヨネーズ　brazier：火鉢　toss：投げる

(43) What do people in the US think about rice?

1. Rice is as good as meat for their health.
2. Rice is necessary when Americans eat raw fish.
3. Rice is better than bread for their health.
4. Rice is of little interest to people who do not eat raw fish.

(44) What does "hibachi" mean to Americans in this passage?

1. The dishes recognized by the Japanese people as "teppan yaki."
2. Barbecued meat and vegetables cooked on a brazier by a Japanese chef.
3. Sushi with raw fish for Americans served at a Japanese restaurant in the US.
4. Creative Japanese food made in the US, such as dragon rolls and California rolls.

(45) Which of the following statements is true?

1. Few American people like raw fish, so the number of Japanese restaurants is decreasing year by year.
2. Japanese restaurants in the US are popular because the chefs teach children how to use knives and forks.
3. Until fifteen years ago, there were more restaurants in the US serving sushi like dragon rolls and California rolls than now.
4. Americans enjoy sushi and hibachi the same way that the Japanese enjoy hamburgers and fried chicken.

2　孔子や関白殿のように、愚者の気持ちをおもんぱかり、金品を施すことも厭《いと》わないという姿勢を教訓としている

3　孔子も関白殿も、人が自分ではなく、自分の身に着けているものしか見ていないことを知り、持ち物を人にあげてしまった

4　孔子と関白殿の話を通して、人をうわべだけで判断する愚か者の姿を描き、仏の教えを尊重する時の教訓としている

問50　『正法眼蔵随聞記』は鎌倉時代に成立した作品ですが、鎌倉時代に成立した作品として適当なものを次の中から一つ選び、その番号で答えなさい。

1　おくのほそ道　　2　万葉集

3　新古今和歌集　　4　枕草子

3　関白殿が、鼎殿（人）と一緒に火を焚く所を見ている様子
4　関白殿が、鼎殿（場所）で火を焚く所を見ている様子

問44　――線部分⑦「いかなる者ぞ」とありますが、鼎殿がこのように言った理由として適当なものを一つ選び、その番号で答えなさい。
1　入ってきたのが関白殿だったのに、みすぼらしい衣服を着ていたため、何の断りもなく無関係の者が入ってきたと思ったから
2　入ってきたのがみすぼらしい衣服を着た関白殿だったため、宮中でそのような衣服でいることがふさわしくないと思ったから
3　宮中とはいえ、高貴な場所ではない鼎殿に、高貴な身分である関白殿が入ってきてはならないという決まりになっているから
4　鼎殿を取り仕切る者に無断で関白殿を案内することがこの上なく失礼なことなので、案内する者に厳しく伝える必要があるから

問45　――線部分⑧「出で給ふ」とありますが、これは誰《だれ》の動作ですか。次の中から適当なものを一つ選び、その番号で答えなさい。
1　鼎殿　2　関白殿　3　人　4　愚なる者

問46　――線部分⑨「逃げぬ」とありますが、この部分の口語訳として適当なものを次の中から一つ選び、その番号で答えなさい。
1　逃げることもできなかった
2　逃げ切ることができなかった
3　逃げていこうとした
4　逃げていってしまった

問47　――線部分⑩「拝せられけり」とありますが、関白殿はなぜ自分の装束を拝んだのですか。その理由として適当なものを次の中から一つ選び、その番号で答えなさい。
1　人が自分に敬意を払うのは、自分自身の力ではなく、装束の力であると考えたから
2　人が自分を恐れる原因が装束にあることを知り、拝むことで人が恐れないようにと祈願しているから
3　装束を着た関白殿よりも、竿の先に掛けた装束そのもののほうが人に尊ばれると考えたから
4　人が自分ではなく、装束しか見ていないことに絶望し、装束を脱いで拝んだうえで、関白を退こうと考えたから

問48　――線部分⑩「拝せられけり」を単語に分けたものとして適当なものを次の中から一つ選び、その番号で答えなさい。
1　拝せ／られ／けり
2　拝／せられ／けり
3　拝せ／られ／け／り
4　拝／せ／られ／け／り

問49　本文の内容として適当なものを次の中から一つ選び、その番号で答えなさい。
1　孔子や関白殿のような傑出した人物は、たとえ人物を見た目だけで判断するような愚かな者にも敬意を持つことを忘れていない

（注1）帰す＝ある権威に服従する。その人の教えに身をまかす。
（注2）参内＝朝廷に出仕すること。
（注3）顒々と＝厳かなさま。
（注4）威勢＝人を威圧する、激しい勢い。
（注5）宇治の関白殿＝藤原頼通《ふじわらのよりみち》。関白を五十年間務め、父道長と共に藤原氏の全盛時代を築いた。
（注6）鼎殿＝宮中にあった建物で、釜《かま》を設けて湯や御膳《おぜん》を準備したところ。また、そこに仕えた人。
（注7）殿下＝摂政・関白などへの敬称。ここでは藤原頼通を指す。
（注8）経教＝仏の説いた教えを書き記した書物。経典。

問37 ――線部分「答へて云はく」を現代仮名遣いの平仮名にしたものとして適当なものを一つ選び、その番号で答えなさい。

1 こたえていはく　2 こたへていわく
3 こたゑてゐはく　4 こたえていわく

問38 ――線部分①「孔子」とは古代中国の人物を指していますが、この人物と弟子の言行録を何といいますか。次の中から適当なものを一つ選び、その番号で答えなさい。

1 史記　2 論語　3 三国志　4 春秋

問39 ――線部分②「来つて」とありますが、ここで使われている音便として適当なものを次の中から一つ選び、その番号で答えなさい。

1 イ音便　2 撥音便《はつおんびん》　3 促音便　4 ウ音便

問40 ――線部分③「汝、何を以て、来つて、我に帰す」とありますが、これはどんな事を質問していますか。次の中から適当なものを一つ選び、その番号で答えなさい。

1 孔子に帰順するために持ってきた物
2 孔子に帰順しようと思った時機
3 今まで孔子に帰順していなかった訳
4 どうして孔子に帰順するのかという理由

問41 ――線部分④「君子」とありますが、これはどのような人物を指していますか。次の中から適当なものを一つ選び、その番号で答えなさい。

1 「王たる能力のある人」の意味で、ここでは孔子を指す
2 「立派な王」の意味で、ここでは孔子が仕えた君主を指す
3 「徳のある人」の意味で、ここでは孔子を指す
4 「堂々とした人物」の意味で、ここでは孔子の主君を指す

問42 ――線部分⑤「汝、我に帰するにあらず」とありますが、孔子がこのように言ったのはなぜですか。次の中から適当なものを一つ選び、その番号で答えなさい。

1 自分の外見だけを見てやって来たとわかったから
2 すでに弟子は多くおり、これ以上増やせないから
3 相手が何も持たずに弟子入りを志願してきたから
4 自分の教えを求めて来てくれたことを喜んだから

問43 ――線部分⑥「これ」の指示内容として適当なものを次の中から一つ選び、その番号で答えなさい。

1 鼎殿（人）が、鼎殿（場所）で火を焚く所を見ている様子
2 鼎殿（人）が、鼎殿（場所）で火を焚く関白殿を見ている様子

が、途中で失敗することで学ぶことというものは多くあり、教頭からの叱責は寅彦が成長するのに必要だったということ

問35 ――線部分⑤「金之助をまぶしそうな顔で見つめ、目をしばたたかせていた」とありますが、このときの寅彦の様子として適当なものを次の中から一つ選び、その番号で答えなさい。

1 たくましく生きる金之助と比べ、小さなつまずき一つで前に進めずにいた自分に失望し、金之助を直視できなくなっている

2 効率のよさを求めて生きてきた寅彦にとって、失敗や遠回りが多い金之助の人生が理解できずに動転している

3 遠回りや失敗も学びの機会とし、出会った人への感謝の思いをもって生きる金之助の姿に、驚くとともに感銘を受けている

4 不幸な出来事も失敗も、すべて最短距離を進むためのものだと金之助が教えてくれたことに、感謝をしている

問36 本文の内容として適当なものを次の中から一つ選び、その番号で答えなさい。

1 金之助は自身の人生を「みちくさ」と例えつつ、「みちくさ」のない人生の充実感についても親身に伝えようとしている

2 金之助の人生における出来事を「寄り道」と「みちくさ」に分けて寅彦に伝え、寅彦は「みちくさ」の話に感銘を受けている

3 金之助は「みちくさ」の話を素直に受け入れた寅彦を見て、自分と同じような道を歩むことができるのかと不安に思っている

4 寅彦は、失敗やトラブルも人生を楽しむための要素として「みちくさ」を受け入れることで心配が消えていくように感じている

四

次の文章は鎌倉時代の僧である道元禅師《どうげんぜんじ》が折にふれ弟子たちに説いた言葉を記録したものである。この文章を読んで、後の問いに答えなさい。

昔、①孔子《こうし》に、一人《いちにん》あり、②来《きた》つて、帰《き》す（注1）。孔子問うて云《い》はく、「③汝《なんぢ》、何を以《もつ》て、来つて、我に帰す」。云はく「④君子参内《さんだい》（注2）の時、これを見しに、顒々《ぎようぎよう》と（注3）して、威勢《ゐせい》（注4）あり。故に帰す」。孔子、弟子をして、乗物、装束《しやうぞく》、金銀、財物等を取り出《いだ》して、これを与へ、「⑤汝、我に帰するにあらず」と。

また云はく、宇治《うぢ》の関白殿《くわんぱくどの》（注5）、或《あ》る時、鼎殿《かなえどの》（注6）に到りて、火を焚《た》く所を見給《みたま》へば、鼎殿⑥これを見て云はく、「⑦いかなる者ぞ、案内《あんない》なく、御所の鼎殿へ入れる」と云つて、追ひ出されし後、関白殿、先の悪《わろ》き衣服等を脱ぎ更《か》へて、顒々と装束して⑧出で給ふ時、鼎殿、遥《はる》かに見て、恐れ入りて、⑨逃げぬ。時に、殿下《てんが》（注7）、装束を竿《さを》の先に掛け、⑩拝せられけり。人、その故を問ふ。答へて云はく、「吾《われ》、人に貴びらるること、我が徳に非《あら》ず。ただ、この装束故なり。」と云へり。

愚なる者の、人を貴ぶこと、かくの如《ごと》し。経教《きやうげう》（注8）の文字《もんじ》等を貴ぶことも、またかくの如し。

――孤雲懐奘《こうんえじよう》『正法眼蔵随聞記《しようぼうげんぞうずいもんき》』による――

4　英語を教えることに熱心であり、朝は課外授業を、授業後には小中学生を招いて英語を教えることを毎日の日課としている

問32　――線部分②「自分にも教頭の叱責に責任があるような気がした」とありますが、金之助はなぜそのように思ったのですか。次の中から適当なものを一つ選び、その番号で答えなさい。

1　自分が俳句を教えたことをきっかけに、寅彦が俳句に熱中してしまい試験のための勉強をするのをやめてしまったので、教頭から俳句をやめるよう叱責を受けた原因は自分にあると思ったから

2　教頭が、俳句が学生の成績を低下させているのだと勘違いして、成績が低下していない仲間にまで叱責したことを寅彦が悩んでおり、その誤解を生んだ原因は金之助自身にあると感じたから

3　寅彦をはじめとする俳句に取り組む学生たちの勉学への姿勢が、俳句のせいで疎かになっていると学校側に思われていることに対して、自分が俳句を教えたことに原因があると感じたから

4　多くの生徒の成績低下は、俳句に熱中する学生を増やしてしまったことが招いてしまったことであり、英語の学習だけに集中させようとしてもできなかった自分に責任があると感じたから

問33　――線部分③「ひとつのことを成し遂げるには、やはりそれだけを懸命にやるのが大切なのでしょうか？」とありますが、寅彦が金之助にこのように尋ねたのはなぜですか。次の中から適当なものを一つ選び、その番号で答えなさい。

1　教頭の叱責で、学問に取り組みながら俳句を愉しんでいこうという、自分の学業に対する姿勢が不安になっているから

2　一つのことだけを懸命に取り組んだほうが良いと決断し、信頼する金之助に、その決断の後押しをしてほしいと思っているから

3　物理学にのみ懸命に取り組むと決意を固め、尊敬する金之助にどのように学問に励むべきか教わりたいと考えているから

4　教頭から叱責を受けたことで、自分がこれから取り組むべき学問を俳句一本に絞るべきなのかを悩んでいるから

問34　――線部分④「そんな登り方はつまらない」とありますが、ここで述べている内容として適当なものを次の中から一つ選び、その番号で答えなさい。

1　目指すところまで、ただ効率のみを求め、最短距離を進んでいくことだけが良いというわけではなく、様々な経験をすることで楽しみを感じることもときに必要だということ

2　一番の優等生でいるという目標の達成は、ひとつのことだけに力を注いでいるだけでは不可能であり、様々な学問に取り組んで幅広い知識を身につけることが必要だということ

3　自分が目指すところに進むのに、広い視点を持ち、いろいろな可能性を探し、自分の障害になるようなものを避け、途中で進路を変更するような柔軟性が必要だということ

4　目指すところまでただひたすら突き進むことも悪くはない

物理学にも俳句があった方が良い気がします」

「そうかね、そりゃ、楽しみだ。一高に米山保三郎《よねやまやすさぶろう》君という親友がいてね。彼がこう言っていた。わかりきったことをして何になる？　あちこちぶつかりながら進む方がきっと道が拓《ひら》ける、とね」

金之助は寅彦を見て静かにうなずいた。

――伊集院静《いじゅういんしずか》『ミチクサ先生』による――

（注１）運座＝多人数が集まり俳句を作り、参加者がたがいに他人の作品を選ぶ会。

（注２）濡れ縁＝家の外壁から張り出した外側の床。

（注３）築山＝庭園に山をかたどって小高く土をつみあげた所。

（注４）本郷＝現在の東京都文京区南東部の地名。金之助はこの辺りに住んでいた。

問25　――線部分Ａ「コンセツテイネイ」のカタカナと同じ漢字を用いているものを、次の中から一つ選び、その番号で答えなさい。

1　犯罪のコンゼツを目指す
2　コンナンを克服する
3　種々のものがコンザイする
4　コンダン会に参加する

問26　――線部分Ｂ「コウキシン」のカタカナと同じ漢字を用いているものを、次の中から一つ選び、その番号で答えなさい。

1　復興のキウンが高まる
2　ここで会うなんてキグウだ
3　今年祖母はキジュを迎える
4　恒久の平和をキキュウする

問27　――線部分１２３４の「から」のうち、文法的性質が異なるものを一つ選び、その番号で答えなさい。

問28　〜〜線部分ａ「うつつを抜かさず」とありますが、「うつつを抜かす」の意味として適当なものを次の中から一つ選び、その番号で答えなさい。

1　夢中になる　　2　期待をする
3　力を尽くす　　4　苦慮する

問29　〜〜線部分ｂ「さしずめ」の意味として適当なものを次の中から一つ選び、その番号で答えなさい。

1　きっと　　2　とりあえず
3　無理をして　　4　おそらく

問30　［　　］部分に入る語として適当なものを次の中から一つ選び、その番号で答えなさい。

1　涼しい　　2　したり
3　澄ました　　4　浮かない

問31　――線部分①「教師の仕事」とありますが、金之助の教師としての姿勢として適当なものを次の中から一つ選び、その番号で答えなさい。

1　本当の英語を身につけさせるべく若い学生には熱心に英語を教える一方で、大学受験をする学生には授業をしない方針である

2　通常の授業だけでなく、早朝の課外授業も熱心におこない、また教えを乞《こ》う者には手をかけて教える熱心さを持っている

3　帝大に進学するための英語力を習得させるシェークスピアの講義では、五高の学生以外に対しても熱心に教えている

実は、寅彦に俳句を教えると、すぐに俳句をする生徒が増え、しきりに運座（注1）までしていた。寅彦は別として、学校側からすれば一般の学生は勉学が疎《おろそ》かになると心配するのもうなずけた。

「君と仲間の成績は下がったのかね？」

「いいえ、むしろ皆やる気満々です。しかし先生、③ひとつのことを成し遂げるには、やはりそれだけを懸命にやるのが大切なのでしょうか？」

寅彦の真剣な顔を見て、漱石は静かに話しはじめた。

「私はそうは思わないね。寺田君、ここに座ってみたまえ」

ハ、ハイと応《こた》えて寅彦は濡《ぬ》れ縁《えん》（注2）の金之助の隣りに腰かけた。

「君の目指すところが、bさしずめ、あの築山《つきやま》（注3）のてっぺんだとしよう。なら誰《だれ》もが真っ直ぐここ1からてっぺんにむかって歩くはずだ。でも私は、④そんな登り方はつまらないと思うんだ」

「つまらないんですか？」

「ああ、オタンコナスのすることだ」

そう言って金之助は笑った。

「真っすぐ登るのはオタンコナスですか？」

五高はじまって以来の優等生の寺田寅彦は金之助の顔をじっと見て訊《き》いた。見られている金之助もかつて、一高はじまって以来の秀才と呼ばれたことがあった。

「そうさ、つまらない。そういう登り方をした奴には、あの築山の上がいかに愉《たの》しい所かが、生涯かかってもわからないだろうよ」

「ではどう登ればいいのでしょうか？」

「そりゃ、いろんな登り方でいいのさ。途中で足を滑らせて下まで落ちるのもよし。裏2から登って、皆を驚かせてやるのも面白そうじゃないか。寺田君、ボクは小中学校で六回も転校したんだ」

「どこもつまらなかった3からですか」

「いや、皆、それぞれ楽しく、いろんなことを学ぶことができた……」

金之助は、本郷（注4）界隈《かいわい》4から通った錦華小学校や、二松学舎の長机を並べた畳の表が破れた教室での授業を懐かしそうに思い出していた。

「いろんな寄り道ができて面白かったよ」

「寄り道ですか？」

「道草でもいいかな？」

「みちくさですか？　先生がそんなふうになさったとは想像もしませんでした」

「いろんな道の端で、半ベソを掻《か》いたり、冷や汗を掻いたりしていたんだ。〝我楽多《がらくた》〟とか〝用無し〟と呼ばれたこともあった。その時は少し切なかったし、淋《さび》しい気持ちになったが、そんな私をちゃんと守ってくれたり、手を差しのべてくれる人がいてね。その人の温《ぬく》りで寝た夜もあったよ」

「先生のみちくさは愉しそうですね」

寅彦が⑤金之助をまぶしそうな顔で見つめ、目をしばたたかせていた。

「意外と、私は自分の来た道を認めたいのかもしれないね。江戸っ子特有の強がりかもしれない」

「先生」寅彦が呼んだ。

「何だね？」

「ボク、少し力が湧《わ》いて来ました。みちくさをしてみたくなりました。

4　アリストテレスは、「見える」という概念を使って、建築というものを説明しており、手段と目的を切り離す建築には音楽にあるような美は存在しないと言っている

三

次の文章を読んで、後の問いに答えなさい。

> 夏目金之助（夏目漱石《なつめそうせき》）は東京の第一高等学校（一高）を経て、東京帝国大学（現在の東京大学で、「帝大」と呼ばれる）で英文学を学び、この時は熊本にある第五高等学校（五高）で、帝国大学を目指す生徒たちに英語を教えている。大学生時代からの友人である正岡子規とは親交が深く、子規から俳句を学んでいる。このころの金之助は教師生活をやめたいと考えていた。

もっとも金之助は、①教師の仕事そのものが嫌になったわけではなかった。

学生たちが上京し、帝国大学へ進んだ折、他の高校から来た学生に英語で遅れをとるのではと心配するのを聞いて、課外授業も積極的に引き受けた。

正規の授業がはじまる前の早朝に、課外授業としてシェークスピアの講義をはじめた。

「この課外授業は、君たちが受ける帝大への試験のための授業ではないことをわかっておいて欲しい。いいかね、試験のための英語というものはないんだ。大切なのは、この『ハムレット』にしても、シェークスピアが物語を通して人間をどう描いているかを学ぶことだ。そこをはっきり理解しておかないと、本当の英語は身につきません」

金之助は若い人に物事を教えることには熱心だった。ある時、五高の生徒よりみっつ、よっつ若い英語を初めて学ぶという子供が教室の外に来た時も、金之助は授業が終わってから、手をかけてAコンセツテイネイに教えたりした。

「どうしたのかね？［　　］顔をして」

金之助は、毎日のように家に来る寺田寅彦《てらだとらひこ》がいつになく沈んでいる姿が気になって声をかけた。

寅彦は後に東京帝国大学に進学し、首席で卒業をしたほどの勉強家だった。かと言って勉強ひと筋のガリ勉タイプではなく、金之助が俳句を愉《たの》しんでいるのを見て、ぜひ教えて欲しいと申し出た。のちに牛頓（ニュートン）などの俳号を持ち、俳書まで出版するBコウキシンのかたまりだった。

同級生に言わせると、寅彦の頭脳は人並み外れているらしく、試験のための暗記も、予習、復習もいっさいしなかった。授業だけで十分だ、とすべてを記憶し、また物理学教授の田丸卓郎《たまるたくろう》と地球物理学の討論をするほどだった。

「君らしくないじゃないか。妻が心配をしていましたよ」

「……実は先日、教頭から呼びだされて叱《しか》られました」

「ほう、どんなことでかね？」

「俳句などにaうつつを抜かさず、きちんと勉強をしろと、そうでないと帝国大学へ行ってもついてはいけないぞ、と」

話を聞いて、金之助は②自分にも教頭の叱責《しっせき》に責任があるような気がした。

問21 ――線部分⑥「建築は運動である」とありますが、その説明として適当なものを次の中から一つ選び、その番号で答えなさい。

1 建築は、「見える」ことと異なり、目的が達成するまでは全体を見ることができないもので、それを「運動」と表現している

2 建築は、徐々に部品を増やし組み立てていくことを目的としているので、徐々に部品が増える様子を「運動」と表現している

3 建築は、目的と手段に区別がなく、完成された姿はいつまでも美しいものであるということを「運動」と表現している

4 建築は、目指す目的が実現された時に完結するもので、その未到達の段階で感じる楽しみを「運動」に重ねて表現している

問22 □部分ⅠⅡⅢには「目的」か「手段」が入る。空所に当てはまる語の組み合わせとして適当なものを次の中から一つ選び、その番号で答えなさい。

1 Ⅰ手段　Ⅱ目的　Ⅲ手段

2 Ⅰ手段　Ⅱ目的　Ⅲ目的

3 Ⅰ目的　Ⅱ手段　Ⅲ手段

4 Ⅰ目的　Ⅱ手段　Ⅲ目的

問23 ――線部分⑦「それ自体が喜びなのである」とありますが、この喜びを感じるのはなぜですか。次の中から適当なものを一つ選び、その番号で答えなさい。

1 商品を手に入れることだけを目的とした合理的な行動に生きがいはなく、目的と手段の区別のない行為こそが自己を充足させるのであり、生きがいを成り立たせるものだから

2 ローマで手袋を買うこと、京都で饅頭を買うことが自己を充足するものであり、それぞれの風土にしかない雰囲気を感じることが生きがいを成り立たせていくものだから

3 目的と手段の区別のないものの中に生きる意味があり、ローマで手に入れた手袋には、自分に合ったものを選んで購入して使うという行為に生きがいを見つけることができるから

4 ローマの手袋屋も、京都の饅頭屋も、目的と手段を切り離さないことを心がけていることから、そのようなものは必ず代々継承されていくものだと感じたから

問24 本文の内容として適当なものを次の中から一つ選び、その番号で答えなさい。

1 ヘーゲルの時代にはなかったスピードが今の時代にはあり、スピードは時間の節約という価値をもたらし、スピードによる超能率的な文化を生み出すことが現代の生きる目的となっている

2 ローマの手袋屋での話は、手袋を入手するという手段と店主とのかけがえのない出会いという目的との見事な組み合わせであり、このような体験をすることこそが本当の生きる意味である

3 京都の饅頭屋の話は、合理化の視点では目的とされるものが、饅頭屋では手段でもある状況が語られ、目的と手段が切り離せない行為に本当の充足があることを示している

3　残念に思いつつ従う　　4　不満を感じていやがる

問16　——線部分①「不合理」とありますが、筆者はどんなことを「不合理」だといっていますか。次の中から適当なものを一つ選び、その番号で答えなさい。

1　スピードの価値は余暇を作ることにあったのに、あらゆるもののスピードが上がった現代のほうが、余暇がなくなっていること

2　いくら流通の分野でスピードを上げても、その他のものがスピードアップしないので、その利点を享受することができないこと

3　時間の節約を心がけると余暇ができるが、その余暇ができることが結果としてスピードの価値を失わせてしまっていること

4　スピードアップを図るための作業にますます時間を必要とすることとなり、暇を作ることが最大の目的となってしまうこと

問17　——線部分②「沈黙の商品、沈黙の消費者だけの社会」とありますが、その社会での売買はどうなるといっていますか。次の中から適当なものを一つ選び、その番号で答えなさい。

1　インターネットで買い物する際は、購入にかかる時間を節約することができる一方で、商品を選びにくく感じるようになる

2　商品の金額はコンピュータによって管理されているため、値下げなどの交渉の余地はなく、店員との会話も不可能である

3　画面上で選びインターネット上だけで購入するという、商品を手に取ることもなく、店員とも会うことなく買い物をする

4　様々な価格で販売される商品を、消費者は常に最も安い価格で購入することが可能となるため、煩わしさを感じなくなる

問18　——線部分③「効率的に「売る」」とありますが、商品が「効率的」に売買されている具体例が書かれた段落を次の中から一つ選び、その番号で答えなさい。

1　段落[2]　　2　段落[3]

3　段落[4]　　4　段落[8]

問19　——線部分④「その「手袋を買う」ことの意味」とありますが、その意味とは何ですか。次の中から適当なものを一つ選び、その番号で答えなさい。

1　自分にぴったりと合った大きさの商品を手に入れること

2　人とのやりとりを通じて、かけがえのない一品を買うこと

3　いつも決まった店で、同じ型の商品を手に入れること

4　人生で二度と入手することができない、素敵な商品を買うこと

問20　——線部分⑤「合理的なアドバイス」とありますが、ここでの「合理的なアドバイス」とはどんなことを目的としたものですか。次の中から適当なものを一つ選び、その番号で答えなさい。

1　経済学的に高い評価を得るために商品の値段を調整すること

2　多くの客とコミュニケーションを取るために宣伝すること

3　饅頭が売り切れることが無いように値段を調整すること

4　お金を儲けるという目的のために効率よく饅頭を売ること

現されたときに完結する」（『ニコマコス倫理学』第一〇巻、四章）。

建築の運動は、まだできてないという状態がずっと続いて、最後にできたときに［Ⅰ］が達成される。中間段階や建築の［Ⅱ］そのものには、［Ⅲ］の達成がない。それに対して、踊りの好きな人が踊る、音楽の好きな人が演奏するとき、目的と手段、未達成の段階と達成の段階との区別がない。いつも楽しい。

ローマに行って手袋を買ったり、京都で饅頭を買ったりするという行為は、⑦それ自体が喜びなのである。買ってきた手袋は、使うたびに思い出の香りが漂う。その思い出に、小さな永遠の美がある。

つまり、目的と手段を切り離すことのできる場合には、同じ目的を達成するための最小限度の手段を達成するという形で、合理化が成り立つ。このようにして達成する合理性のなかに、生きている意味があるのではない。生きる意味は、目的と手段が、一つになっているような体験のなかにある。

生きる良さは、自己充足にある。何かのためになるから良いという目的と手段が分かれる行為ではなく、目的と手段が分けられない、それ自体として良い行為にこそ生きがいが成り立つ。これは、そう簡単に変わる感覚ではない。ローマの手袋屋が変わらないように。京都のお饅頭屋の味が、引き継がれていくように。

――加藤尚武《かとうひさたけ》『倫理学で歴史を読む』による――

（注1）ヘーゲル＝近代ドイツの哲学者。
（注2）ボジョレ・ヌーボー＝フランスワインの一つ。世界同時に解禁され、世界各地で解禁パーティーが開催される。
（注3）アリストテレス＝古代ギリシアの哲学者。

問11　━━線部A「ウナガ（す）」のカタカナと同じ漢字を用いているものを、次の中から一つ選び、その番号で答えなさい。

1　未提出書類をサイソクする
2　未開発地域をソクリョウする
3　手続きをソクザに行う
4　事態がシュウソクに向かう

問12　━━線部B「サイテキ」のカタカナと同じ漢字を用いているものを、次の中から一つ選び、その番号で答えなさい。

1　攻勢でも、油断タイテキだ
2　テキゴウする部品と交換した
3　患部をテキシュツする手術
4　栄養素をテンテキ注射する

問13　～～線部a「□色蒼然」の空所に入る漢字として適当なものを次の中から一つ選び、その番号で答えなさい。

1　異　2　景　3　気　4　古

問14　～～線部b「やおら」とありますが、ここでのこの言葉の意味として適当なものを次の中から一つ選び、その番号で答えなさい。

1　あっさり　2　ゆっくり
3　優雅に　4　有無を言わさず

問15　～～線部c「いぶかしんで」とありますが、ここでの「いぶかしむ」の意味として適当なものを次の中から一つ選び、その番号で答えなさい。

1　否定してたしなめる　2　不審に思ってうたがう

る。何度でもはめさせては外して叩き、またはめさせては外して叩く。そうしたことを数回繰り返した後に、初めてニコリと笑って、手渡してくれた。

7 妻は初めてした手袋が、もう一〇年もはめているように手に馴染《なじ》んだと驚いていた。今もあの店と主人の顔を鮮明におぼえている。極端なことを言えば、あの手袋屋で手袋を買うだけのためにもう一度ローマに行きたいとさえ思う。

8 なにしろ、自分の手を見せなければ売ってくれないのだから、お土産に買ってきてくれと頼むわけにはいかない。ただ商品を買うというだけでなく、かけがえのない出会いや、店の雰囲気、大袈裟《おおげさ》に言えば歴史そのものさえ組み込まれた商品を買うということなのである。

ここでは「買う」ということは、BサイテキBの商品を入手する手段であるだけではない。あの店で、あの老人に手を取られて「買う」ということは、目的の一部でもある。目的と手段は、分離できない。だから手袋の分類を細かくコンピュータで管理して、光学装置で微妙な誤差を修正して、③効率的に「売る」ならば、④その「手袋を買う」ことの意味がなくなってしまう。

日本でも似たような話がある。京都の小さな饅頭屋《まんじゅうや》の話である。こちらは、おばあさんが一人で頑張っている。近所ではおいしいと評判で、ときどき売り切れてしまう。ある人が、「こんなにおいしいんだから、誰《だれ》か雇って、もっとたくさん作って、宣伝したら有名になるよ。値段ももう少し上げたら」と、経済学的には申し分なく⑤合理的なアドバイスをした。味はいいのだが、あんまり儲《もう》かっているようには思えないから、そんな親切心が湧《わ》いたのかもしれない。

おばあさんは、とんでもないことを言うという目でその人のことを見たそうだ。

今でさえ、近所の人に行き渡らない。宣伝をしたり、値上げをしたら何十年も来てくれているお客さんが、買えなくなってしまう。それじゃあ作っている意味がない、という。

おばあさんはかけがえのない商品を、かけがえのないお客さんに売っていたのだ。饅頭を売ることが金儲けの手段であるならば、経済学的に合理化すれば、もっと金儲けができる。しかし、このおばあさんにとって饅頭を売ることは、かけがえのないコミュニケーションである。

コミュニケーションという目的と饅頭を売るという手段は、切り離すことができない。だから、逆に饅頭を売るという目的のためにコミュニケーションという手段が必要だと言えたとしても、おばあさんはコミュニケーションという手段を最小限度にすれば、饅頭を売るという目的がもっとも効率的に達成されたとは考えない。本当の充足とは、このような目的と手段を分けることのできない行為にある。

アリストテレス（注3）は快楽について、それが「見える」ことと似ているという。

「見えると言うことは、どのような時間の長さをとっても一つの完結した働きである。その形相（目的）が後になって達成されるような何かが欠けているということがない。快楽もひとつの全体であって、時間が経つと快楽という形相（目的）が達成されるようなものでは決してない。」

快楽は運動ではない。⑥建築は運動である。それは目指す目的が実

もっと高く
もっともっと高く
何度でも
打ち上げよう
美しい
願いごとのように

――中原道夫《なかはらみちお》『みんなの現代詩』による――

1　文語自由詩であり、短い詩の中に反復法や倒置法、隠喩《いんゆ》を用いることで、永遠に続く世界の希望をうたっている
2　文語自由詩であり、倒置法と省略法を効果的に用いることで、夢を諦《あきら》めようとしない前向きな姿勢を表現している
3　口語自由詩であり、行末に体言止めを用いて押韻《おういん》することで、明るいリズムを生み出し、未来への希望を強調している
4　口語自由詩であり、短い詩の中に反復法や倒置法や直喩《ちょくゆ》を用いて、希望を高く掲げ続けることの美しさをうたっている

二　次の文章を読んで、後の問いに答えなさい。

1　哲学者のヘーゲル（注1）は、手紙でワインを注文したら、中身が変質していたので送り直すように、という手紙を書いている。手紙もワインも、馬車で運ばれていた時代である。今は、ボジョレ・ヌーボー（注2）が空を飛んでやって来る。ワインを送れという情報だけなら、理論的に可能な最高速度で運ぶことすらできる。

2　スピードの価値は、時間を節約することにある。その分だけ、余暇ができる。つまり、スピードを上げる目的は暇を作ることであるはずだ。しかし現代はそうなってはいない。あらゆるものごとがスピードアップして、ますます暇がなくなるというのは、①不合理ではないだろうか。

3　自宅で仕事をし、バーチャル・リアリティでどこか遠くに旅行した気分になり、パソコンを操作して着替えや日常品を手に入れ、出前の食事で済ませるということが、その気になれば可能になる時代がくる。そのような超能率的な文化を生み出すこと自体が、生きる目的になるだろうか。

4　未来が②沈黙の商品、沈黙の消費者だけの社会になるとすれば、目的と手段の取り違えが起こっていることになる。目的と手段を切り離して、同じ目的を達成するのに最短時間、最小コストを実現すれば、合理化になる。しかし、本当の生きる意味は合理化にはない。われわれは未来に対して、どうイメージを描いたらいいのだろう。

5　以前ローマに行ったとき、妻と何げなく一軒の手袋屋に入った。店a［　］色蒼然《そうぜん》たる店で、品のいい老人がゆったりと姿を現わした。店には、商品が見えない。何が欲しいかと聞くので、妻のための革の手袋が欲しいと言った。老人は、助手らしい女性に指示して引き出しを出させ、そこから手袋を出して、妻に渡した。

6　妻がそれを手にとって眺めていると、はめてみろとAウナガす。選んだ手袋をもっていくと、妻の手をとって指の長さなどを見て、これならよかろうということでbやおら木槌《きづち》をもち出してきた。何をするんだろうとcいぶかしんでいたら、木槌で叩《たた》いて革を柔らかくす

【国語】（五〇分）〈満点：一〇〇点〉

一　次の各問いに答えなさい。

問1　――線部分を漢字にしたものとして、適当なものを一つ選び、その番号で答えなさい。

＊福利コウセイの充実を図る。

1　構成　　2　公正　　3　更正　　4　厚生

問2　「窓」と同じ部首の漢字として適当なものを一つ選び、その番号で答えなさい。

1　憲　　2　究　　3　急　　4　公

問3　対義語の組み合わせとして適当なものを一つ選び、その番号で答えなさい。

1　従属―隷属　　2　応答―質疑

3　傾向―風潮　　4　関心―敬服

問4　次の四字熟語とその意味の組み合わせとして適当なものを一つ選び、その番号で答えなさい。

1　付和雷同―自分の主張が無く、すぐに他人に同調すること

2　博覧強記―表面上は丁寧だが、実は横柄なこと

3　粉骨砕身―困難や心配で苦しむようす

4　閑話休題―文章を組み立てる順序

問5　熟字訓の読み方が誤っているものを一つ選び、その番号で答えなさい。

1　弥生（やよい）　　2　時雨（しけ）

3　固唾（かたず）　　4　老舗（しにせ）

問6　次の□部分に入る慣用句として適当なものを一つ選び、その番号で答えなさい。

＊大学時代は□仲間に囲まれて楽しく過ごした。

1　笠に着る　　2　虫が好かない

3　気の置けない　　4　片棒をかつぐ

問7　「他人を見下した冷ややかな態度」の意味のカタカナ語として適当なものを次の中から一つ選び、その番号で答えなさい。

1　カテゴリー　　2　シニカル

3　コンセンサス　　4　コンテンツ

問8　次の中から、敬語が正しく用いられているものを一つ選び、その番号で答えなさい。

1　明日にはかならずお手紙を差し上げます。

2　どうぞお菓子をいただいてください。

3　母は外出をしていて、家にはおられません。

4　ご面会でしたら、そこの受付でうかがってください。

問9　次の中から石川啄木《いしかわたくぼく》の歌集として適当なものを一つ選び、その番号で答えなさい。

1　桐《きり》の花　　2　赤光《しゃっこう》

3　一握の砂　　4　みだれ髪

問10　次の詩を読み、その説明として適当なものを一つ選び、その番号で答えなさい。

紙風船　　黒田 三郎

落ちてきたら
今度は

2024年度

解答と解説

《2024年度の配点は解答欄に掲載してあります。》

＜数学解答＞《学校からの正答の発表はありません。》

問題1　(1)　1　－　2　1　3　3　4　1　5　1　6　6　(2)　7　1　8　5
(3)　9　3　10　6　11　6　(4)　12　5　13　2　14　5
(5)　15　4　16　3　(6)　17　8　18　8　19　2　(7)　20　1　21　4
(8)　22　3　23　5

問題2　(9)　24　1　25　3　(10)　26　1　27　1　28　1　29　9

問題3　(11)　30　－　31　1　32　6　(12)　33　－　34　3　35　2　36　1
(13)　37　4　38　5　39　2

問題4　(14)　40　1　41　0　42　5　(15)　43　2　44　3

問題5　(16)　45　4　(17)　46　1　47　6　(18)　48　3　49　2

○推定配点○

問題1　各5点×8　問題2　各6点×2　問題3　各6点×3　問題4　各6点×2
問題5　各6点×3　計100点

＜数学解説＞

問題1　(単項式の乗除，平方根，式の値，連立方程式，角度，平面図形，変化の割合，確率)

基本　(1)　$\left(-\frac{1}{3}xy^2\right)^3\times\left(2x^2y\right)^2\div\left(\frac{2y}{3x^2}\right)^2=-\frac{x^3y^6}{27}\times4x^4y^2\times\frac{9x^4}{4y^2}=-\frac{1}{3}x^{11}y^6$

基本　(2)　$\left(\frac{5}{\sqrt{10}}-\sqrt{2}\right)^2+\left(\sqrt{10}+\frac{1}{\sqrt{2}}\right)^2=\frac{5}{2}-2\sqrt{5}+2+10+2\sqrt{5}+\frac{1}{2}=15$

基本　(3)　$x^3y-xy^3=xy(x^2-y^2)=xy(x+y)(x-y)=(3+\sqrt{6})(3-\sqrt{6})\{(3+\sqrt{6})+(3-\sqrt{6})\}\{(3+\sqrt{6})-(3-\sqrt{6})\}=(9-6)\times6\times2\sqrt{6}=36\sqrt{6}$

(4)　$xy=5$…①，$\frac{1}{x}+\frac{1}{y}=2$より，$x+y=2xy$…②　①を②に代入して，$x+y=10$　$y=10-x$…③　③を①に代入して，$x(10-x)=5$　$x^2-10x=-5$　$(x-5)^2=20$　$x-5=\pm2\sqrt{5}$　$x=5\pm2\sqrt{5}$

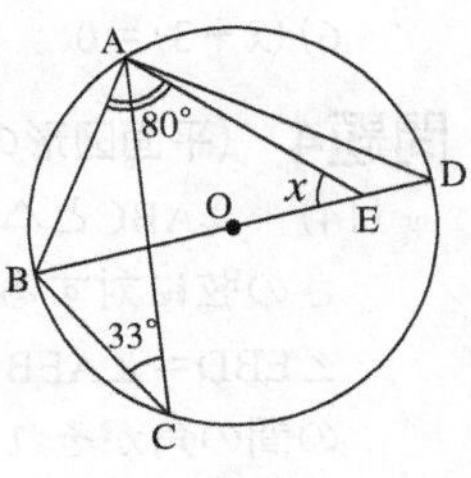

基本　(5)　右の図で，BDは直径だから，∠BAD＝90°より，∠DAE＝90°－80°＝10°　弧ABの円周角だから，∠ADE＝∠ACB＝33°　△ADEにおいて，内角と外角の関係より，∠x＝10°＋33°＝43°

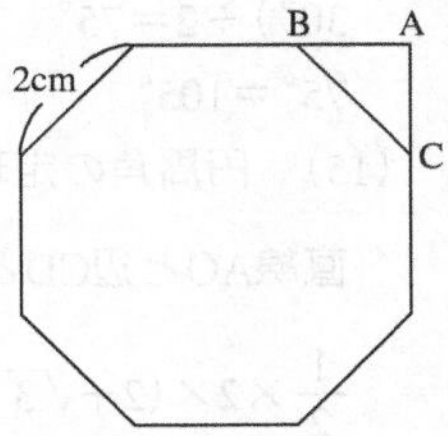

重要　(6)　正八角形の1つの内角の大きさは135°だから，右の図で，△ABCは直角二等辺三角形となり，$AB=\frac{1}{\sqrt{2}}BC=\sqrt{2}$　よって，正八角形の面積は，$(2+2\sqrt{2})^2-\frac{1}{2}\times(\sqrt{2})^2\times4=4+8\sqrt{2}+8-4=8+8\sqrt{2}$ (cm²)

基本　(7)　$\frac{a(a+2)^2-a(a-2)^2}{(a+2)-(a-2)}=\frac{8a^2}{4}=2a^2$　$2a^2=\frac{1}{8}$　$a^2=\frac{1}{16}$　$a>0$

より，$a=\frac{1}{4}$

基本 (8) 当たりくじをa，b，c，はずれくじをd，eとする。3本のくじの選び方は，$(a,\ b,\ c)$，$(a,\ b,\ d)$，$(a,\ b,\ e)$，$(a,\ c,\ d)$，$(a,\ c,\ e)$，$(a,\ d,\ e)$，$(b,\ c,\ d)$，$(b,\ c,\ e)$，$(b,\ d,\ e)$，$(c,\ d,\ e)$の10通りあり，当たりが2本の場合は下線の6通りだから，求める確率は，$\frac{6}{10}=\frac{3}{5}$

問題2 （データの整理）

重要 (9) 箱ひげ図より，第1四分位数が5点だから，得点の低い方から10番目の生徒は4点であり，11番目の生徒は6点となる。第3四分位数が9点だから，得点の低い方から30番目の生徒は8点であり，31番目の生徒は10点となる。よって，6点の生徒をx人，8点の生徒をy人とすると，生徒数について，$3+(10-3)+x+y+10=40$より，$x+y=20$…① 平均点について，$2\times3+4\times7+6x+8y+10\times10=7\times40$より，$6x+8y=146$…② ②－①×6より，$2y=26$ $y=13$ これを①に代入して，$x=7$ よって，8点の生徒は13人。

(10) 中央値が8点だから，得点の低い方から20番目と21番目の生徒はともに8点である。よって，8点の生徒が最も少ないのは，得点の低い方から20番目から30番目までの11人のときで，最も多いのは，12番目から30番目までの19人のときである。

問題3 （図形と関数・グラフの融合問題）

基本 (11) $y=-3x+12$と$y=-\frac{1}{2}x-3$からyを消去して，$-\frac{1}{2}x-3=-3x+12$ $-x-6=-6x+24$ $5x=30$ $x=6$ これを$y=-3x+12$に代入して，$y=-6$ よって，B$(6,\ -6)$ $y=ax^2$は点Bを通るから，$-6=a\times6^2$ $a=-\frac{1}{6}$

重要 (12) $y=-\frac{1}{2}x-3$に$y=0$を代入して，$x=-6$ よって，C$(-6,\ 0)$ CD：DB$=\{0-(-6)\}:(6-0)=1:1$より，△CDA：△BDA＝CD：DB＝1：1 よって，FA：AB＝1：2のとき，△CBF：△CBA＝FB：AB＝3：2となり，題意を満たす。点Fのx座標をtとすると，FA：AB$=(0-t):(6-0)=1:2$ $-2t=6$ $t=-3$ $y=-3x+12$に$x=-3$を代入して，$y=9+12=21$ よって，F$(-3,\ 21)$

(13) $y=-\frac{1}{6}x^2$と$y=-\frac{1}{2}x-3$からyを消去して，$-\frac{1}{6}x^2=-\frac{1}{2}x-3$ $x^2-3x-18=0$ $(x-6)(x+3)=0$ $x=6,\ -3$ よって，E$\left(-3,\ -\frac{3}{2}\right)$ したがって，EF$=21-\left(-\frac{3}{2}\right)=\frac{45}{2}$

重要
問題4 （平面図形の計量）

(14) △ABCと△DEAにおいて，仮定より，AB＝DE…①，BC＝EA…② 1つの円で等しい長さの弦に対する弧の長さは等しく，等しい弧に対する円周角は等しいから，∠ABE＝∠BEC，∠EBD＝∠AEB，∠CBD＝∠CEDより，∠ABC＝∠DEA…③ ①，②，③より，2組の辺とその間の角がそれぞれ等しいから，△ABC≡△DEA よって，AC＝DAより，∠ADC$=(180°-30°)\div2=75°$ ここで，四角形ABCDは円に内接するから，∠ABC$=180°-$∠ADC$=180°-75°=105°$

(15) 円周角の定理より，∠COD＝2∠CAD$=60°$ よって，△OCDは正三角形となり，CD＝2 直線AOと辺CDとの交点をHとすると，AH＝AO＋OH$=2+\frac{\sqrt{3}}{2}\times2=2+\sqrt{3}$ よって，△ACD$=\frac{1}{2}\times2\times(2+\sqrt{3})=2+\sqrt{3}$(cm²)

問題5 (空間図形の計量)

基本 (16) $AH=\frac{1}{2}AC=\frac{1}{2}\times\sqrt{2}AB=\frac{1}{2}\times\sqrt{2}\times6\sqrt{2}=6$　$OH=\sqrt{OA^2-AH^2}=\sqrt{10^2-6^2}=8$　Pは線分OHとMNとの交点だから，$OP=\frac{1}{2}OH=4$(cm)

重要 (17) △OBDにおいて，Hを通りBQに平行な直線とODとの交点をRとすると，平行線と比の定理より，OQ：QR＝OP：PH＝1：1，QR：RD＝BH：HD＝1：1より，OQ：QR：RD＝1：1：1　△OBQ：△OBD＝OQ：OD＝1：3より，$\triangle OBQ=\frac{1}{3}\triangle OBD=\frac{1}{3}\times\frac{1}{2}\times12\times8=16$(cm^2)

重要 (18) 四角錐O－BNQMの体積は，三角錐O－BNQの体積の2倍に等しい。三角錐O－BNQの体積は，$\frac{1}{3}\times\triangle OBQ\times NP=\frac{1}{3}\times16\times\left(\frac{1}{2}\times\frac{1}{2}\times12\right)=16$　よって，四角錐O－BNQMの体積は，16×2＝32(cm^3)

★ワンポイントアドバイス★
出題構成，難易度とも例年どおりであり，取り組みやすい内容である。できるところからミスのないように解いていこう。

＜英語解答＞ 《学校からの正答の発表はありません。》

問題1　(A)　No. 1　4　No. 2　3　No. 3　2　No. 4　2
　(B)　No. 5　2　No. 6　4　No. 7　2　No. 8　1　No. 9　2　No. 10　3

問題2　(11)　1　(12)　2　(13)　1　(14)　4　(15)　1　(16)　2　(17)　4
　(18)　2　(19)　2　(20)　4　(21)　3　(22)　2　(23)　4　(24)　3
　(25)　1　(26)　3　(27)　3　(28)　3　(29)　1　(30)　4

問題3　(31)　3　(32)　1　(33)　4　(34)　2　(35)　1

問題4　[A]　(36)　4　(37)　2　[B]　(38)　2　(39)　1　(40)　3

問題5　[A]　(41)　3　(42)　1　[B]　(43)　3　(44)　1　(45)　4

○推定配点○
問題1・問題2・問題3　各2点×35　問題4・問題5　各3点×10　計100点

＜英語解説＞

問題1　リスニング問題解説省略。

重要 問題2 (語句選択補充問題：受け身，前置詞，慣用句，不定詞，分詞，仮定法，接続詞，語彙)

(11) 「信じられない！　私たちが見ていたコンサートのチケットは昨日すべて売り切れてしまった」 All から at までがひとまとまりでこの文の主語。be sold out「売り切れになる」の部分が動詞。主語が tickets と複数形，文の時制は過去なので 1 were sold out を入れる。All the tickets for the concert (that) we were looking at と関係代名詞が省略された文。

(12) 「彼女はラクロスをプレーすることに真剣になり始めた，最初はただ面白がってやっていただけだったのに」 for fun で「面白がって[楽しむために]」という意味になる。

(13) 「体育館では飲食禁止なので，私たちは教室で昼食を食べることにした」 be not allowed

「許可されていない＝禁止されている」 decide to ～「～することにする[決める]」 2 observe「監視する」 3 obey「従う」 4 clean「掃除する」

(14) 「A：オデイシャはとても面白い人だ。 B：知ってる。彼女はいつも私を笑わせる」〈make＋人＋動詞の原形〉で「人を～させる」 4原形 laugh「笑う」を入れる。

(15) 「私の家族は大好きなバスケットボールチームが試合に勝つことを期待していたので，私たちはがっかりした」 be disappointed で「がっかりする」という意味。他の語句では意味が合わない。 2「人気がある」 3「～を通して」 4「間違っている」

(16) 「ミライは彼女のお気に入りの曲を何曲かヘッドホンで聴き，右足から靴を履く。これが彼女がサッカーの試合の準備をする方法だ」 get ready for ～「～の準備をする」の意味になるので2が正解。他では意味が合わない。 1「声を上げる」 3「目立つ」 4「残念に思う」

(17) 「A：ノア，映画を観ましょうよ。あなたが観たがっていたDVDを買ったよ。 B：どうもありがとう，でもとても疲れているので今夜は観られない。この週末はどう？」〈too ～ to …〉「とても～なので…できない」に当てはめ to watch を入れる。

(18) 「セシリアはちょうど買った新しいタブレットケースがとても気に入っている。彼女はもう一つ彼女の妹のために買うつもりだ」「もう一つ」という時には another one を使う。この one は tablet case を指す。

(19) 「A：すみません。ルイスさんを探しています。彼女がどこにいるか教えてくれますか？ B：郵便局の前に立っている人が見えますか？ あれがルイスさんです」 standing in front of the post office はひとまとまりで the person を後置修飾している。the person と stand は主語＋動詞の関係になるので現在分詞 standing を入れる。この文の動詞は see なので 1 is sitting や 3 talks は不可。4 過去分詞は修飾する名詞と分詞が受け身の関係になる時に用いるのでここでは不可。

(20) 「A：この学校の図書館は素晴らしい！ そう思わない？ B：私もそう思う。もし私がこの学校の生徒だったら，毎日ここで本を読んで勉強をするのに」 仮定法過去の文。〈If ＋主語＋動詞の過去形～，主語＋助動詞の過去形＋動詞の原形…〉の構文に当てはめ過去形 were を入れる。仮定法過去の文では主語が I でもbe動詞には were が使われる。

(21) 「A：アニー，もう少しお茶はいかがですか？ B：いいえ，もう十分いただきました」 3 I've had enough. は「もう十分」という意味の口語表現。

(22) 「父はゴルフに夢中になっていて，毎晩仕事の後にゴルフの練習に行く」 2 be crazy about ～ で「～に夢中になっている」という意味。 1 be sorry about ～「～を気の毒に思う」 3 be fed up with ～「～にうんざりする」

(23) 「ジョッシュ，ちょっとあなたのタブレットを貸してくれる？ 私のは電池が切れてしまった」 4 run out of ～ で「～がなくなる[不足する]」という意味で，run out of battery で「電池が切れる」ということ。mine ＝ my tablet 1 get around「歩き回る」 2 come up with「思いつく」 3 turn down「落ちる[倒す]」

(24) 「私の学校ではほとんどの生徒がスクールバスに乗るが，一方で自転車で来る生徒たちもいる」 3 while には「一方で」という意味がある。二つの事柄を対比する時に用いられる。 1 until「～まで」 2 no matter when「いつ～しようとも」 4 as if「まるで～かのように」

(25) 「A：ジェシカ，さぁプレゼンをするあなたの番よ。頑張って。 B：わかっているわ。とても緊張している。心臓がドキドキしている」 1 it's your turn で「あなたの番」という意味。この turn は名詞で「順番」という意味。 2 earn「稼ぐ」 3 harm「危害を加える」 4 calm「穏やかな」

(26) 「アヤは学校に行くのに電車で多摩川を渡る。彼女は帰宅途中に橋から見える夕日を時々楽しんでいる」 3 across「横切る」 across the river で「川を渡る」という意味になる。1 into「～の中へ」 2 between「～の間」4 within「～以内で」

(27) 「私は明日のためのパンと果物を買う必要があるので午後に食料品店に行く予定だ」 パンと果物を買うのは 3 grocery store「食料品店」1 clothing store「洋品店」 2 furniture store「家具店」 4 stationary store「文房具店」

(28) 「その学校は公共交通機関で簡単にアクセスできる。最寄り駅には多くの路線が乗り入れている」 3 can be accessed「アクセスできる」 access で「アクセスする[接近する]」という意味。 1 postpone「延期する」 2 deliver「配達する」 4 expect「期待する」

(29) 「最近，気候が高温で乾燥しているので森林火災の危険性が増している」 1 risk「危険性[リスク]」が適当。 2 capacity「容量」 3 ability「能力」 4 shortage「不足」

(30) 「ケイは一年前に東京に引っ越してきてこの町の生活が大好きだが，夏の暑さと湿度の高い気候には耐えられない」 夏に耐えられないとあるので 4 humid「湿度が高い」が適当。1 comfortable「心地よい」 2 pleasant「快適な」 3 freezing「凍えるような」

基本

問題3 (対話文完成)

(31) A：何て素敵な自転車なの！／B：ありがとう。この間のクリスマスに父がくれたの。／A：3自転車に乗って一緒に湖まで行くのはどう？／B：すごくいいね！ 二人分のお弁当を作るわ。今度の日曜日の正午に駅で会いましょう。 1「前に乗ったことはある？」 2「私にそれに乗って欲しい？」 3「自転車に乗って一緒に湖まで行くのはどう？」 How about …ing ～?「…するのはどう？」という勧誘表現。日曜日に待ち合わせていく流れにするために3を入れる。4「その時自転車で湖に行ったの？」

(32) A：この花瓶がとても気に入ったわ。どう思う？／B：色も形も両方素晴らしい。これを買おう。／A：そうね。1でもとても壊れやすいと思う。／B：壊れないように気をつけて包装してもらうよう店員にお願いするよ。 1「とても壊れやすいと思う」 空所に続くBが気をつけて包装してもらうと言っているので，1が適当。 2「もう少し安くできませんか？」 3「そのことについてあなたと話したい」4「オンラインストアでもっと手に入れる」

(33) A：こんにちは。この荷物を日本に送りたいのですが。費用はいくらになりますか？／B：速達郵便だと到着に3日かかり78ドル。普通郵便だと到着に10日かかり38ドルです。／B：すぐには必要にならないので，4安い方法を使います。／B：わかりました。用紙に必要事項を記入してください。 1「できるだけ早く手に入れたい」 2「日中に到着してほしい」 3「速達郵便で送ります」 4「安い方法を使います」すぐに必要とならないという内容に続けるので，時間はかかるが安い方法を選ぶことがわかる。この way は「方法」という意味。

(34) A：先週の練習会で君を見かけなかった。何かあったの？／B：元気だったよ。2家族と旅行に行っていたから参加できなかったんだ。 A：元気で良かった。どこに行ったの？／B：両親と私で長野に行って車山登山をしたんだ。気持ちが良かったよ。 1「学校のキャンプに行っていた」 2「家族と一緒に旅行に行っていた」後のBが両親と登山したと言っているので2が適当。3「一週間具合が悪かった」 4「電車が事故で遅れていた」

(35) A：すみません。国立故宮博物館までの行き方を教えてくれますか？／B：もちろん。バス停が見えますか？ そこで30番のに乗ってください。 A：バスに乗った方がいいですか？ 1歩けると思ったのですが。／B：もしそうしたければ。徒歩だと40分くらいかかると思います。1「歩けると思ったのですが」続くAが徒歩での所要時間を答えているので1が適当。ここでの take は所要時間を表す。on foot「徒歩で」 2「タクシーを呼んでくれますか？」 3「電車の方がいいです」 4「そんなに近いの？」

問題4 （長文読解問題・物語文，論説文：適文選択補充）

基本 [A] （全訳） 家族旅行

キクチ夫妻は3人の娘たちと毎年冬休みに旅行に行く。彼らは自分たちの娘たちにその地域特有の文化，歴史や食べ物を学んで欲しいのだ。日本で訪れる場所はたくさんあるので，これまでは日本の有名な場所を旅行してきた。昨年，3人の娘たちの1人が日本国内ではなく海外旅行をしたいと文句を言った。彼らは今年は(36)海外旅行に行くことに決めた。キクチ氏はインターネットで旅行代理店を探し，ワシントンDCのツアーを見つけた。

1月に家族はワシントンDCに飛行機で旅立った。彼らはガイドと一緒に歴史的建造物や下町エリアを観光しおいしい食べ物を食べた。彼らは旅をとても楽しんだが，(37)彼らはとても忙しかった。それぞれの場所で十分な時間が取れなかったのだ。来年はもう少し長い期間滞在しようと思っている。

(36) 直後の文でワシントンDCに行くことになったとわかるので，4「海外旅行に行くことに決めた」が適当。 1「近所の祭りに参加することを提案した」 2「過去のように家にいるようにした」 3「国内旅行を続けることに同意した」

(37) 直後の文で十分な時間を取れなかったとあるので，2「彼らはとても忙しかった」が適当。 1「彼らが乗るには短すぎた」 3「天候がとても悪かった」 4「彼らのガイドが不親切だった」

重要 [B] （全訳） 貧困

貧困とは正確には何でしょうか？ 貧困とは食料，水，健康，教育といった生活必需品を満足に得るための十分な資金を持っていないことではない。教育がなければ，ほとんどの人々は貧困から自分で抜け出す希望はほとんどない。教育を提供することが地域や国が貧困から這い上がるのに役立つ最も重要な方法なのだ。多くの人々は食料物資を彼らに提供することが世界の貧しい人たちを(38)助けるための最善の方法だと考える。信じようと信じまいが，実際にはこれは事態を悪化させるのだ！ なぜ？ 古代中国のことわざが明言する：人に魚を与えれば，一日で食べてしまうだろう；釣り方を教えれば一生食べていけるだろう。自分たちの食料を育てる方法を彼らに教えることなしに貧しい人たちに食料を供給することは，食料が続く限りの間だけの助けにしかならない。しかしもし私たちが貧しい国により良い農業を教え強い経済を作ることを教え，同時に子どもたちを教育するための学校を建てることを助ければ，これらの恩恵は一生涯続くことになる。目標は状況を止めることではなく，将来それを改善するための方法を見つけることで，それが今必要なことである。これは(40)持続可能な発展と呼ばれる。

(38) 空所の内容=食料物資を提供すること，だと考える人が多いという意味になるので，2「助けるための最善の方法」が適当。この way は「方法」という意味。 1「発見するための最善の方法」 3「呼ぶための最悪な方法」 4「約束するための最悪な方法」

(39) 直前の古代中国のことわざ参照。食料の育て方を教えることなく食料を供給しても，それは食料がある間だけの助けにしかならないということ。したがって1「食料が続く限り」を入れる。空所直前の for は期間を表す。〈as long as ＋主語＋動詞〉で「主語が～する限り」という意。この last は「続く」という意味の動詞。 2「彼らが食べられるだけたくさん」 3「彼らがそこに到着した途端」 4「船が行けるだけ速く」

(40) 直前の文参照。今の状況ではなく将来にわたって改善できるような方法を見つけることなので，3「持続可能な発展」が適当。 1「経済発展」 2「地球温暖化」 4「野生植物の保護」

問題5 (長文読解問題・メール文，説明文：内容把握，内容正誤判断)

基本 [A] (全訳)

From：ダニル・ウォロコフ〈danil-vorokov@globemail.com〉
To：ジョゼフ・ハリス〈jharris@mymail.com〉
日付：9月7日
件名：理科とイベント

先週，理科の本を貸してくれてありがとう。とても面白くてたくさんのことを学びました。特に宇宙のしくみの部分が面白かった。君も理科が好きですか？ もしそうなら，理科のどの分野が好きですか？ 次回会う時にこの本から学んだことを互いに教え合いましょう。この本がとても楽しかったので，父と兄に科学博物館に連れて行ってくれるようお願いし行ってきました。博物館でより多くの新しいことを学び，たくさんの理科実験に参加することができました。博物館のスタッフが私と一緒に実験をしてくれて，彼らがやっていることにすごく興味を持ちました。学校でやるものよりもレベルが高かったので実験にわくわくしました。

ところで，博物館に行く途中にこの町で中高生対象のスポーツイベントについてのお知らせを見つけました。電車の駅の近くのABC公園で来月開催される予定です。有名なバスケットボール選手，サッカー選手，オリンピックの陸上競技選手をゲストとして招待するそうです。より良い選手になるための方法と怪我をせずに練習する方法を講義してくれる予定です。私はバスケットボールチームのメンバーでバスケットボール選手の講義に参加したいです。君は何のスポーツが好きですか？参加したい講義があれば，一緒に参加しませんか？

今年は2つの興味あること，理科とスポーツを楽しみたいです。

また話しましょう。

ダニル

(41) 「ダニルはなぜ博物館に行ったのですか？」 1「彼は宇宙の新しいことについて人々に教えたかった」 2「彼は理科のことを学ぶために博物館に行くように言われた」 3「彼は彼が借りた理科についての本に興味を持つようになったから」第1段落第7文に一致。この book は彼がジョセフから借りた本を指す。 4「彼は博物館での実験に感動した」

(42) 「スポーツイベントに関してダニルが言ったことの1つは何ですか？」 1「イベントではアスリートたちの経験に関するいつくつかの講義がある予定」第2段落第3，4文に一致。 2「講義をする人たちは全員地元の先生たちである」 3「イベントに参加するためには高価なチケットを買わなくてはならない」 4「ダニルの今年の目標はバスケットボールをすることで，理科の勉強をすることではない」最終文で science and sports とあるので不一致。2.3に関する記述はない。

重要 [B] (全訳) スシとヒバチ

ニューヨークシティーだけでも15年前は約400の和食レストランがあると言われていた。今日ではその数は確かにもっと多い。多くのレストランは寿司か焼肉と焼き野菜，あるいはそれら両方を提供している。この2つが和食レストランでアメリカ人が注文する最も人気のある2つの食べ物である可能性は高い。

信じようと信じまいが，生魚が大好きなアメリカ人はたくさんいる。彼らは握りやドラゴンロールやレインボーロールのような巻きずしを食べる。ドラゴンロールはたくさんの薄く切ったアボカドで覆われているので，ドラゴンのウロコのように見えるのだ。レインボーロールは，その名前からわかるようにマグロやサーモンのような色とりどりのスライスした魚で覆われている。しかし，理由はどうであれ生魚を食べないアメリカ人もたしかにいる。生魚を食べないのにカウンターに座る人たちは，たとえばカリフォルニアロールやエビ天ぷらロールを注文するかもしれない。エビ天ぷらロールが何かはきっと想像できると思うが，カリフォルニアロールが何かは知らないかもしれない。カリフォルニアロールを作るには，次のような食材が必要だ：米，海苔，アボカド，きゅうり，かにかまぼことマヨネーズ少量。どうやって作るかお教えしよう。まず，海苔の上に米を置く。次にそれを裏返しにする。そしてその上にカットした食材を全て置き巻く。以上だ。簡単だろう？寿司が好きな人はそれが健康的だと信じている。アメリカでは健康に興味がある人たちが赤身肉の代わりに魚や鶏肉を食べる傾向にある。その上，米はパンより健康的だと考えられている，パンには塩やバターが含まれているからだ。

和食レストランで人気のあるもう一つの食べ物は鶏肉，豚肉，海鮮と野菜を焼くものだ。これは日本人が「鉄板焼き」と呼ぶものである。しかしアメリカ人はそれを「ヒバチ」と呼ぶ。なぜ彼らが「ヒバチ」と呼ぶのか見当もつかない。したがって，もしアメリカ人が「ヒバチ」について話すのを聞いたら，それは火鉢ではなく肉や野菜を焼くことを話しているのだということを思い出さなければならない。そこでは，シェフが目の前に座る客のために料理する。料理中，彼はナイフやスプーンを空中に投げ楽しませる。おそらく「ヒバチ」の一番のファンは子供たちだろう。彼らは食べ物とエンターテインメントの両方を楽しむ。したがって，今日では日本人がハンバーガーやフライドチキンを楽しむのと同じくらいアメリカ人は寿司とヒバチが好きなのだ。

(43)「アメリカの人たちは米のことをどう思っていますか？」 1「米は肉と同じくらい自分たちの健康に良い」 2「米はアメリカ人が生魚を食べる時に必要だ」 3「米はパンより健康に良い」第2段落最終文に一致。 4「米は生魚を食べない人たちにはほとんど興味を持たれていない」

(44)「この長文によると，アメリカ人にとって「ヒバチ」はどういう意味ですか？」 1「日本人が鉄板焼きだと認識している料理」最終段落第2，3文に一致。 2「日本人のシェフが火鉢で料理する焼肉と焼き野菜」 3「アメリカの和食レストランで提供されるアメリカ人向けの生魚の寿司」 4「ドラゴンロールやカリフォルニアロールのようなアメリカで作られた日本の創作料理」

(45)「以下の文章で正しいものはどれですか？」 1「生魚が好きなアメリカ人はほとんどいないので，年々和食レストランの数は減少している」第1段落第1，2文参照。15年前に400店あり，今ではその数はもっと多いとある。第2段落第一文で生魚が好きなアメリカ人はたくさんいるとあるので不一致。 2「日本の和食レストランは，シェフがナイフとフォークの使い方を子どもたちに教えるので人気がある」そのような記述はない。最終段落最後から3，4文目参照。子供たちはナイフとフォークを投げるエンターテインメントのファンだとあるので不一致。 3「アメリカでは15年前まではドラゴンロールやカリフォルニアロールのような寿司を提供するレストランは今より多かった」そのような記述はない。第1段落第2文参照。和食レストランは増えているので不一致。 4「アメリカ人は日本人がハンバーガーやフライドチキンを楽しむのと同じで寿司やヒバチを楽しむ」最終段落最終文に一致。

★ワンポイントアドバイス★

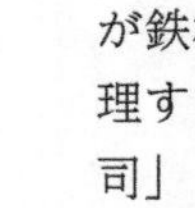

読解問題では，質問に該当する文を必ず本文から見つけ出して考えるようにしよう。内容に関する問題のみの出題なので，先に設問に目を通してから本文を読むことで，該当する文を見つけやすくなる。細か所までていねいに読んで答えよう。

＜国語解答＞ 《学校からの正答の発表はありません。》

一	問1　4	問2　2	問3　2	問4　1	問5　2	問6　3	問7　2	問8　1
	問9　3	問10　4						
二	問11　1	問12　2	問13　4	問14　2	問15　2	問16　1	問17　3	
	問18　2	問19　2	問20　4	問21　4	問22　4	問23　1	問24　3	
三	問25　4	問26　2	問27　3	問28　1	問29　2	問30　4	問31　2	
	問32　3	問33　1	問34　1	問35　3	問36　4			
四	問37　4	問38　2	問39　3	問40　4	問41　3	問42　1	問43　4	
	問44　1	問45　2	問46　4	問47　1	問48　1	問49　4	問50　3	

○推定配点○

各2点×50　　計100点

＜国語解説＞

一 （漢字の読み書き，筆順・画数・部首，語句の意味，同義語・対義語，熟語，ことわざ・慣用句，敬語・その他，表現技法，文学史，詩）

問1　人々の生活を健康で豊かなものにするという意味のものを選ぶ。

基本　問2　「窓」の部首は「穴(あなかんむり)」。

問3　問いかけに答える「応答」と問いかけをする「質疑」の2が対義語の組み合わせとなる。

問4　1「ふわらいどう」　2「はくらんきょうき」　3「ふんこつさいしん」　4「かんわきゅうだい」。

問5　2は，正しくは「しぐれ」と読む。「しけ」は「時化」と書く。

問6　遠慮する必要がなく，心から打ち解けることができるという意味の慣用句が入る。

問7　1は同じような性質のものが含まれる範囲，3は意見の一致，4は内容という意味になる。

重要　問8　2は「召し上がって」，3は「おりません」，4は「お聞きになって」が正しい。

やや難　問9　1は北原白秋の歌集。2は斉藤茂吉の歌集。4は与謝野晶子の歌集。

重要　問10　現代の話し言葉で自由に書かれているので，口語自由詩。「もっと高く／もっともっと高く」に反復法，「美しい／願いごとのように」と「何度でも／打ち上げよう」に倒置法，「美しい／願いごとのように」に直喩を用いているので，4が適当。

二 （論説文一大意・要旨，内容吟味，文脈把握，段落・文章構成，脱文・脱語補充，漢字の読み書き，熟語，語句の意味）

問11　A　促す　　1　催促　　2　測量　　3　即座　　4　収束(終息)

問12　B　最適　　1　大敵　　2　適合　　3　摘出　　4　点滴

問13　「こしょくそうぜん」と読む。長い年月を経て古びて見える様子という意味。

問14　物事の起こり方がゆっくりである様子を表す。

問15　「いぶかしむ」は不審に思うという意味。直前の「何をするんだろう」がヒントになる。

問16　「不合理」は，道理や理屈に合わないこと。同じ文の「あらゆるものごとがスピードアップして，ますます暇がなくなる」を言い換えている1が適当。

問17　――線部分②の「沈黙」は，何も言わずに商品を売買することを意味している。③段落のバーチャル・リアリティの旅行やパソコンでの買い物などの例に3が適当。1と4は「沈黙」について述べていない。2「商品の金額はコンピュータによって管理」とは書かれていない。

問18　前の「コンピュータ」などを用いて売買されている具体例が書かれている部分を探す。③段落に「パソコンを操作して着替えや日常品を手に入れ，出前の食事で済ませる」とある。

問19　「『手袋を買う』ことの意味」は，⑧段落の「ただ商品を買うというだけでなく，かけがえのない出会いや，店の雰囲気，大袈裟に言えば歴史そのものさえ組み込まれた商品を買うということ」や，直前の段落の「あの店で，あの老人に手を取られて『買う』ということ」をふまえている。この内容を言い換えている2が適当。この内容に，他の選択肢は合わない。

問20　直後の文に「味はいいのだが，あんまり儲かっているように思えないから」と，アドバイスをした理由が書かれている。「儲けるという目的のため」とある4を選ぶ。

やや難　問21　直後に「それは目指す目的が実現されたときに完結する」とあり，「それ」は「建築」を指示している。直後の文「建築の運動は，まだできていないという状態がずっと続いていて」とあることからも，未到達の段階を「運動」としている4を選ぶ。「完成された姿」を「運動」としている3は，この内容に合わない。1の「全体を見ることができない」，2の「組み立てていくことを目的」とは書かれていない。

問22　Ⅰ　直前の文に「目指す目的が実現されたときに完結する」とあるので，「達成される」のは「目的」。　Ⅱ　前の「中間段階」に通じるのは，建築の「手段」。　Ⅲ　直前の文の「目的が達成される」に対してと対照的に述べているので，「目的」の「達成がない」とする。

問23　――線部⑦の「それ」は，直前の文の「ローマに行って手袋を買ったり，京都で饅頭を買ったりするという行為」を指示している。これらの行為について，直後の段落で「目的と手段が，一つになっているような体験」で「生きる意味」に通じると説明している。この内容を述べている1が適当。2「それぞれの風土にしかない雰囲気を感じる」，3「自分に合ったものを選んで購入して使う」，4「目的と手段を切り離さないことを心がけている」からではない。

重要　問24　最終段落の内容として3が適当。最終段落の「生きる良さは，自己充足にある……目的と手段が分けられない，それ自体として良い行為にこそ生きがいが成り立つ」に，他の選択肢は適当でない。

三　**（小説一主題・表題，情景・心情，内容吟味，文脈把握，脱文・脱語補充，漢字の読み書き，語句の意味，品詞・用法，ことわざ・慣用句）**

問25　A　懇切丁寧　　1　根絶　　2　困難　　3　混在　　4　懇談

問26　B　好奇心　　1　気運　　2　奇遇　　3　喜寿　　4　希求

基本　問27　3は理由を表す接続助詞で，他はすべて起点を表す格助詞。

問28　「うつつ」は「現」と書き，目が覚めている状態を表す。「寅彦は」で始まる段落に，寅彦が俳句に夢中になっている様子が描かれている。

問29　後で「あの築山のてっぺんだとしよう」と，とりあえず仮定している。

基本　問30　直後の文に「沈んでいる」とある。「□顔」で暗い顔つきという意味になる語が入る。

問31　同じ段落の「課外授業も積極的に引き受けた」や，一つ後の段落の「金之助は若い人に物事を教えることには熱心だった」に2が適当。冒頭の段落の「帝国大学へ進んだ折……心配するのを聞いて，課外授業も積極的に引き受けた」に1は適当ではない。金之助は「帝大への試験のための授業ではない」と言っているので，3も適当ではない。金之助は「教室の外」に来た子供に英語を教えているが，4にあるように「招い」たわけではない。

問32　直後の段落の「実は，寅彦に俳句を教えると，すぐに俳句をする生徒が増え……学校側からすれば一般の学生は勉学が疎かになると心配するのもうなずけた」に3が適当。「寅彦の頭脳は人並み外れてい」て暗記や予習復習は必要なかったとあるので，俳句のために勉強をやめてしまったとある1は適当ではない。2「成績が低下していない仲間にまで叱責した」，4「英語の学習だけに集中させようとしてもできなかった」とは書かれていない。

問33　教頭に勉強に専念するよう叱られた寅彦が，金之助に相談している場面である。「それだけを懸命にやるのが大切なのでしょうか？」という口調からは，寅彦の不安が感じ取れるので1を選ぶ。2の「決断」や3の「決意」は読み取れない。寅彦は俳句をやめて勉強に専念すべきかを悩んでいるので，4「俳句一本に絞る」も合わない。

重要 問34 ——線部分④の「そんな登り方」は，真っ直ぐてっぺんに向かう登り方を指示している。後で「そういう登り方をした奴には，あの築山の上がいかに愉しい所かが，生涯かかってもわからない」や「それぞれ楽しく，いろんなことを学ぶことができた」などの言葉から，1の内容が読み取れる。金之助は「愉し」さについて述べており，2「一番の優等生でいるという目標」や，3「自分の障害になるようなものを避け」るためとは言っていない。4の「教頭からの叱責」について述べているわけではない。

問35 道草をすることで人の優しさを知ったという金之助の話を聞いて，寅彦は「先生のみちくさは愉しそうですね」と言っているので，3が適当。1の「自分に失望」，2の「動転」は読み取れない。金之助の言葉は，4「最短距離を進む」ことをうながすものではない。

重要 問36 最終場面で，金之助の話を聞いて寅彦は「ボク，少し力が湧いて来ました。みちくさをしてみたくなりました。物理学にも俳句があった方が良い気がします」と言っている。「みちくさ」を受け入れ心配がなくなった様子が読み取れるので，4を選ぶ。

四 **（古文—大意・要旨，内容吟味，文脈把握，指示語の問題，語句の意味，文と文節，品詞・用法，仮名遣い，口語訳，文学史）**

〈口語訳〉 昔，孔子(のもとに)，一人，来て，教えに身をまかせようとした。孔子が尋ねて言うには，「お前は，どうして，来て，私の教えに身をまかせるのか」。(その人が)言うには，「徳のあるあなた様が朝廷に出仕した時，これを見たところ，厳かで，人を威圧する勢いがありました。そのため教えに身をまかせます」。孔子は，弟子に，乗り物，衣装，金銀，財物などを取り出させて，これを(その人に)与え，「あなたは，私の教えに身をまかせることはない」と(言った)。

また別の話で，宇治の関白殿が，ある時，鼎殿に行って，火を焚く所をご覧になったが，鼎所に仕えていた人がこれを見て言うには，「何者だ，案内もなく，宮中の鼎殿に入っ(て来)たのは」と言って，追い出された後，関白殿は，先に(着ていた)良くない衣服を脱ぎ替えて，厳かに着替えてお出ましになった時，鼎所に仕えていた人は，遠くから見て，恐れ入って，逃げてしまった。そして，関白殿下は，装束を竿の先に掛けて，拝まれたということだ。人が，その理由を問う。(関白殿が)答えて言うには，「私が，人に貴ばれるのは，私の徳ではない。ただ，この装束のためなのだ。」と言った。

愚かな者が，人を貴ぶのは，このようなものだ。経典の文字を貴ぶのも，また同じだ。

基本 問37 語頭以外のハ行は，現代仮名遣いではワ行に直すので，「こたえていわく」となる。

基本 問38 1は司馬遷が書いた歴史書。3は魏・蜀・呉の三国の歴史書。4は春秋時代の歴史書。

問39 小さく書いて表す「つ」は，促音という。

問40 「何を以て」はどのような理由で，という意味になる。

問41 「君子」は「くんし」と読み，学識や人格ともにすぐれた立派な人をいう。

問42 前の「君子参内の時，これを見しに，顒々として，威勢あり。故に帰す」という言葉に着目する。自分の外見の様子を見て弟子にしてほしいと言っているので，1が適当。

問43 直前の「宇治の関白殿……鼎所に到りて，火を焚く所を見給」う様子を指示している。

問44 鼎殿は「案内なく，御所の鼎所へ入れる」と言って追い出していることから，関白だと気づかず，何の断りもなく見知らぬ者が入ってきたと思ったことがわかる。1が適当。

問45 「先の悪き衣服等を脱ぎ更へて，顒々と装束して」お出ましになったのは，「関白殿」。

やや難 問46 「逃げぬ」の「ぬ」は，完了の意味を表す。

重要 問47　後で「吾，人に貴びらるること，我が徳に非ず。ただ，この装束故なり。」と理由を述べており，この理由に1が適当。3「装束を着た関白殿」は貴ばれるので，適当ではない。2「人が自分を恐れる」，4「関白を退こう」とは書かれていない。

やや難 問48　サ行変格動詞「拝す」の未然形／尊敬の意味を表す助動詞「らる」の連用形／過去の意味を表す助動詞「けり」の終止形。

重要 問49　最終文の「愚なる者の，人を貴ぶこと，かくの如し。経教の文字等を貴ぶことも，またかくの如し」が教訓となっている。「かく」は，人のうわべだけで判断する様子を指示しているので，4が適当。1「愚かな者にも敬意を持つ」 2「愚者の気持ちをおもんぱかり」が適切でない。孔子は自分の振る舞いだけを見て教えを乞おうとしたことを拒否しているので，3も合わない。

問50　1は江戸時代，2は奈良時代，4は平安時代に成立した作品。

★ワンポイントアドバイス★

古文では，高校で学習する文法の知識が必要なものも出題されている。あらかじめ簡単な古典文法に目を通しておくことで対応できるようにしておこう。

2023年度

入　試　問　題

2023年度

日本大学高等学校入試問題

【数　学】（50分）〈満点：100点〉

問題1　次の各問いに答えなさい。

（1）　$-\left(\dfrac{2}{3}x^2y^3\right)^2 \div \left(-\dfrac{y^2}{6x}\right)^3 \times \left(\dfrac{y}{8x}\right)^2 = \dfrac{\boxed{1}}{\boxed{2}}x^{\boxed{3}}y^{\boxed{4}}$

（2）　$\dfrac{1}{5}\times\dfrac{1}{\sqrt{7}}-\dfrac{1}{5}\times\dfrac{1}{\sqrt{28}}+\dfrac{1}{15}\times\dfrac{1}{\sqrt{7}}=\dfrac{\sqrt{\boxed{5}}}{\boxed{6}\boxed{7}}$

（3）　2つの数x，yについて，$x+y=4\sqrt{5}$，$xy=11$であるとき，$x-y=\boxed{8}$である。ただし，$x>y$とする。

（4）　2直線$y=ax+b$と$y=bx+6a$の交点の座標が$(4,\ -10)$であるとき，$a=\boxed{9}\boxed{10}$，$b=\boxed{11}$である。

（5）　右の図の△ABCにおいて，AB＝BD＝DC，点Eが線分BDの中点でるとき，$\angle x=\boxed{12}\boxed{13}$°である。

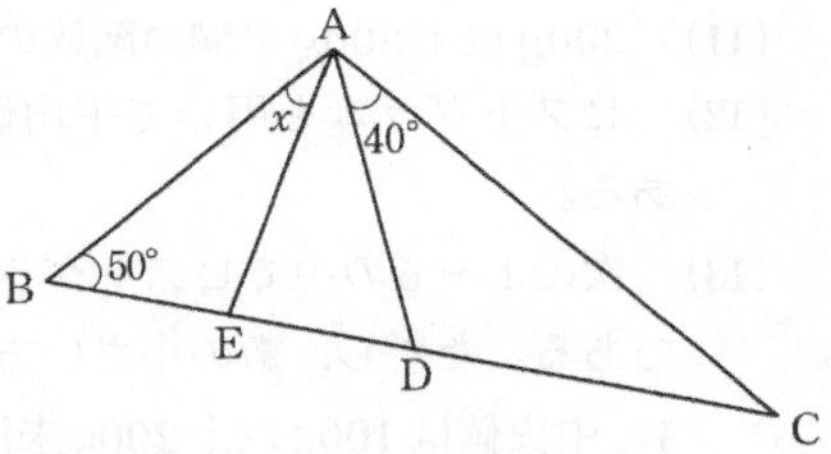

（6）　右の図の△ABCにおいて，点P，Q，Rはそれぞれ辺BC，CA，AB上にあり，AP，BQ，CRは1点Oで交わる。BP：PC＝1：1，AO：OP＝4：1であるとき，CO：OR＝$\boxed{14}$：$\boxed{15}$である。

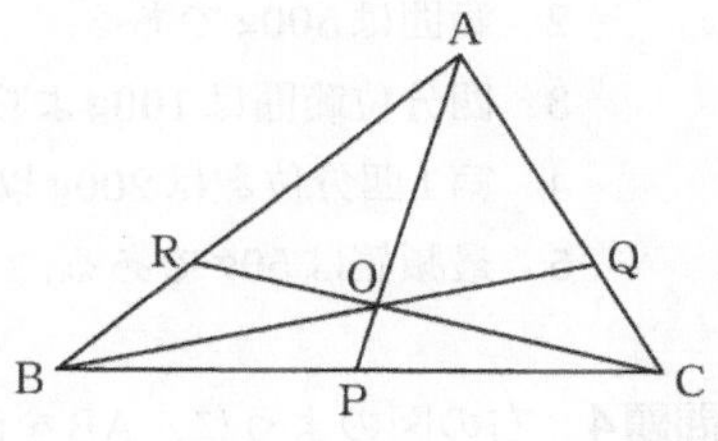

（7）　右の図のようなAD∥BCの四角形があるとき，四角形ABCDの面積は，$\boxed{16}\boxed{17}\sqrt{\boxed{18}}$ cm^2である。

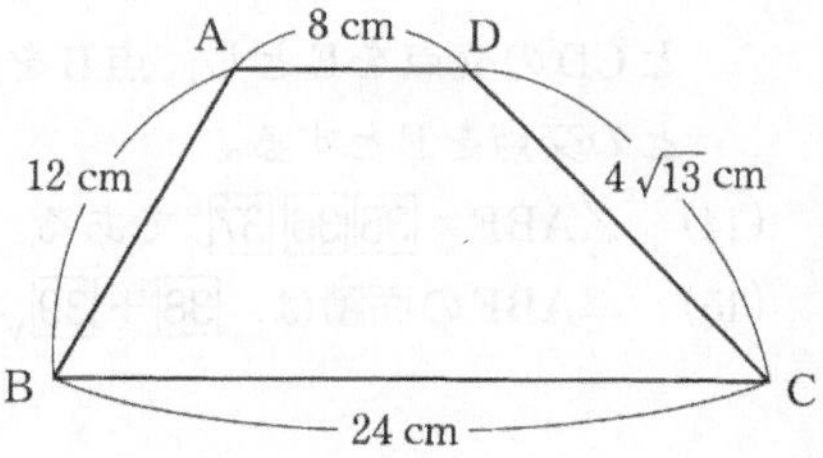

（8）　大小2つのさいころを同時に投げ，出た目をそれぞれa，bとする。このとき，2次方程式$ax^2+3x-b=0$の解が有理数になる確率は，$\dfrac{\boxed{19}}{\boxed{20}\boxed{21}}$である。

問題2　右の図のように，2つの放物線$y=\frac{1}{4}x^2$…①，$y=ax^2$（$a<0$）…②がある。放物線①上にある2点A，Bのx座標はそれぞれ−8，4であり，点Aを通りy軸に平行な直線と放物線②との交点をCとすると，△ACBの面積は108である。また，点Pは放物線①上の2点A，Oの間にあり，△ACBと△APBの面積比は3：1となる。

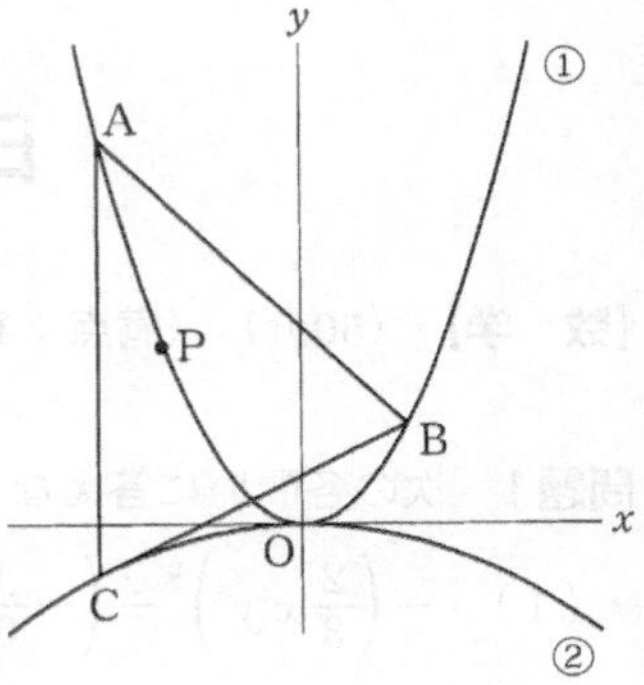

（9）　$a=-\frac{\boxed{22}}{\boxed{23}\boxed{24}}$である。

（10）　点Pのx座標は，$-\boxed{25}-\boxed{26}\sqrt{\boxed{27}}$である。

問題3　N中学校で，SDGsの取り組みの一つとして「食品ロス」について調査した。右のヒストグラムは，無作為に抽出した生徒の家庭における一日の食品ロス量を表している。200g以上300g未満の階級の度数はわかっていないが，累積相対度数は0.82である。

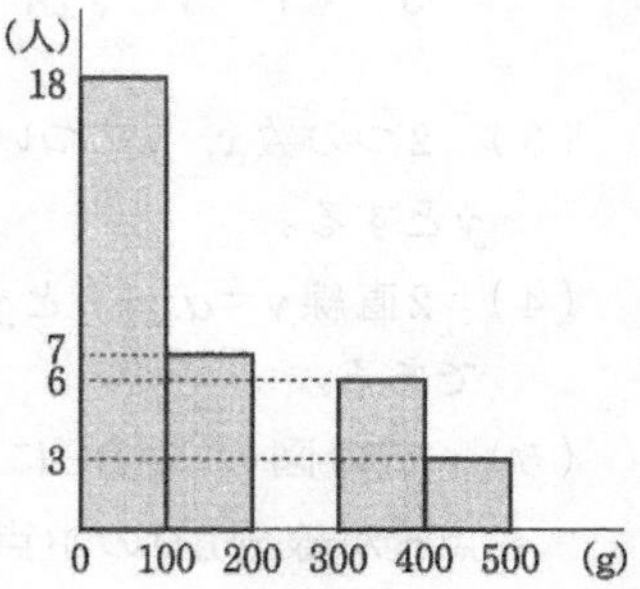

（11）　200g以上300g未満の階級の度数は，$\boxed{28}\boxed{29}$人である。

（12）　ヒストグラムを用いて平均値を求めると，$\boxed{30}\boxed{31}\boxed{32}$gである。

（13）　次の1～5の中でヒストグラムからわかることとして，必ず正しいといえるのは，$\boxed{33}$と$\boxed{34}$である。ただし，数の小さい方から答えること。

1　中央値は100g以上200g未満の値である
2　範囲は500gである
3　四分位範囲は100gより大きく300gより小さい値である
4　第1四分位数は200g以上300g未満の値である
5　最頻値は50gである

問題4　右の図のように，ABを直径とする円Oの周上に2点C，Dがあり，AB＝8cm，$\overset{\frown}{AC}=\overset{\frown}{CB}$，∠ACD＝60°である。また，ABとCDの交点をEとし，点Bを通りCDに平行な直線と直線ADとの交点をFとする。

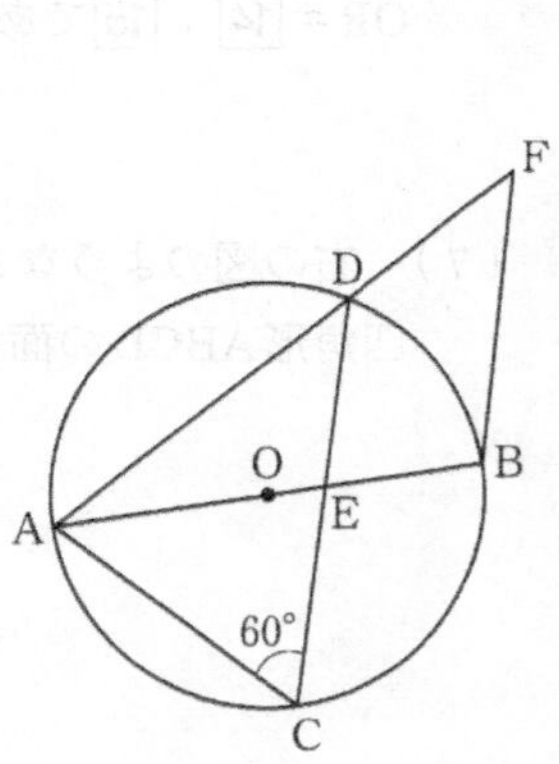

（14）　∠ABF＝$\boxed{35}\boxed{36}\boxed{37}$°である。

（15）　△ABFの面積は，$\boxed{38}+\boxed{39}\sqrt{\boxed{40}}$ cm²である。

問題5　右の図のように，AB＝AC＝8cm，OB＝OC＝12cm，∠OAB＝∠OAC＝90°の三角錐O－ABCがある。点D，E，Fはそれぞれ辺OA，OB，OCの中点であり，点Mは線分EFの中点である。

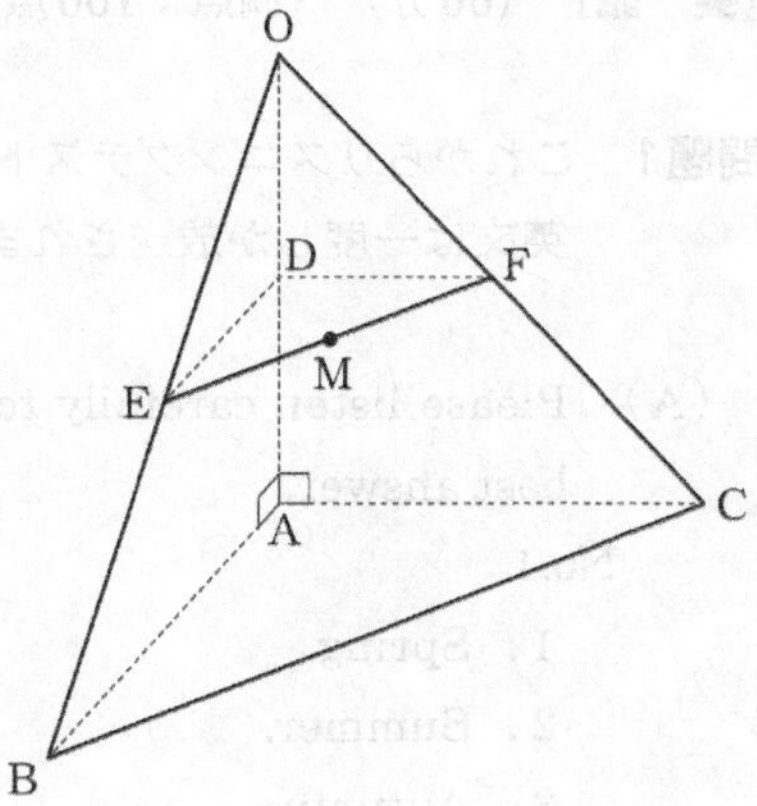

（16）　△ABCが正三角形になるとき，DM＝$\boxed{41}\sqrt{\boxed{42}}$ cmである。

（17）　△ABCの面積が最大になるとき，AM＝$\boxed{43}\sqrt{\boxed{44}}$ cmである。

【英　語】（60分）〈満点：100点〉

問題1　これからリスニングテストを始めます。問題は(A)と(B)に分かれています。
英文は一度しか放送されません。メモを取っても構いません。

(A)　Please listen carefully to the following passages and answer the questions. Choose the best answer.

No.1

1. Spring.
2. Summer.
3. Autumn.
4. Winter.

No.2

1. No running.
2. No pushing.
3. No jumping.
4. No shouting.

No.3

1. There are more horses than people.
2. The street lights are shaped like horses.
3. There are many horse statues around the town.
4. People can buy cowboy hats and cowboy boots with horses on them.

No.4

1. She had birds.
2. She had cats.
3. She had dogs.
4. She had gorillas.

(B)　Please listen carefully to the following dialogues and answer the questions. Choose the best answer.

No.5

1. The gym.
2. The post office.
3. The Italian restaurant.
4. The convenience store.

No.6

1. Buy flowers.
2. Make a reservation.
3. Watch the new TV show.

4．Meet his friend at the park.

No.7

1．Some loose change and a light.

2．A new bike and a glass of water.

3．A change of clothes and a towel.

4．Some school supplies from her truck.

No.8

1．A teacup.

2．An art book.

3．A bouquet of flowers.

4．They aren't going to buy anything.

No.9

1．They are the most calm.

2．They are the most honest.

3．They are the most friendly.

4．They are the most relaxed.

No.10

1．A ring.

2．A ski mask.

3．A black shirt.

4．Blue jeans.

〈リスニングテスト放送台本〉

No.1

In our high school, a lot of events are held throughout the year. Some examples are a formal dance in summer and a school trip in autumn. My favorite event, however is the annual culture festival in spring, and it lasts for two days. Students put on different stage performances such as plays, music, and dancing.

QUESTION：When does this school have its culture festival?

1．Spring.

2．Summer.

3．Autumn.

4．Winter.

No.2

In the summer, swimming pools are a popular way to cool down. However, there are rules we must follow if we want to enjoy a day by the pool. Some of them are：no running, no shouting, and no pushing. People should also shower before using the pool and watch out for children when they're swimming.

QUESTION：Which is NOT a rule when you visit the swimming pool?

1．No running.

2．No pushing.

3．No jumping.

4．No shouting.

No.3

Norco is a town in Southern California that has a Wild West theme. There are no sidewalks or street lights, and there are more horses than people! For this reason, people call it "The horse capital of the USA." Put on your cowboy hat and cowboy boots and visit Norco for this unique experience!

QUESTION：Why is Norco called "the horse capital of the USA?"

1．There are more horses than people.

2．The street lights are shaped like horses.

3．There are many horse statues around the town.

4．People can buy cowboy hats and cowboy boots with horses on them.

No.4

Did you know that animals can have pets too? In 1985, a gorilla named Koko asked for a pet cat for her birthday. She chose a gray kitten, and treated it very well. She named it "All Ball". After All Ball died, she got two new kittens："Lipstick" and "Smokey".

QUESTION：What kind of pet did Koko have?

1．She had birds.

2．She had cats.

3．She had dogs.

4．She had gorillas.

No.5

M：Excuse me. I'm a little lost. Could you please tell me where the post office is?

W：Sure. You need to go straight and turn left when you see the convenience store. Walk for 3 minutes, and you will see an Italian restaurant on your right. Turn left again, and you will reach the post office.

M：Thank you very much!

W：Good luck!

QUESTION：Where does the man want to go?

1．The gym.

2．The post office.

3．The Italian restaurant.

4．The convenience store.

No.6

W：Jeff, where were you today?

M：Huh? What are you talking about?

W：We were supposed to meet at the park and go see the flower festival today! You never showed up!

M：Oh no, you're right! I completely forgot what day it was. Sorry!

QUESTION：What did the man forget to do?

1．Buy flowers.

2．Make a reservation.

3．Watch the new TV show.

4．Meet his friend at the park.

No.7

W：Oh my goodness, what happened? You're soaking wet!

M：I was riding my bike home from school when a truck splashed me with water.

W：Ok, wait right there. I'll get you a towel and a change of clothes.

M：Thanks, I appreciate it.

QUESTION：What will the woman bring?

1．Some loose change and a light.

2．A new bike and a glass of water.

3．A change of clothes and a towel.

4．Some school supplies from her truck.

No.8

M：Wow, look at this teacup. It's the perfect gift for my mother!

W：It's so beautiful! Woah, is that the price? That's very expensive.

M：Good catch. I think we should get her that art book we saw earlier.

W：I agree, let's go do that.

QUESTION：What are they going to buy?

1．A teacup.

2．An art book.

3．A bouquet of flowers.

4．They aren't going to buy anything.

No.9

M：Did you know that a person's blood type can tell us about their personality?

W：I see. My blood type is B. What does that mean?

M：Let me see. It says here that people with blood type B are the most friendly.

W：Well, I'm not friendly at all, so it probably isn't true.

QUESTION：What does the man say about people with blood type B?

1．They are the most calm.

2．They are the most honest.

3．They are the most friendly.

4．They are the most relaxed.

No.10

M：Can you tell me how the man looked?

W：He was tall, about 190cm. He had blue eyes but I couldn't see his face since he was wearing a ski mask. He also had a black shirt and blue jeans.

M：Oh, I see. What did he steal?

W：He stole a diamond ring that my mother gave me.

QUESTION：What did the man steal?

1．A ring.
2．A ski mask.
3．A black shirt.
4．Blue jeans.

問題2　次の(11)から(30)までの(　　　)に入る最も適切なものを1～4の中から1つ選び，その番号をマークしなさい。

(11)　I wanted Japan to win the World Cup, so the news (　　　) Japan lost in the first round disappointed me.

1．that　　2．of　　3．which　　4．what

(12)　The computer company releases new software every month.
They want to develop and provide software that all their customers will be (　　　) with.

1．responsible　　2．interested　　3．satisfying　　4．pleased

(13)　A：Eiji, do you know how to (　　　) this English word?
B：No, not really. Let's check the web dictionary. It can play the sound of the word.

1．draw　　2．mean　　3．pronounce　　4．express

(14)　It will soon be 6 p.m. Let's return to the hotel before it (　　　) dark.

1．gets　　2．will get　　3．getting　　4．to get

(15)　There are three Tanabes in my class：one is from Tokyo and (　　　) are from Yokohama.

1．others　　2．the others　　3．ones　　4．another

(16)　In some countries, car headlights must be turned on in the daytime because it would (　　　) the number of car accidents.

1．increase　　2．reduce　　3．admit　　4．require

(17)　A：I wonder what the weather will be like tomorrow.
B：The weather forecast (　　　) it's going to snow tomorrow.

1．says　　2．speaks　　3．talks　　4．tells

(18)　Tom closed his book and walked out of our classroom. I didn't know (　　　) him go out.

1．the reason　　2．what made　　3．to give　　4．why had

(19)　A：This school uniform can be washed at home.
B：Really? What (　　　) is it made of?

1．benefit　　2．smell　　3．flavor　　4．material

(20)　The store opened in 1969. It has become popular among young people, and (　　　)

there are about 50 stores throughout this country.

1．currently　2．generally　3．especially　4．immediately

(21) There is little salt (　　) in the pot, so I'll go to the nearest store to get some.

1．leave　2．leaving　3．left　4．to leave

(22) A：Hi, Stephen. I heard you got the second vaccine shot. How was it ?

B：I had a high fever the next day. It took me a few days to (　　) it.

1．cheer up　2．break into　3．carry out　4．get over

(23) Please be quiet when passing through this hallway. An achievement test is taking (　　) in each classroom.

1．place　2．turns　3．part　4．advantage

(24) Hiroshi is a big movie fan. He probably has as (　　) five hundred DVDs.

1．more than　2．less than　3．much as　4．many as

(25) A：How was your online English lesson today ?

B：It was a lot of fun ! The tutor was really kind, and I enjoyed (　　) throughout the whole lesson.

1．chasing　2．chatting　3．barking　4．knocking

(26) Ryoji broke the classroom door. He didn't do it (　　), so the teacher didn't get angry with him.

1．on his own　2．for free　3．on purpose　4．with good intentions

(27) It was careless (　　) you to lose your house key. You should put your valuables in a certain place.

1 .to　2．with　3．for　4．of

(28) Ashley wants to be a fashion designer in Italy someday. Now she works at a studio of an Italian fashion designer. It will not only help her make money but (　　) her design and language skills.

1．impress　2．imagine　3．improve　4．import

(29) A：Thank you very much for inviting me. It's a lovely house.

B：Thanks. Please make yourself (　　). I'll bring you some tea.

1．at home　2．more perfect　3．understood　4．heard

(30) I (　　) staying at home and having delivery pizza to eating out.

1．wish　2．prefer　3．feel　4．offer

問題3　次の(31)から(35)までの(　　)に入る最も適切なものを1～4の中から1つ選び，その番号をマークしなさい。

(31) A：What are you reading, Mika ?

B：I'm reading the latest mystery novel by Keigo Nishino. It is very interesting, and I've been reading it since yesterday. I recommend it !

A：(　　) I'll buy that book there and read it.

B：That's nice ! Let me know what you think of the book when you finish reading it.

1．I'll go to the library right now and borrow that book.
2．Then I'll stop at the bookstore on my way home.
3．Oh, I've already read that book, and I'm looking forward to his next novel.
4．I've never read any of his books, but I'd like to give it a try.

(32)　A：Hi, Kevin. Would you like to go to lunch with Jaimee and me next Friday ?
B：Sure, as long as (　　). I have a meeting that will start at 2 p.m.
A：In that case, we can go to a nearby restaurant. How about going to a curry shop five minutes away ?
B：That sounds great. I'm always in the mood to eat curry.
1．it doesn't take too long
2．we skip our meals and stay here
3．you can choose the restaurant
4．it will be hard for me to go out

(33)　A：Hello, Dad ? Where are you calling from ?
B：Hi, Lisa. I've just arrived at the supermarket. (　　　)
A：There it is. What shall I do with it ?
B：Can you send a picture of it to my smartphone ?
1．What would you like to have for dessert ?
2．Could you come here with your mother ?
3．Do you see the shopping list on the dining table ?
4．Would you get me chocolate ice cream later ?

(34)　A：Riho, do you have any plans after school today ?
B：(　　)
A：Then, why don't you come with me and get a hamburger ? Fuel Burger has a half-off hamburger combo for high school students today.
B：That sounds nice. I've always wanted to try there.
1．Yes, I've got a pretty good idea.
2．No, nothing in particular.
3．Sorry, I have a previous appointment.
4．Well, I'm planning a menu.

(35)　A：Hi, Gil. How did your presentation go yesterday ?
B：Good afternoon, Mr. Gaffney. It went pretty well. (　　　)
A：I'm glad to hear that. What's your next goal ?
B：I'm thinking of applying for the English speech contest. If so, would you help me again ?
1．It went over the time limit by several minutes.
2．I was too nervous to speak.
3．The slides I used didn't work at all.
4．Thanks to you, I was able to do well.

問題4　次の英文［A］，［B］を読み，その文意にそって(36)から(40)までの(　　)に入る最も適切なものを1～4の中から1つ選び，その番号をマークしなさい。

［A］

An Old Man

Once there lived an old man in a town. He always forgot things. So when he went out, his wife always said to him, "Don't forget this."

One day he (　36　). He went to the station and bought a ticket. Then he boarded the train. About an hour later, the conductor began to check tickets. He came to the old man and said, "Will you please show me your ticket ?" The old man looked for his ticket in all of his pockets, but he could not find it. "I surely bought a ticket, but I cannot find it," said the old man. "I believe you bought a ticket. All right. You don't have to buy another ticket," said the conductor kindly. But the old man still looked worried and said, "(　37　), I cannot remember my destination. Where am I going ?"

(36)　1．started to work at a station
　　　2．had to go on a long trip alone
　　　3．lost his wallet on his way home
　　　4．invited his wife to lunch

(37)　1．If I don't find my ticket
　　　2．If I have enough money
　　　3．If you don't buy another ticket
　　　4．If you call my wife

［B］

Festivals

The people of Britain have had festivals for thousands of years. Long ago the sun, the moon, the wind, rain, animals, and trees were all important in their religions, and they had festivals for them. When Christianity came to Britain, people (　38　), so they brought the religions together. Saint Valentine's Day, Easter, Halloween, and Christmas are all old festivals that became Christian festivals.

Food, family, and flowers are an important part of most celebrations. Most people have a big family dinner at Christmas, and many people get together at Thanksgiving too. A lot of people (　39　) as presents on Valentine's Day and at Easter and Christmas, and some festivals have special food. Restaurants are very busy on Valentine's Day and Mother's Day, and flower shops sell a lot of flowers on those days.

People today often live (　40　), so they send cards at special times like Mother's Day, Easter, and Christmas. The cards say things like : "Thinking of you across the miles." Post offices and telephones are very busy too, and many people use their phones and computers to send messages.

（注） Christianity：キリスト教

(38) 1．could not show what it was
2．wanted to keep some of their old festivals
3．did not want it to spread in Britain
4．needed to protect their country from it

(39) 1．look up to elderly family members
2．keep up with their friends
3．throw away some flowers
4．give various kinds of sweets

(40) 1．in the same house with their parents
2．far away from their families
3．without caring about festivals
4．by changing their religion

問題5 次の英文［A］，［B］の内容に関して，(41)から(45)までの質問に対して最も適切なものを，または文を完成させるのに最も適切なものを1～4の中から1つ選び，その番号をマークしなさい。

［A］

From ：Betty Wilson <betty-wilson@globemail.com>
To ：Tommy Johnson <tjohnson@mymail.com>
Date ：June 6, 2022
Subject ：Game in Yokohama

Dear Tommy,

Thank you for your email about your recent trip to Kyoto. I really enjoyed looking at the photos of the food that you ate. I was very impressed by the beauty of Japanese food. My roommate is interested in Japanese food culture, so I showed the photos to her, too. I have never been to Kyoto, but she went a few years ago with her family. She said the best part of her trip was when she visited Kinkaku-ji Temple, one of the most famous spots in Kyoto. Did you visit it ? I heard it's beautiful beyond words. I have only seen Kinkaku-ji Temple in my history textbook, so I would love to visit when I go to Kyoto.

By the way, I have some good news ! Do you remember when I told you I got chosen to play on my university basketball team ? Well, we will be traveling to Yokohama next week for a game, so I'll be able to see you. I can't believe it's been over a year since we last met.

I would love for you to come watch us play. The game is on Saturday, from 12 p.m. We are leaving to go back to Tokyo on Sunday morning, so our coach said we are free to do what we like after the game. If you have some free time, can you show me around your university ?

But if you are busy that day, I'll try to make other plans.

Your friend,

Betty

(41) Why did Betty show Tommy's photos to her roommate ?

1 . Because her roommate was planning a family trip to Kyoto.
2 . Because her roommate told her to show the photos from Tommy.
3 . Because she wanted to introduce traditional Japanese beauty.
4 . Because her roommate liked Japanese cultural things.

(42) Betty asked Tommy to

1 . stay in Yokohama until Sunday morning.
2 . join her basketball team and play next Sunday.
3 . give a tour of his university if he was free after the Saturday game.
4 . decide what time to meet in Yokohama on Saturday.

［B］

Underwater

Today you can watch many videos about the oceans or even explore them yourself by going scuba diving. But until about 100 years ago, most people didn't know about life under the sea.

Jacques Cousteau was born in 1910 in southwestern France. He loved the sea, but he also dreamed of becoming a pilot, so in 1930 he joined the French Navy. But he broke both of his arms in a car accident and had to give up his dream. Cousteau was sad, but while he was doing his rehabilitation exercises, he swam wearing goggles and saw the underwater world clearly for the first time. It changed his life, and he decided to explore the oceans. Cousteau thought, "How can I go deeper and stay underwater longer ?" In 1943, together with a friend, he invented the Aqua-Lung. With it you could swim underwater for a long time. It was similar to the scuba tanks used today. Cousteau also loved photography, so he helped create underwater cameras as well.

During World War II, Cousteau worked as a spy. He also started to film things underwater. In the 1950s, he changed an old British navy ship into a research ship and started to travel around the world to explore the oceans. Cousteau needed money for his trips. He also wanted people to become interested in the oceans, so in 1953, he published a book called *The Silent World*. In his book, Cousteau wrote about his adventures exploring the oceans. The book became very popular. It was even made into a movie and won awards at the Cannes Film Festival and the Academy Awards. In the 1960s and 70s, Cousteau produced and appeared in several TV shows that educated people about the oceans. People were amazed by the images of the world under the sea. They had never seen anything like it before.

While he was continuing his research, Cousteau started to realize that human activity was damaging the oceans. Cousteau's interest in saving the oceans grew, and in 1973 he created the Cousteau Society. This group did research about the oceans and how to protect them. The organization is still active today after Cousteau died in 1997 at the age of 87 .

Because of his love for the oceans, Cousteau found ways to explore them and share their wonders through books, films and TV shows. He said, "My job was to show what was in the sea — the beauties of it — so that people would get to know and love the sea."

（注） scuba：スキューバ（潜水用の水中呼吸装置） Navy：海軍

(43) After Cousteau injured his arms in an accident,

1．he was successful as a pilot in the French Navy.

2．he started exploring the seas to research rehabilitation swimming.

3．he developed a useful tool for diving longer than before.

4．he became a famous photographer who used special cameras.

(44) Why did Cousteau write a book *The Silent World*?

1．Because he worked as a spy in the British Navy and took many pictures.

2．Because he wanted to introduce people the quiet oceans near Cannes.

3．To make his movie more popular and win the Academy Awards.

4．To collect money needed for exploring the oceans around the world.

(45) Which is NOT true in this passage?

1．The Cousteau Society was created for researching ways to save the oceans, but in 1997, it stopped activities.

2．Through Cousteau's trips around the world, he found that humans were destroying the ocean environment.

3．Because of Cousteau's books, films and TV shows, many people could learn about the underwater world.

4．Cousteau wanted the world to know how wonderful and beautiful it was underwater and become interested in the oceans.

1 余吾大夫が助けた蜂は男の姿になって、余吾大夫の夢に現れた
2 男は山にいる蜂と協力して、余吾大夫の敵を倒すと言った
3 余吾大夫の従者は十人いたが、九人が敵に討たれていた
4 男は余吾大夫に、敵と戦うのに都合のよい日を伝えた

問49 『十訓抄』では、説話を十の教訓に分類しています。この本文を、その分類のどれかに当てはめるとすると、どの分類に当てはまりますか。次の中から一つ選び、その番号で答えなさい。

1 朋友を撰《えら》ぶべき事　2 人に恵を施すべき事
3 人倫を侮《あなど》らざる事　4 諸事を堪忍《かんにん》すべき事

問50 この文章は鎌倉時代に成立したものです。この文章と同じく、鎌倉時代に成立した作品を次の中から一つ選び、その番号で答えなさい。

1 新古今和歌集　2 竹取物語
3 伊曽保物語　4 今昔物語集

が、この時の、「敵」をうつ方法はどのようなものですか。その手順に従って、次の語群の文章を並べ替えたものとして適当なものを、次の中から一つ選び、その番号で答えなさい。

語群

A　隠れていた蜂が敵を襲撃する
B　城があった場所に小屋を作る
C　用意したところに蜂がかくれる
D　残った味方に声をかけて集める
E　ひょうたんや壺、瓶子などの容器を置く

1　D→B→E→C→A　　2　D→E→B→C→A
3　B→E→C→A→D　　4　B→D→E→C→A

問43　――線部分④「かく」は「そのように」という意味ですが、この「かく」がさす内容として適当なものを次の中から一つ選び、その番号で答えなさい。

1　戦う方法が残されておらず、敵を討つことが出来ない
2　男が蜘蛛の網から助けた蜂だとは信じられない
3　戦う手立てはわずかにあるが、敵を討つ気力がない
4　男の恩に報いようとする志を受け止められない

問44　――線部分⑤「かたらひ集めて」とありますが、この語の主語は誰ですか。次の中から適当なものを一つ選び、その番号で答えなさい。

1　余吾大夫　　2　柿の水干袴着たる男
3　余吾大夫の従者　　4　敵勢

問45　――線部分⑥「などかうち得給はざらむ」とありますが、この部分の口語訳として適当なものを次の中から一つ選び、その番号で答えなさい。

1　そのような方法でなぜお討ち取りになることができるのですか
2　この様子ではどうやっても相手を討ち取ることはできますまい
3　お討ち取りにならないことがあろうか、必ず討ち取るでしょう
4　たとえ敵は大勢であろうとも、我々を討ち取ることはできない

問46　――線部分⑦「な寄せ給ひそ」とありますが、この部分の口語訳として適当なものを次の中から一つ選び、その番号で答えなさい。

1　あなたの家来は何としても相手に攻め寄ってください
2　相手が退いてもあなた方は深追いをしてはいけません
3　あなたの家来は我々のそば近くに寄っていてください
4　あなたの家来をこの辺にお寄せになってはいけません

問47　――線部分⑧「まかり集はむずれば」とありますが、この語の主語は誰ですか。次の中から適当なものを一つ選び、その番号で答えなさい。

1　余吾大夫　　2　山の巣の蜂たち
3　余吾大夫の従者　　4　敵勢

問48　本文の内容に**合致しないもの**を次の中から一つ選び、その番号で答えなさい。

の仰《おほ》せ（注2）、ことごとく耳にとまりて侍《はべ》る。御志《おんこころざし》、まことにかたじけなし。われ、Aつたなき身を受けたりといへども、いかでか、その恩を報ひ奉《たてまつ》らざらむ。願はくは、わが申さむままに①かまへ給《たま》へ。君の敵、亡さむ」といふ。「たれ人のかくはのたまふぞ」と□ば、「昼の蜘蛛の網に②からまれつる蜂は、おのれに侍る」といふ。Bあやしながら、③「いかにしてか、敵をばうつべき。われに従ひたりしもの、十が九は亡び失せぬ。城もなし、かかり（注3）もなし。すべて立ち合ふべきかたもなし」と□ば、④「などかくはのたまふぞ。残りたるものも侍るらむ。二三十人ばかり、かまへてかたらひ集め給へ。この後ろの山に、蜂の巣四五十ばかりあり。これもみな、わが同じ心のものなり。⑤かたらひ集めて、力を加へ奉らむに、⑥などかうち得給はざらむ。ただし、その軍《いくさ》し給はむ日は、⑦な寄せ給ひそ。もとの城のほどに、仮屋（注4）を造りて、なりびさこ（注5）、壺《つぼ》、瓶子《へいじ》（注6）、かやうの物を多く置き給へ。やうやう⑧うまかり集はむずれば、そこに隠れ居らむためなり。しかしか、その日よからむ」と契《ちぎ》りて、いぬと思ふほどに、夢覚めぬ。

——新編日本古典文学全集『十訓抄』による——

（注1）柿の水干袴＝水干袴は水干（庶民の日常服）を着るときに着用する袴。柿色は身分の低いものの服の色として用いられた。

（注2）昼の仰せ＝余吾大夫が昼に蜂を助ける時、「命を惜しむことは人も蜂も同じで、恩義を重くすることも同じであるはずだ。私の心をくみ取ってくれ。」と言った。

（注3）かかり＝手だて。方法。

（注4）仮屋＝仮の小屋。

（注5）なりびさこ＝ひょうたん

（注6）瓶子＝酒を入れる器。のちの時代の徳利と似ている。

問37 ══線部A「つたなき」の意味として適当なものを、次の中から一つ選び、その番号で答えなさい。

1　つまらない　　2　覚えが悪く未熟

3　幼くあどけない　　4　気力が充実した

問38 ══線部B「あやし」の意味として適当なものを、次の中から一つ選び、その番号で答えなさい。

1　みすぼらしい　　2　不思議だ

3　身分が低い　　4　おそろしい

問39 □部分に当てはまる言葉として適当なものを次の中から一つ選び、その番号で答えなさい。

1　いは　　2　いひ　　3　いふ　　4　いへ

問40 ——線部①「かまへ給へ」とありますが、この語の主語は誰ですか。次の中から適当なものを一つ選び、その番号で答えなさい。

1　余吾大夫　　2　柿の水干袴着たる男

3　余吾大夫の従者　　4　敵勢

問41 ——線部②「からまれつる蜂」とありますが、これを単語に分けたものとして、適当なものを次の中から一つ選び、その番号で答えなさい。

1　からまれ・つる・蜂　　2　からまれ・つ・る・蜂

3　からま・れ・つる・蜂　　4　からま・れ・つ・る・蜂

問42 ——線部③「いかにしてか、敵をばうつべき」とあります

の奥深いところまでは見出せない幼い純真な気持ち

問33 ――線部分③「お祭りやクリスマスなどともまるでちがう」とありますが、どんな点が違うのですか。その説明として適当なものを次の中から一つ選び、その番号で答えなさい。

1 日常、目先を流れて行く時間に埋もれてしまい、なかなか見出しづらいという意味で違うということ
2 暦に支配されずに、平常の時の流れからかけはなれている特殊な事件であるという意味で違うということ
3 新鮮な軋みを、いつのまにか日々ののっぺりとした日常の波に戻してしまうという意味で違うということ
4 行事に関係なく定められ、特権を享受し、すべての日常から外れた場であるという意味で違うということ

問34 ――線部分④「手術を介して」とありますが、この部分の「介して」と同じ意味の二字熟語を次の中から一つ選び、その番号で答えなさい。

1 魚介　2 一介　3 媒介　4 厄介

問35 ――線部分⑤「お膳立てされた空間で……ならない」とありますが、これは具体的にはどのようなことですか。その説明として適当なものを次の中から一つ選び、その番号で答えなさい。

1 誕生日に経験する非日常的な期待とその充足は、成長によって、大人たちが用意したものであると知ると、子どもたちは作られたものに心躍らせていた今までの自分への嫌悪感《けんおかん》を抱いてしまうということ
2 誕生日の甘やかな期待とその充足は、大人たちによってこしらえられた筋書きだと知ると、子どもたちは無邪気に祝われることをやめ、その筋書きを乱さないよう大人に祝わせてやるよう演じるということ
3 誕生日の期待とその充足は、大人の都合を反映させた筋書きであると知ると、子どもたちは無邪気に祝われることをやめ、主役不在の誕生日に対する反発心を持ち、本来の素直さを失ってしまうということ
4 誕生日の期待とその充足は、大人たちによってこしらえられた筋書きだと知ると、子どもたちは無邪気に祝われることをやめ、このような配慮をする大人に深い感謝を持ち、精神的にも成長するということ

問36 この文章の筆者はフランス文学の研究者です。次の作品の中からフランス文学であるものを一つ選び、その番号で答えなさい。

1 『阿Q正伝』　2 『車輪の下』
3 『罪と罰』　4 『星の王子さま』

四

次の文章は、『十訓抄』の一節です。これを読んで、後の問いに答えなさい。

余吾大夫《よごのたいふ》が敵に攻められ、山に身を隠した時、大きな蜂《はち》が蜘蛛《くも》の巣に引っかかり、殺されそうになっているのを発見した。かわいそうに思った余吾大夫は、蜂に声を掛けながら、その蜂を助けてやった。

その夜の夢に、柿の水干袴《すいかんばかま》（注1）着たる男の来《きた》りていふやう、「昼

い。

1　喜怒哀楽
2　古今東西
3　時々刻々
4　朝三暮四

問28　――線部分1「しこり」の意味として適当なものを、次の中から一つ選び、その番号で答えなさい。

1　明確には優劣が決まらないあいまいな状態
2　不公平さから端を発するお互いの大きな格差
3　物事が終わった後まで残る晴れない気持ち
4　理不尽な相手に対しての激しいいきどおり

問29　――線部分2「そつなく」の意味として適当なものを、次の中から一つ選び、その番号で答えなさい。

1　手抜かりなく　　2　見るべき点もなく
3　ひたすらに努力して　　4　ごく普通に

問30　□部分に入る適当な言葉を次の中から一つ選び、その番号で答えなさい。

1　変則性　　2　確実性　　3　遊戯性　　4　規則性

問31　――線部分①「幸福な単調さ」とありますが、この表現に込められた筆者の考えを説明したものとして適当なものを、次の中から一つ選び、その番号で答えなさい。

1　平板なリズムで日々が過ぎていくことは、不安や苦痛を与える出来事からも解放され、その意味では幸福ではあるが、目先を流れていく時間に埋もれ、新鮮な気持ちも持たず、物事の深奥を見出そうとしない退屈さを危惧《きぐ》している
2　どこまでも均質な時間とあるように、興奮や緊張を与える出来事や心を揺さぶるような非日常的なことが起きない退屈でつまらない日々を否定し、平穏なことを何よりも賛美する当時の風潮に対して皮肉を込めて表現している
3　かつて、子どもたちの日常はおおらかなリズムで進んでゆき、またそれが単調だと悩むことなどないほど、社会に余裕があったが、それに比べて、現代の子どもは日常絶えず不安や苦痛を感じており、そのことに同情を寄せている
4　平板なリズムで日々が過ぎていくことは、不安や苦痛があっても、その本質的な部分を見出さず、心を静かに揺さぶるような事件が起きることも少ないということであり、穏やかな日々を過ごしていることを幸福であると考えている

問32　――線部分②「平らかな日々の移りゆきをかならずしも平らかでないと感じていた当時の気持ち」とありますが、これは具体的にはどんな気持ちだと考えられますか。その説明として適当なものを次の中から一つ選び、その番号で答えなさい。

1　一日の時間の区切りを大人の生活に合わせられ、そのリズムについていくことで精一杯という懸命な気持ち
2　平板なリズムで過ぎていく日々のささいな出来事にも敏感に心を動かすような、子どもらしい純真な気持ち
3　幼さゆえに、平板なリズムで過ぎていく日々のささいな出来事以外に関心を持とうとしない無関心な気持ち
4　平板なリズムで過ぎる日々のささいな出来事であっても、そ

音が聞こえたり」する大人たちの失敗は、「僕たちが子供から大人になる手術」なのだとマルテは書いている。④この手術を介して、それまで主役であった子どもたちは、自分を引き立たせてきた大人たちのことを考えはじめるのだろう。誕生日の意義がここで逆転する。子どもは祝われることをやめて、うまく祝わせてやることに心をくだくようになる。

2そつなく準備された一日。甘やかな期待とその充足は、なにからなにまで大人たちが不都合のないようとりはからってこしらえた筋書きだったのだ。ケーキも、部屋の飾りも、贈り物も。誕生日の消滅はひとつの残酷な秘儀である。時の流れから突き出ていた空間がしなやかに裏返って、気ぜわしい日常に飲み込まれていく。「誕生日を救うことがなによりもの急務である」と詩人はさらに言うだろう。「大人たちから目をはなさずにいて、かれらの失策を未然に防ぎ、すべてをへまなくやっているという大人たちの自信を強めてやることが必要」なのだと。

⑤お膳立《ぜんだ》てされた空間で、子どもは子どもである無垢《むく》な立場から追い落とされ、まがいものの自己をつくりあげなければならない。マルテの記述はたんなる懐かしさの奪回を意味するのではなく、もっと本質的な存在の根を洗い直せと訴える叫びなのだろうが、救いそこねた誕生日のぶんだけ子どもが大人に近づいていくのだとすれば、いつまでたっても大人になった気がしない私はあといくつの誕生日を反古《ほご》にしたらいいのだろうか。

——堀江《ほりえ》　敏幸《としゆき》『回送電車』による——

（注1）　収斂＝さまざまある要素が一つにまとまること、あるいはまとめること。集約。

（注2）　『マルテの手記』のリルケ＝正しくは『マルテ・ラウリス・ブリッゲの手記』。オーストリアの詩人、ライナー・マリア・リルケによって一九一〇年に書かれた長編小説。

問24　═線部A「ユウリ」のカタカナと同じ漢字を用いているものを次の中から一つ選び、その番号で答えなさい。

1　民族のユウワを図る。
2　深山ユウコクの地を訪れる。
3　彼はその町のユウリョク者だ。
4　大臣がガイユウに出かける。

問25　═線部B「ホウカイ」のカタカナと同じ漢字を用いているものを次の中から一つ選び、その番号で答えなさい。

1　話のテンカイがはやい。
2　その意見にはカイギ的だ。
3　抗争により組織がジカイする。
4　父のカイゴをする。

問26　——線部Ⅰ「で」と文法的性質が同じであるものを、次の中から一つ選び、その番号で答えなさい。

1　町では人々が軒先で涼んでいた。
2　これが私の本で、あれが君のだ。
3　少女が砂浜で楽しそうに遊んでいる。
4　五十歳で彼は第一線から退いた。

問27　——線部Ⅱ「春夏秋冬」とありますが、これと同じ構成となっている四字熟語を次の中から一つ選び、その番号で答えなさちょっと前まで夜の七時から放映されていたアニメ番組の再放送を見るためあわてて家路につき、夕御飯を食べて湯を浴びたあとは形だけ宿題をこなしてふたたび受像機の前に座り、やがて起きている権利のない九時か十時に差しかかると、自分で決めたわけでもない翌日の時間割をあわせて布団に滑り込む。かつての子どもの日常はそうしたおおらかなリズムで過ぎていったはずなのだが、それが単調だと悩むことなどなかったし、母親にしても外で働いているのでなければ一日の時間の区切りは子どもの生活に合わせてあるのだから、おなじ言葉をおなじ時間に発していてもべつだん不服はなかっただろう。それは①正しく引き受けるべき幸福な単調さと呼ぶべきものであって、運動会や遠足や文化祭や卒業式などの、季節ごとの学校行事の[　　]にひそんでいる退屈さにも似た、どこまでも均質な時間なのだった。

　反復される変化の間隔が年ごとにみじかくなるのは、双方の、つまり子ども側と両親の側の加齢によるものだが、平板な日々のリズムを寸断し、子どもの心を静かに揺さぶるような事件は、残念ながらまことに少ない。身近な人の死であるとか、親しかった友だちの転校であるとか、生々しい不安や苦痛を与える出来事は考えられても、なにか奥深いところでうごめく病巣《びょうそう》に比しうるような胎動は、目先を流れていく時間に埋もれて、なかなか見出しづらい。長じてから思い出される②幼年期は、平らかな日々の移りゆきをかならずしも平らかでないと感じていた当時の気持ちに、甘く収斂《しゅうれん》(注1)されてしまいがちである。

　ところがたったひとつ、これも暦に支配されたものながら、他とは性質の異なる体験がある。Ⅱ春夏秋冬の行事に関係なく定められ、さまざまな特権をいちどきに味わう場。一歳だけ年を重ねるために必要な日付変更線。すなわち、誕生日である。私自身は年のあらたまる中途半端な季節に生をうけたため、いわゆる誕生日会と呼ばれる催しとは縁が薄かったのだが、今春、まだひと桁《けた》の年齢を祝う誕生日に少数の《お友だち》を招いたときの娘の興奮ぶりを見て、それがどれほど平常の時の流れからAユウリした特殊な事件であるかに、いまさらながら気づかされたのだった。「ほとんど理解できない不思議な経験に最も富んでいるのは、やはり誕生日であった。区別をしないのが人生の常であることは、僕もすでに知ってはいたが、誕生日の朝はやはり楽しい一日を予期しきって起きた」と書いたのは『マルテの手記』(望月市恵訳、岩波文庫)のリルケ(注2)だが、たしかにその朝は、③お祭りやクリスマスなどともまるでちがう気圧のなかにひろがっていたのである。

　それにしても、すべての日常から外れて、期待と不安に満ちた一日を、私はどのように失っていったのだろうか。誕生日がもたらす新鮮な軋《きし》みを、いつからのっぺりした日々の波に返してしまったのだろうか。娘の様子を見ていて最初に思ったのは、そんな誕生日の喪失であった。夢見ていた特別の一日のBホウカイは、自身の失態によってもたらされるのでも、子どもっぽさに突然嫌気がさす時期と連動している成長過程によって生じるのでもなく、いつのまにか訪れたとしか言いようがない地滑りのごときものなのだ。

　いや、もしかするとその幕引きは、大人の手によってなされたのかもしれない。「まだ目がさめきらないうちに、部屋のそとで誕生日のケーキがまだとどけられていないと大声で言っているのが聞こえたり、お祝いの品々をテーブルへならべている隣室からなにかこわれる

2　それぞれの言語では、オトの造成の仕方も恣意的であり、日本語と韓国語の例でも明らかなように母音の数一つをとっても異言語間では、オトに関する共通点が一つも存在しない。そもそも、単語のオトを他言語間において再現することは不可能なことだから。

3　それぞれの言語では、背景にある歴史と文化が異なるので、必要とされる語彙も各言語によって大きく異なる。そうしたことを踏まえ、その言語を母語とする民族に対する充分な文化理解が根底になければ、単純に単語を他言語に置換することは不可能だから。

4　言語は、意味をオトに割り当てる際だけでなく、意味の分け方もまた恣意的であり、意味はその数を含め、各言語で共通しない。加えてオトの世界も恣意的であり、母音の数さえも異なる以上、単純に、単語を他言語に置換することが可能であるといえないから。

問23　この文章の内容と合致するものはどれですか。次の中から二つ選び、その番号で答えなさい。

1　親は子供の名前を自由につけるのであって、それゆえに、子供の名前はただの名前にすぎず、決して子供自身の本質を表すものでもなんでもない

2　記号の恣意性は、記号の必然性を否定する言語の事実であるが、忘れられない人の名前を呼んでしまう感覚と同様の計り知れない重要性を持つ

3　モノとオトは常に同じものであり、オトを出せばモノがただちに現れるという考え方は、名前とその本質とが恣意的に統合することを表している

4　親は子供の名前を自分勝手につけた結果、子供は親を憎むべきものとみる可能性が大きく、そのために、子供の名前も本質を表さないことになる

5　記号の恣意性は、記号の必然性の考え方を否定する、言語の事実であるが、この事実に反して、人はモノとオトとが等質であると思い描きがちである

6　モノとオトとは常に無関係であり、オトを出してもモノが直ちに現れるとは限らないという考えは、名前によってあらわされた本質をよく説明している

三

次の文章を読んで、後の問いに答えなさい。

たとえば小学生の子どもたちにとって時間の推移とは、四季折々の気象の変化[I]ではなく学期の切れ目やそこに挿入された休暇の終結によってはっきり認識されると思うのだが、それでも道ばたで遊んでいる彼らが感知するのは、日没が少しずつはやまって影のぐあいが微妙に変化し、私が幼かったころにはほぼ普遍的な尺度であった「五時」というあの不思議な境界線の前後の明暗ではないだろうか。勝ち負けがへんなしこり[1]を残さず順繰りに動き、最後には誰《だれ》もが公平さを学ぶことになるような原始的な遊びに興じて時を忘れ、ふと気づくと校庭や公園のラッパ型スピーカーから音楽の流れてくる時刻が一時間ほどはやめられている――そんなとき彼らは、冬の休みが近いことを肌で感じ取るのだ。

1 アシという事物がアシという音声を指し、メという事物がメという音声を指すのには、相応な理由が存在しているということ

2 アシという事物はメではなくアシという音声を選択し、メという事物もまた、アシではなくメという音声を選択したということ

3 アシという音声はアシの本質を示し、メもまた、メの本質を示すため、必然的に、メという音声が造成されているということ

4 アシという音声がアシという事物と、メという音声がメという事物とが必ず結びつくものとして、結びついているということ

問20 ――線部分⑥「「恣意性」の原理」とありますが、これはどのようなことですか。その説明として適当なものを次の中から一つ選び、その番号で答えなさい。

1 オトは、それがモノを指し示すときに、必ずそのモノでなければならないというような理由を持っているということ

2 モノは、それがオトと結びつくときに、必然的な関係を持たせないような言語の領域にもおよんでいるということ

3 オトは、それがモノを指し示すときに、必ずそのオトでなければならないというような理由を持たないということ

4 モノは、それがオトと結びつくときに、言語ごとにある民族的な背景に従って決まる随意的傾向を持つということ

問21 ――線部分⑥「「恣意性」の原理」とありますが、音（オト）と事物（モノ）との関係においての例として、適当なものを次の中から一つ選び、その番号で答えなさい。

1 日本語のリンゴという発音と同意味である別言語のアップルという発音も、多少の意味の変異を伴いながらも、日本語として受容されていること

2 日本語のリンゴという発音と英語のアップルという発音とはそれぞれが別の言語でありながらも、二つは同じ果物を意味していること

3 英語でアップルと発音されることばの意味は、必ずしも、日本語のリンゴという発音をもつことばの意味とは、同一になるとは限らないこと

4 オトが異なる以上、英語でアップルと発音されることばの意味は、随意的に日本語でリンゴと発音することばの意味とは異なるものであること

問22 ――線部分⑦「モノとことば（オト）とはイコールで、……感覚をもっている」とありますが、このような感覚が、他言語の間で通用しない理由を筆者はどのように考えていますか。その説明として、適当なものを次の中から一つ選び、その番号で答えなさい。

1 それぞれの言語では、意味の世界の分け方も恣意的である。「馬の乳」や「ユ」と「ミズ」の例でも明らかなように、その数は概《おおむ》ね同数ではある。しかし、意味は各言語に共通して作られている訳ではなく、単純に単語を他言語に置換するのは可能なことではないから。

から

4　ことばは水や空気のように、その存在が全く気づかれない以上、語彙や表現の交換などは、そもそも不可能なことであるから

問16　——線部分②「言語が集団を決める最も強力なめじるしになる」とありますが、これはどういうことですか。その説明として適当なものを次の中から一つ選び、その番号で答えなさい。

1　様々な文化的な条件の中で、言語は民俗や国や宗教といったそれぞれおのおのの集団が持つ個性的な性質を、別々に決定するということ

2　様々な文化的な条件の中で、言語ほど集団を拘束しながら、その特徴を端的に表し、集団が従属するものは他に見当たらないということ

3　言語の本質は、集団の構成員を結び付け、集団の和を乱さないことにあり、それゆえに、だれも異議を申し立てることがないということ

4　言語の本質は、社会の歯車が回っていくような合理性にあり、この言語の合理性によって、集団は合理的な存在意義を見出すということ

問17　——線部分③「日本語は美しいことばだ」とありますが、この発言をする人たちはどのような立場に立っていると筆者は考えていますか。その説明として適当なものを次の中から一つ選び、その番号で答えなさい。

1　日本語には、和を乱さないという美点を持つ集団を作り出すだけの力があることを充分に熟慮した結果、主張する立場

2　言語が熟慮の上で美しく成立したものでないという点があるのに、言葉を無批判に受容することで世間に迎合する立場

3　日本語には、日本人の集団的な性格を決定するほどの美的要素が備わっていることを、心から信じて疑わないとする立場

4　あたかも、多くの言語を比較し、判断したかのような態度をとりつつ、民族至上の考えのもと、無批判に讃美する立場

問18　——線部分④「社会的事実」とありますが、本文中にある「社会的事実」に**合致しないもの**を、次の中から一つ選び、その番号で答えなさい。

1　言語は、もの心つかぬうちに無理やり習得させられるものであるから、まさに社会を脅《おびや》かす暴力と言っても決して誇張ではない

2　いったん言語が誕生すると、人間はその言語の暴力的な支配を受け、言語によってしばりつけられた状態が続くことになる

3　言語は、個々の人の意志で左右できるものではなく、社会を支配する王のごとき力を持った存在であると言わねばならない

4　いったん言語を習得してしまったら、その言語は母語となってしまい、他の言語を母語のように習得することはできない

問19　——線部分⑤「アシがアシでメがメであること」とありますが、これはどのようなことですか。その説明として適当なものを次の中から一つ選び、その番号で答えなさい。

のように頑固にならず、ウマというレッテルをカヴァロにとりかえればことばは一つになれるはずだが、そうはならない。そのことをソシュールは、言語は「単語帳、つまり、ものの数だけある名前の一覧表ではない」と述べたのである。

意味の世界がそのようになっているだけではなく、じつはオトの世界そのものがそうなっているのである。母音という一つの宇宙を、五つにしか分割していない日本語から、八つに分割している朝鮮語世界にどのように橋を渡したらいいのか、この二つの原理を媒介する方法はない。

——田中《たなか》克彦《かつひこ》『言語学とは何か』による——

(注1) ソシュール＝スイスの言語学者。一八五七年から一九一三年。
(注2) エミール・デュルケーム＝フランスの社会学者。一八五八年から一九一七年。
(注3) 分節＝言語学で、言語に見られる音の単位の区切れ、意味の単位の区切れ。
(注4) フリッツ・マウトナー＝オーストリアの哲学者。一八四九年から一九二三年。
(注5) チロル人＝オーストリアとイタリアにまたがるアルプス山脈の東側地域に住む人々。住民の多くはドイツ語を日常的に用いる。
(注6) 恣意的＝気ままな、自分勝手な様子。自分の好きなようにふるまうさま。

問11 ——線部分A「カクトク」のカタカナと同じ漢字を用いているものを次の中から一つ選び、その番号で答えなさい。

1 畑の麦をシュウカクする。　2 珍獣をホカクする。
3 敵をイカクして攻撃する。　4 政治をカイカクする。

問12 ——線部分B「ジメイ」のカタカナと同じ漢字を用いているものを次の中から一つ選び、その番号で答えなさい。

1 重要なメイレイにしたがう。
2 メイサクを世間に紹介する。
3 ブンメイが大きく進歩する。
4 ドウメイを結ぶことにする。

問13 ～～線部分「に」と文法的性質が同じであるものを、次の中から一つ選び、その番号で答えなさい。

1 学校の前に書店がある。
2 あなたの態度は優しさに欠ける。
3 今日は会わずに帰ろう。
4 廊下は静かに歩きなさい。

問14 ［　　］部分に当てはまる言葉を次の中から一つ選び、その番号で答えなさい。

1 等価　2 不変　3 異質　4 逆説

問15 ——線部分①「不合理だから取り換えようなどとは言わない」とありますが、その理由として適当なものを次の中から一つ選び、その番号で答えなさい。

1 ことばは、どんな語彙や表現でも、それ自体としての合理性が保たれており、日常生活を支える必須《ひっす》の手段となっているから
2 悠久の過去から続いたことばには、伝統と歴史という背景がある以上、語彙や表現の交換は容易にはできないものであるから
3 様々な語彙や表現が否応《いやおう》なく自然に受け入れられ、使用されることで、ことばはすでに生活に密着したものとなっている

の指されるモノと、それを指し示すオトとの間には、必然の関係はなく、言語ごとに随意にきまっているということを、ソシュールは「記号の恣意性《しいせい》」と呼んだのである。このような⑥「恣意性」の原理は、個々の記号のみならず、「分節」(注3)をはじめ、言語のすべての領域に及んでいるので、この原理の重要性ははかり知れないのである。

現代社会では、多くの人が何かの一つの外国語にふれていて、言語ごとに単語がちがうということを経験から知っているから、この「記号の恣意性」は説明されるとすぐにわかるが、それが、言語というものの全体にどのようなかかわりを持っているかについては、もう少し深く考えてみなければならない。

古代の人だけでなく現代人もまた、こうした説明を受ければわかるはずだが、まだまだ、⑦モノとことば（オト）とはイコールで、ことばを出せばモノが呼び出されるという、コトダマ(言霊《ことだま》)的な感覚をもっている。人は忘れられない人を心の中に呼び出そうとして、その名（オト）をひそかに口にするのもそうした感覚の現われであるが、名は決して、その人の本質を表わしているのではなく、もとをただせば憎むべきかもしれないその親が与えたものである。

プラハの皮肉な思想家フリッツ・マウトナー(注4)はおもしろい一口話を、かれの大著『言語批判への手がかり』（一九〇六年）に紹介している。

ある、人のいいチロル人(注5)がイタリアに旅行して帰ってから、あそこはいい土地だが、困ったことにウマのことをカヴァロと呼ぶ頭の変なやつが住んでいるところだと話してまわったという。チロル人はドイツ語を話しているのだが、日本にも昔話にありそうなタイプの人のようである。マウトナーは、「これほど頑固で素朴ではなくとも、私たちもみんな似たりよったりだ」と言っている。

記号の恣意性――指される概念とオトとの結びつきが自由であると言うばあいに、問題は、指される概念の方も、あらかじめ決っているのではない。このことは大変重要な点である。

いまのチロル人の例でいえば、この人はウマはウマで変らないのだから、カヴァロなどと言わないで、これをウマにとりかえればいいのだと思っている。これはたとえば、日本人が、ウマは英語では何と言うんだという質問するときの、その態度に表われている。

しかし英語では、よく知られている**horse**のほかに、「乳を出すウマ」**mare**もある。だから英語では「馬の乳」という場合、**horse milk**とは言わず**mare milk**でなくては、おかしいのである。

日本語で一つの語で呼ばれているものが、他の言語ではいくつもに分れていたり、また逆に他の言語で一つのものが日本語ではいくつもに分れていることがある。こうした点では、日本語のミズとユは、大変面白い例である。ミズもユも化学から見た物質としては、H_2Oであって変るところがない。しかし、日本語でミズをくださいと言ったら必ず冷たいのが、ユと言えば、必ず熱いのが出てくるはずである。このような次第であるから、英語の辞典で**water**のところに「水」という訳がついているのは正確ではない。この二つは□ではないのである。〈中略〉

このことから言えるのは、意味の世界の分け方もまた、恣意的(注6)だということである。かりに意味が各言語に共通に作られているならば、世界中の言語はすぐに一つになれる。さきほどのチロル人

二 次の文章を読んで、後の問いに答えなさい。

私たち人間は、どのようにして自分のことば（母語）をおぼえたのか、あまり記憶がない。日常生活からかけ離れたむつかしい語彙《ごい》や、最近どんどん現われて来る新語などは、たとえば、はじめて聞いたのが誰《だれ》からだったのか、どの新聞に出ていたかと、最初の出会いをおぼえているが、ここではそれぞれの言語に悠久の過去からそなわっていて、まるで水や空気のように当然と思われている語彙について考えてみよう。

こうしたことばは子どもの時から、いつの間にかおぼえて知っているので、テ、アシ、メ、クチ、ソラ、アメ……などのことばが、なぜそのようになっているのかと問うたりはしないし、どんなに批判精神の強い革命家でも、我々がアシと呼んでいるものを指すのにアシというオトをあてはめるのは①不合理だから取り換えようなどとは言わない。

今は単語について述べたが、文法についても同じようなことが言える。たとえば、「ラレ」がなぜ受身の意味を表わさなければならないのか。皆が皆こういう疑問を出しはじめたら、世の中の歯車はまわって行かない。だから、ことばのことをこせこせとあげつらう人は、少し頭が変か、世の中の和を乱す困った人だということになる。②言語が集団を決める最も強力なめじるしになるわけは、このことからもよくわかる。ことばがそのようになっていることに異議を申したてる人はまずいないからだ。

そうであるのに、③日本語は美しいことばだなどという。私たちはソラとかアオイとかのオトを、熟慮の上で、美しいからと言って選んだのではない。まだもの心つかぬうちに、無理やり、社会の暴力によっておぼえさせられたにすぎない。暴力というのは決して誇張ではない。選択の余地がなく、それを受け入れないと生存もむつかしいからだ。こういう個人がただただ受け入れるしかない社会のシステムを、ソシュール（注1）は「社会的事実」と呼び、言語は社会的事実の中でも最も強力な圧力を及ぼすものだと述べたのである。④社会的事実――つまり、その社会を成り立たせている個々人の意志をこえて、その上に君臨するシステムである。すでに述べたようにソシュールはこの語を同時代のフランスの社会学者、エミール・デュルケーム（注2）から借りてきたことはよく知られている。

ことばはこうして、誕生の瞬間から人間をしばりつける。その子が長じて、自分は日本語をすてて、英語をしゃべる人間になりたいと思っても、もうことばの取り換えはできない。どんなことばの才に恵まれている人間でも、十二歳をすぎると、母語をAカクトクしたようなぐあいには他の言語を身につけることはできないのである。

こうして一度身につけたことばは、批判せずに、ただ美しいと言って讃美することが世間にうまく受け入れられる方法である。しかし、このような、さめた言い方は、実態に反する。⑤アシがアシでメがメであることは、誰にとっても、必然でBジメイのことであるだけでなく、絶対に正しいのである。

しかしよく考えてみれば、メがメであるのは必然の関係、つまり、何かわけがあってそうなっているのではない。メという単語は、メというモノ（もっと厳密に言うと、メそのものではなく、それから得られた概念）と、メというオトとが結びついてできている。そして、こ

3　その件は、父からお願いいたします。

4　あの人は、急用で本日欠席されました。

問7　古代中国の思想家である「孔子」の学派と、彼と関係の深い作品を組み合わせたものとして適当なものを、次の中から一つ選び、その番号で答えなさい。

1　法家―『韓非子』　　2　儒家―『論語』

3　道家―『老子』　　4　儒家―『孟子』

問8　次の熟字訓のうち、読み方の正しいもの一つ選び、その番号で答えなさい。

1　竹刀（たけと）　　2　山車（やし）

3　万年青（おもと）　　4　吹雪（なだれ）

問9　次の――線部分の言葉の意味として適当なものを一つ選び、その番号で答えなさい。

・いわゆる日本人の伝統的な自然観の質をはしなくも示すものである。

――相良《さがら》 亨《とおる》『「おのづから」としての自然』による――

1　端的　　2　意外　　3　明白　　4　漠然

問10　次の現代詩を読んで、この詩の形式と表現技法について説明したものとして適当なものを、後の選択肢の中から一つ選び、その番号で答えなさい。

かぼちゃのつるが　　原田　直友

かぼちゃのつるが
はい上がり
はい上がり
葉をひろげ
葉をひろげ
はい上がり
葉をひろげ
細い先は
竹をしっかりにぎって
屋根の上に
はい上がり
短くなった竹の上に
はい上がり
小さなその先たんは
いっせいに
赤子のような手を開いて
ああ　今
空をつかもうとしている

――西郷《さいごう》 竹彦《たけひこ》『名詩の世界　虚構の方法・世界』による――

選択肢

1　かぼちゃのつるを擬人化した表現が、際立つ口語自由詩である
2　体言止めを用いて、リズム感あふれる表現の口語定型詩である
3　かぼちゃの成長過程を反復法により表現した文語定型詩である
4　一切の表現技法を用いず、日常の言葉だけの口語自由詩である

【国　語】（五〇分）〈満点：一〇〇点〉

一　次の各問いに答えなさい。

問1　古時刻において「巳の刻」とは、現在の時刻に直すと何時頃《ごろ》に相当しますか。適当なものを次の中から一つ選び、その番号で答えなさい。

1　午後八時頃　　2　午後四時頃
3　午前六時頃　　4　午前十時頃

問2　「普遍」の類義語と対義語の組み合わせたものとして適当なものを次の中から一つ選び、その番号で答えなさい。

1　類義語　一般・対義語　特殊
2　類義語　普及・対義語　特定
3　類義語　大衆・対義語　有意
4　類義語　全体・対義語　一部

問3　次の熟語はそれぞれどの組み立てによるものですか。後の語群からそれぞれ一つずつ選び、それを組み合わせたものとして適当なものを、選択肢の中から一つ選び、その番号で答えなさい。

問題
A　去就　　B　除湿
C　悪習　　D　平穏

語群
ア　上の文字が下の文字を修飾している熟語
イ　上の文字が下の文字を否定している熟語
ウ　下の文字が上の文字の目的語・補語になっている熟語
エ　同じような意味の漢字を重ねた熟語
オ　反対または対の意味を表す漢字を重ねた熟語

選択肢
1　Aエ・Bエ・Cア・Dオ
2　Aオ・Bウ・Cア・Dエ
3　Aエ・Bウ・Cイ・Dエ
4　Aオ・Bウ・Cイ・Dア

問4　次の――線部分の熟語の意味として適当なものを一つ選び、その番号で答えなさい。

・子どもの自分にとっては、書物は以前のモノとしての魅力に満ち、触覚的で可塑的なオブジェでもあったのだ。

――紅野《こうの》謙介《けんすけ》『書物の近代』による――

1　興味関心を呼び起こすことができる
2　期待通りに実現させることができる
3　思うように変形させることができる
4　本来の用法とことなっても構わない

問5　外来語とその意味の組み合わせとして**誤っているもの**を一つ選び、その番号で答えなさい。

1　センシティブ―繊細
2　パラダイム―概念
3　アイデンティティ―自己同一性
4　パラドックス――逆説

問6　次の――線部分のうち、敬語の種類が他と異なるものを一つ選び、その番号で答えなさい。

1　あの方は何でも召し上がります。
2　首相もこの会議に出席なさいます。

MEMO

大切なことはメモしておこうネ！

2023年度

解 答 と 解 説

《2023年度の配点は解答欄に掲載してあります。》

＜数学解答＞ 《学校からの正答の発表はありません。》

問題1 (1) 1 3　2 2　3 5　4 2　(2) 5 7　6 4　7 2　(3) 8 6
(4) 9 －　10 3　11 2　(5) 12 2　13 5　(6) 14 3　15 2
(7) 16 9　17 6　18 3　(8) 19 7　20 3　21 6

問題2 (9) 22 1　23 3　24 2　(10) 25 2　26 2　27 3

問題3 (11) 28 1　29 6　(12) 30 1　31 8　32 8
(13) 33 3　34 5

問題4 (14) 35 1　36 0　37 5　(15) 38 8　39 8　40 3

問題5 (16) 41 2　42 3　(17) 43 2　44 7

○推定配点○

問題1 (1)・(2) 各5点×2　他 各6点×6　問題2 各6点×2　問題3 各6点×3

問題4 各6点×2　問題5 各6点×2　計100点

＜数学解説＞

問題1 （単項式の乗除，平方根，式の値，1次関数，角度，平面図形，確率）

基本 (1) $-\left(\frac{2}{3}x^2y^3\right)^2\div\left(-\frac{y^2}{6x}\right)^3\times\left(\frac{y}{8x}\right)^2=-\frac{4x^4y^6}{9}\times\left(-\frac{216x^3}{y^6}\right)\times\frac{y^2}{64x^2}=\frac{3}{2}x^5y^2$

基本 (2) $\frac{1}{5}\times\frac{1}{\sqrt{7}}-\frac{1}{5}\times\frac{1}{\sqrt{28}}+\frac{1}{15}\times\frac{1}{\sqrt{7}}=\frac{1}{5\sqrt{7}}\left(1-\frac{1}{2}+\frac{1}{3}\right)=\frac{\sqrt{7}}{35}\times\frac{5}{6}=\frac{\sqrt{7}}{42}$

重要 (3) $(x-y)^2=(x+y)^2-4xy=(4\sqrt{5})^2-4\times11=80-44=36$　$x>y$より，$x-y=6$

基本 (4) $y=ax+b$，$y=bx+6a$に$x=4$，$y=-10$を代入して，$4a+b=-10$…①，$6a+4b=-10$…②
①×4－②より，$10a=-30$　$a=-3$　これを①に代入して，$-12+b=-10$　$b=2$

基本 (5) BA＝BDより，∠BDA＝(180°－50°)÷2＝65°　△ACDの内角と外角の関係より，∠ACD＝65°－40°＝25°　△ABEと△CBAにおいて，共通だから，∠ABE＝∠CBA　AB：CB＝BD：2BD＝1：2　BE：BA＝$\frac{1}{2}$BD：BD＝1：2　2組の辺の比とその間の角がそれぞれ等しいので，△ABE∽△CBA　よって，∠x＝∠BAE＝∠BCA＝25°

重要 (6) 点Pを通り直線CRに平行な直線とBRとの交点をSとすると，平行線と比の定理より，BS：SR＝BP：PC＝1：1　AR：RS＝AO：OP＝4：1　よって，AR：RB＝4：2＝2：1　△AOC：△AOB＝CP：PB＝1：1　△AOR：△AOB＝AR：AB＝2：3　よって，CO：OR＝△AOC：△AOR＝△AOB：$\frac{2}{3}$△AOB＝3：2

重要 (7) 点Dを通り辺ABに平行な直線と辺BCとの交点をEとすると，DE＝AB＝12，BE＝AD＝8，EC＝BC－BE＝24－8＝16　△CDEにおいて，点DからECにひいた垂線とECとの交点をHとし，EH＝xとすると，$DH^2=DE^2-EH^2=DC^2-CH^2$　$12^2-x^2=(4\sqrt{13})^2-(16-x)^2$　$144-x^2=208-(256-32x+x^2)$　$192=32x$　$x=6$　よって，DH＝$\sqrt{12^2-6^2}=6\sqrt{3}$より，四角形ABCDの面

積は，$\frac{1}{2}\times(8+24)\times6\sqrt{3}=96\sqrt{3}$ (cm²)

重要 (8) さいころの目の出方の総数は$6\times6=36$(通り) $ax^2+3x-b=0$の解は$x=\frac{-3\pm\sqrt{9+4ab}}{2a}$で，この解が有理数になるのは，$k$を整数として，$9+4ab=k^2$のときである。この式を満たす$ab$は，$1\leqq ab\leqq36$より，$ab=4$，10，18，28 よって，$(a,\ b)=(1,\ 4)$，$(2,\ 2)$，$(2,\ 5)$，$(3,\ 6)$，$(4,\ 1)$，$(5,\ 2)$，$(6,\ 3)$の7通りあり，求める確率は，$\frac{7}{36}$

問題2 (図形と関数・グラフの融合問題)

基本 (9) $y=\frac{1}{4}x^2$に$x=-8$を代入して，$y=\frac{1}{4}\times(-8)^2=16$ よって，A$(-8,\ 16)$ $\triangle\mathrm{ACB}=\frac{1}{2}\times\mathrm{AC}\times\{4-(-8)\}=6\mathrm{AC}$ $6\mathrm{AC}=108$より，$\mathrm{AC}=18$ よって，点Cのy座標は，$16-18=-2$ $y=ax^2$に$x=-8$，$y=-2$を代入して，$-2=a\times(-8)^2$ $a=-\frac{1}{32}$

重要 (10) $y=\frac{1}{4}x^2$に$x=4$を代入して，$y=\frac{1}{4}\times4^2=4$ よって，B$(4,\ 4)$ 直線ABの式は$y=-x+8$だから，D$(0,\ 8)$とする。点Pを通り直線ABに平行な直線とy軸との交点をEとすると，AB//PEだから，$\triangle\mathrm{AEB}=\triangle\mathrm{APB}=\frac{1}{3}\triangle\mathrm{ACB}=36$ $\triangle\mathrm{AEB}=\triangle\mathrm{ADE}+\triangle\mathrm{BDE}=\frac{1}{2}\times\mathrm{DE}\times8+\frac{1}{2}\times\mathrm{DE}\times4=6\mathrm{DE}$ $6\mathrm{DE}=36$より，$\mathrm{DE}=6$ よって，点Eのy座標は，$8-6=2$ よって，直線PEの式は$y=-x+2$ $y=\frac{1}{4}x^2$と$y=-x+2$からyを消去して，$\frac{1}{4}x^2=-x+2$ $x^2+4x=8$ $(x+2)^2=8+4$ $x+2=\pm2\sqrt{3}$ $x=-2\pm2\sqrt{3}$ $-8<x<0$より，$x=-2-2\sqrt{3}$

問題3 (データの整理)

基本 (11) 300g以上の度数は$6+3=9$だから，総度数は$9\div(1-0.82)=50$ よって，求める階級の度数は，$50-(18+7+9)=16$(人)

重要 (12) 仮平均を$\frac{200+300}{2}=250$(g)とすると，$\{(-200)\times18+(-100)\times7+0\times16+100\times6+200\times3\}\div50=-\frac{3100}{50}=-62$ よって，平均値は$250-62=188$(g)

基本 (13) 1 中央値は重さの小さい方から25番目と26番目の平均になるから，100g以上200g未満の値とは限らない。 2 最大値は500g未満であるから，間違い。 3 第1四分位数は重さの小さい方から13番目だから，0g以上100g未満，第3四分位数は重さの小さい方から38番目だから，200g以上300g未満の階級に含まれるから，四分位範囲は100gより大きく300gより小さい値である。 4 第1四分位数は0g以上100g未満の値だから，間違い。 5 最頻値は0g以上100g未満の階級の階級値だから，50gで正しい。以上から正しいのは3と5。

問題4 (平面図形の計量)

基本 (14) $\overset{\frown}{\mathrm{BC}}$の円周角だから，$\angle\mathrm{BAC}=\frac{1}{2}\angle\mathrm{BOC}=\frac{1}{2}\times\frac{1}{2}\times180^\circ=45^\circ$ △ACEの内角と外角の関係より，$\angle\mathrm{AED}=\angle\mathrm{CAE}+\angle\mathrm{ACE}=45^\circ+60^\circ=105^\circ$ 平行線の同位角だから，$\angle\mathrm{ABF}=\angle\mathrm{AED}=105^\circ$

重要 (15) ABは直径だから，$\angle\mathrm{ADB}=90^\circ$ $\overset{\frown}{\mathrm{AD}}$の円周角だから，$\angle\mathrm{ABD}=\angle\mathrm{ACD}=60^\circ$ よって，△ABDは内角が30°，60°，90°の直角三角形だから，$\mathrm{BD}=\frac{1}{2}\mathrm{AB}=\frac{1}{2}\times8=4$，$\mathrm{AD}=\sqrt{3}\mathrm{BD}=4\sqrt{3}$ $\angle\mathrm{DBF}=105^\circ-60^\circ=45^\circ$より，△DBFは直角二等辺三角形で$\mathrm{DF}=\mathrm{DB}=4$ よって，$\triangle\mathrm{ABF}=$

$\triangle DBF + \triangle ABD = \frac{1}{2} \times 4^2 + \frac{1}{2} \times 4 \times 4\sqrt{3} = 8 + 8\sqrt{3}\ (cm^2)$

問題5 （空間図形の計量）

基本 (16)　△ABC∽△DEFより，△DEFは1辺の長さが$\frac{8}{2}=4$の正三角形だから，$DM=\frac{\sqrt{3}}{2}\times 4=2\sqrt{3}$ (cm)

重要 (17)　△ABCの面積が最大になるのは∠BAC＝90°のときである。$OA=\sqrt{12^2-8^2}=4\sqrt{5}$より，$AD=\frac{1}{2}OA=2\sqrt{5}$　△DEFはDE＝4の直角二等辺三角形だから，$DM=EM=\frac{1}{2}EF=\frac{1}{2}\times\sqrt{2}\times 4=2\sqrt{2}$　よって，$AM=\sqrt{AD^2+DM^2}=\sqrt{(2\sqrt{5})^2+(2\sqrt{2})^2}=2\sqrt{7}$ (cm)

★ワンポイントアドバイス★

出題構成，難易度とも例年どおりであるが，小問数が2問減って，取り組みやすくなった。できるところからミスのないように解いていこう。

＜英語解答＞《学校からの正答の発表はありません。》

問題1	(A)	No. 1	1	No. 2	3	No. 3	1	No. 4	2						
	(B)	No. 5	2	No. 6	4	No. 7	3	No. 8	2	No. 9	3	No. 10	1		
問題2	(11)	1	(12)	4	(13)	3	(14)	1	(15)	2	(16)	2	(17)	4	
	(18)	2	(19)	4	(20)	1	(21)	3	(22)	4	(23)	1	(24)	4	
	(25)	2	(26)	3	(27)	4	(28)	3	(29)	1	(30)	2			
問題3	(31)	2	(32)	1	(33)	3	(34)	2	(35)	4					
問題4	[A]	(36)	2	(37)	1	[B]	(38)	2	(39)	4	(40)	2			
問題5	[A]	(41)	4	(42)	3	[B]	(43)	3	(44)	4	(45)	1			

○推定配点○

問題1～問題3　各2点×35　　問題4，問題5　各3点×10　　計100点

＜英語解説＞

問題1 リスニング問題解説省略。

問題2 （語句補充問題：接続詞，受動態，動詞，慣用表現，関係代名詞，名詞，副詞，分詞，比較，動名詞，前置詞）

(11)　「日本がワールドカップで優勝することを望んでいたので，日本が1回戦で負けたというニュースにはがっかりしました。」〈that ～〉は「～こと」という意味を表す。

(12)　「そのコンピュータ会社は毎月新しいソフトウェアをリリースします。彼らはすべてのお客様に喜ばれるソフトウェアを開発，提供したいと思っています。」〈be pleased with ～〉で「～に喜ぶ」という意味になる。

(13)　「A：エイジ，この英単語の発音を知っていますか。　B：いいえ，知りません。ウェブ辞書をチェックしてみましょう，単語の音声を再生できます。」 1「描く」，2「意味する」，4「表現する」

(14)　「もうすぐ午後6時です。暗くなる前にホテルに戻りましょう。」 主節が未来を表す文の場合，

beforeなどで導かれる従属節は現在時制で表す。

(15)「私のクラスには3人の田辺がいます。1人は東京出身で，他は横浜出身です。」 3つ以上あるものについて「1つは～，他は…」と説明するときは，〈one ～, the others …〉という表現を用いる。

(16)「一部の国では，自動車事故の数を減らすので，昼間に自動車のヘッドライトを点灯する必要があります。」 1「増やす」，3「許す」，4「要求する」

(17)「A：明日の天気はどうなるのかしら。　B：天気予報では，明日は雪が降るそうです。」「天気予報が言う」ということを表すときにはtellを用いる。

(18)「トムは本を閉じて教室を出て行きました。何が彼を外に出させたのか，私は知りませんでした。」 関係代名詞のwhatは〈the things that ～〉という意味を表す。

(19)「A：この学生服は家庭で洗えます。　B：本当ですか？　それはどのような材料で作られていますか？」 1「利点」，2「臭い」，3「風味」

(20)「その店は1969年に開店しました。若者を中心に人気を博し，現在では全国に約50店舗あります。」 2「一般的に」，3「特に」，4「すぐに」

(21)「鍋に塩がほとんど残されていないので，最寄りの店に買いに行きます。」 過去分詞は「～された」という意味を表す。

(22)「A：こんにちは，スティーブン。2回目のワクチン接種を受けたと聞きました。どうだった？　B：翌日，高熱が出ました。それを乗り越えるのに数日かかりました。」 1「元気づける」，2「突然～し出す」，3「実行する」

(23)「この廊下を通過するときは静かにしてください。各教室で学力テストを実施しています。」 2「交替でやる」，3「参加する」，4「利用する」

(24)「ヒロシは大の映画ファンです。彼はおそらく500枚ものDVDを持っています。」 asを用いた比較の文にする。DVDは数えられるものなので，muchは使えない。

(25)「A：今日のオンライン英語レッスンはいかがでしたか？　B：とても楽しかったです！　先生はとても親切で，授業中ずっとおしゃべりを楽しんでいました。」 1「追う」，3「吠える」，4「ノックする」

(26)「リョウジが教室のドアを壊しました。彼はわざとやったわけではないので，先生は彼に腹を立てませんでした。」 1「自分で」，2「無料で」，4「善意で」

(27)「家の鍵をなくしたのはあなたの不注意でした。貴重品は特定の場所に置くべきです。」 不定詞の意味上の主語を表す時はふつう〈for ＋主語〉で表すが，形容詞が人物の性格や性質を表す時には，forではなくofを用いる。

(28)「アシュリーはいつかイタリアでファッションデザイナーになりたいと思っています。現在，彼女はイタリアのファッションデザイナーのスタジオで働いています。それは彼女がお金を稼ぐのに役立つだけでなく，デザインと言語のスキルを向上させるのにも役立ちます。」 1「印象づける」，2「想像する」，4「輸入する」

基本 (29)「A：招待してくれてありがとう。素敵な家ですね。」「B：ありがとう。くつろいでください。お茶を持ってきます。」 make yourself at homeで「くつろいで」という意味を表す。

(30)「私は家にいて，外食するよりも宅配ピザを食べる方が好きです。」〈prefer A to B〉で「BよりAを好む」という意味を表す。

問題3 (会話文問題：語句補充)

(31) A：ミカ，何を読んでいるの？

B：西野圭吾さんの最新のミステリー小説を読んでいるのよ。とても面白くて，昨日からずっと読んでいるの。それをお勧めするわ！

A：では帰宅の途中に本屋に立ち寄るよ。そこでその本を買って読むよ。

B：いいですね！　本を読み終わったら感想を聞かせてね。

直後の文に「そこで」とあるので，場所を表す内容が必要である。また，「買う」と言っていることから2が答え。他はすべてこれらの内容がないので，誤り。　1「今すぐ図書館に行って，その本を借ります。」 3「ああ，私はその本をもう読んだので，彼の次の小説を楽しみにしています。」 4「私は彼の本を読んだことがありませんが，読んでみたいです。」

(32)　A：やあ，ケビン。来週の金曜日，ジェイミーと私と一緒にランチに行きませんか？

B：もちろん行くよ，あまり時間がかからない限りならね。午後2時に始まる会議があるんだ。

A：そうなら，近くのレストランに行くことができるね。5分で行けるカレー屋さんに行ってみませんか？

B：いいね。ぼくはいつもカレーを食べたい気分なんだ。

5分で行けるところを提案しているので，1が答え。　2「食事をとるのをやめてここに滞在する」 食事に行くと言っているので，誤り。　3「あなたはレストランを選ぶことができます」 ケビンの事情によって決まるので，誤り。　4「外出するのは難しいだろう」 外出するつもりでいるので，誤り。

(33)　A：もしもし，お父さん？　どこからかけているの？

B：やあ，リサ。スーパーマーケットに到着したよ。ダイニングテーブルにある買い物リストが見えるかい？

A：ええ，あるわよ。それをどうするの？

B：写真を私のスマホに送ってもらえるかな？

「そこに」「それが」とあるので，これらの内容に合う3が答え。他はすべてこれらの内容がないので，誤り。　1「デザートは何が食べたいですか？」 2「お母さんと一緒に来てくれない？」 4「後でチョコレートアイスクリームをくれませんか？」

(34)　A：リホ，今日の放課後予定はある？

B：いいえ，特にないよ。

A：じゃあ，一緒にハンバーガー食べに行かない？　フューエルバーガーは今日，高校生向けの半額ハンバーガーコンボを提供しているよ。

B：いいね。私はいつもそこで食べてみたいと思っていたよ。

ハンバーガー店に行くと言っているので，2が答え。他はすべて続く内容に合わないので，誤り。　1「はい，いい考えがあります。」 3「すみません，先の約束があります。」 4「さて，メニューを考えています。」

(35)　A：こんにちは，ギル。昨日のプレゼンテーションはどうだった？

B：こんにちは，ガフニーさん。それはかなりうまくいきました。おかげさまでよく行うことができました。

A：そう聞いてうれしいです。次の目標は何ですか？

B：英語のスピーチコンテストに応募しようと思っています。もしそうなら，また助けてくれませんか？

プレゼンテーションはうまくいったと言っている。また，「また助けてくれませんか」と言っている。今回のプレゼンテーションにおいてガフニーさんの援助があったことがわかるので，4が答え。他はすべてこれらの内容がないので，誤り。　1「制限時間を数分オーバーしました。」 2「話すのに緊張しました。」 3「使用したスライドはまったく機能しませんでした。」

問題4 （長文読解問題：語句補充）

〔A〕 老人

ある町に老人が住んでいました。彼はいつも物事を忘れました。それで，彼が出かけるとき，彼の妻はいつも彼に「これを忘れないで」と言いました。

ある日，彼は(36)一人で長い旅に出なければなりませんでした。彼は駅に行って切符を買いました。それから彼は電車に乗りました。約1時間後，車掌が切符をチェックし始めました。彼は老人のところに来て，「切符を見せて頂けますか？」と言いました。老人は全部のポケットの中を探しましたが，見つかりませんでした。「私は確かに切符を買いましたが，見つかりません」と老人は言いました。「あなたは確かに切符を買ったと思います。わかりました。別の切符を購入する必要はありません」と車掌は親切に言いました。それでも老人は心配そうな顔をして言いました。「(37)もし切符が見つからなかったら，目的地をおもいだせません。私はどこに向かってるのでしょう？」

(36) 老人は物忘れがはげしかったが，電車で旅行しており，誰かがいっしょにいれば後に続くような出来事は起きなかったはずなので，2が答え。2以外はすべて後に続く内容と合わないので，誤り。 1「駅で働き始めた」 3「帰りに財布をなくした」 4「妻を昼食に招待した」

重要 (37) 老人は物忘れがはげしく，自分の目的地も切符によって知ったという内容なので，1が答え。1以外はすべて目的地に関わる内容ではないので，誤り。 2「十分なお金があれば」 3「別のチケットを購入しない場合」

〔B〕 祝祭

イギリスの人々は何千年もの間，祝祭をもってきました。遠い昔，太陽，月，風，雨，動物，木はすべて彼らの宗教にとって重要であり，それらのための祝祭がありました。キリスト教がイギリスに伝来したとき，人々は(38)昔からの祝祭を残したいと考え，宗教を一つにまとめました。聖バレンタインデー，イースター，ハロウィン，クリスマスはいずれもキリスト教の祭典となった古い祝祭です。

食事，家族，花は，ほとんどの祝祭において重要な部分です。ほとんどの人はクリスマスに大家族で夕食をとり，感謝祭にも多くの人が集まります。バレンタインデーやイースター，クリスマスには，(39)さまざまな種類のお菓子をプレゼントする人が多く，祝祭によっては特別な食べ物が用意されます。バレンタインデーや母の日は飲食店が大変混み合い，その日には花屋も花をたくさん売ります。

今日の人々は(40)家族と離れて暮らすことが多いため，母の日，イースター，クリスマスなどの特別な時にカードを送ります。カードには，「遠く離れたあなたのことを思っています」などのメッセージが書かれます。郵便局や電話も非常に混雑し，多くの人が電話やコンピューターを使用してメッセージを送信します。

(38) 宗教を一つにまとめるという内容の理由になり得るので，2が答え。2以外はすべて宗教をまとめる理由に該当しないので，誤り。 1「それが何かわからなかった」 3「それがイギリスで広まるのを望まなかった」 4「それから国を守る必要があった」

(39) 祝祭日に行う行動なので，4が答え。4以外はすべて祝祭日に関係がないので，誤り。 1「家族の中の年配の人たちを尊敬する」 2「友達と仲良くする」 3「花を投げる」

(40) カードを贈るときについて言っているので，2が答え。2以外はすべてカードを贈り合う内容に関係がないので，誤り。 1「両親と共に同じ家で」 3「祝祭について気にすることなく」 4「宗教を換えることによって」

問題5 (長文読解問題：内容吟味)

［A］ ベッティ・ウイルソンより〈betty-wilson@globemail.com〉
トミー・ジョンソン様へ〈tjohnson@mymail.com〉
日付：2022年6月6日
親愛なるトミーへ

最近の京都旅行についてメールをくれてありがとう。あなたが食べた食べ物の写真を見るのは本当に楽しかったです。日本食の美しさに感動しました。私のルームメイトは日本の食文化に興味があるので，彼女にも写真を見せました。私は京都に行ったことがありませんが，彼女は数年前に家族と一緒に行きました。彼女は，京都で最も有名なスポットの1つである金閣寺を訪れたときが，この旅行で一番良かったと語っています。あなたはそれを訪問しましたか？ 言葉にできないほど美しいと聞きました。金閣寺は歴史の教科書でしか見たことがないので，京都に行ったらぜひ訪れたいです。

ところで，良いニュースがあります！ 私の大学のバスケットボールチームでプレイするように選ばれたと言ったのを覚えていますか？ ええと，来週は横浜に試合に行くのでお会いしましょう。最後に会ってから1年以上経ってるなんて信じられませんね。

私たちのプレーを見に来てくれたらうれしいです。試合は土曜日の12時からです。私たちは日曜の朝に東京に帰る予定なので，コーチは試合後は好きなことをしていいと言っていました。もしお時間があれば，大学を案内してくれませんか？ でも，もしあなたがその日忙しいなら，私は別の計画を立てるようにします。

あなたの友達，
ベッティより

(41) 「なぜベッティはトミーの写真をルームメイトに見せたのか。」「私のルームメイトは日本の食文化に興味があるので」とあるので，4「ルームメイトが日本文化が好きだったから。」が答え。1「彼女のルームメイトが京都への家族旅行を計画していたから。」 ルームメイトが日本の食文化に興味があるという内容とは異なるので，誤り。 2「ルームメイトがトミーの写真を見せるように彼女に言ったから。」 ルームメイトが日本の食文化に興味があるという内容とは異なるので，誤り。 3「日本の伝統美を紹介したかったから。」 食べた物は「伝統美」ではないので，誤り。

(42) 「ベッティはトミーに______を頼んだ。」「もしお時間があれば，大学を案内してくれませんか？」とあるので，3「土曜日の試合後，彼が暇なら彼の大学を案内してほしいこと」が答え。3以外はすべて大学を案内するという内容とは異なるので，誤り。 1「日曜日の朝まで横浜に滞在すること」 2「次の日曜日に彼女のバスケットボールチームに参加してプレーすること」 4「土曜日に横浜で何時に会うか決めること。」

［B］ 水中

今日，海に関する多くのビデオを見たり，スキューバダイビングに行って海を探検したりできます。しかし，約100年前まで，ほとんどの人は海中の生物について知りませんでした。

ジャック・クストーは1910年フランス南西部生まれです。彼は海を愛していましたが，パイロットになることも夢見ていたため，1930年にフランス海軍に入隊しました。しかし，彼は交通事故で両腕を骨折し，夢をあきらめなければなりませんでした。クストーは悲しんでいましたが，リハビリをしている間にゴーグルをつけて泳ぎ，初めて水中の世界をはっきりと見ました。それは彼の人生を変え，彼は海を探検することにしました。クストーは，「どうすればもっと深く潜り，水中に長く留まることができるだろうか？」と考えました。1943年，彼は友だちと共にアクアラングを発明しました。これがあれば長時間水中を泳ぐことができます。現在使用されているスキューバタンクに似ていました。クストーは写真も好きだったので，水中カメラの作成にも協力しました。

第二次世界大戦中，クストーはスパイとして働いていました。彼はまた，水中で物事を撮影し始めました。1950年代，英国海軍の古い船を調査船に改造し，海を探検するために世界中を旅し始めました。クストーは旅行のためにお金が必要でした。彼はまた，人々に海に興味を持ってもらいたいと考え，1953年に「沈黙の世界」という本を出版しました。彼の本の中で，クストーは海を探検する彼の冒険について書いています。その本はとても人気になりました。映画化もされ，カンヌ国際映画祭やアカデミー賞を受賞しました。1960年代と70年代に，クストーは海について人々を教育するいくつかのテレビ番組を制作し，出演しました。人々は海中の世界の映像に驚嘆しました。彼らはそのようなものを見たことがありませんでした。

研究を続けているうちに，クストーは人間の活動が海に損害を与えていることに気づき始めました。海を救うことへのクストーの関心は高まり，1973年に彼はクストー協会を設立しました。このグループは，海とその保護方法について調査しました。クストーが1997年に87歳で亡くなった後も，この組織は現在も活動を続けています。

海が大好きなクストーは，本，映画，テレビ番組を通じて海を探検し，海の素晴らしさを共有する方法を見つけました。「私の仕事は，人々が海を知り，海を愛するように，海の美しさを見せることでした」と彼は言いました。

(43) 「クストーが事故で腕を負傷した後，」「彼は友だちと共にアクアラングを発明しました」とあるので，3「彼は以前よりも長くダイビングするための便利な道具を開発した。」が答え。
1「彼はフランス海軍のパイロットとして成功した。」 パイロットにはなれなかったので，誤り。
2「彼はリハビリ水泳を研究するために海を探検し始めた。」 文中に書かれていない内容なので，誤り。 4「彼は特別なカメラを使う有名な写真家になった。」 文中に書かれていない内容なので，誤り。

(44) 「なぜクストーは『沈黙の世界』という本を書いたのか？」「クストーは旅行のためにお金が必要でした」とあるので，4「世界中の海を探索するために必要なお金を集めるため。」が答え。
1「彼はイギリス海軍でスパイとして働き，多くの写真を撮っていたから。」 本を書いたこととは関係がないので，誤り。 2「カンヌ近郊の静かな海を人々に紹介したかったから。」 クストーが紹介したかったのは特別な場所の海だけではなかったので，誤り。 3「彼の映画の人気を高め，アカデミー賞を受賞するため。」 文中に書かれていない内容なので，誤り。

重要 (45) 「この文章で正しくないのはどれか？」「クストーが1997年に87歳で亡くなった後も，この組織は現在も活動を続けています」とあるので，1「海を救う方法を研究するためにクストー協会が設立されたが，1997年に活動を停止した。」が正しくない。 2「世界中を旅したクストーは，人間が海を破壊していることに気づいた。」 第4段落の内容に合う。 3「クストーの本，映画，テレビ番組のおかげで，多くの人々が水中について学ぶことができた。」 第3段落の内容に合う。
4「クストーは，世界に水中の素晴らしさと美しさを知ってもらい，海について関心を持つようになってほしかった。」 最後の段落の内容に合う。

★ワンポイントアドバイス★

問題2(18)には made him go out とある。〈make ＋人＋動詞の原形〉は使役構文で，「人に～させる」という意味を表す。(例) I made him cry. (私は彼を泣かせた。)また，この構文を受動態にすると He was made to cry. となる。

＜国語解答＞ 《学校からの正答の発表はありません。》

[一] 問1 4　問2 1　問3 2　問4 3　問5 2　問6 3　問7 2　問8 3
問9 2　問10 1

[二] 問11 2　問12 3　問13 4　問14 1　問15 3　問16 3　問17 2
問18 2　問19 4　問20 3　問21 3　問22 4　問23 1・5

[三] 問24 4　問25 3　問26 2　問27 1　問28 3　問29 1　問30 4
問31 4　問32 4　問33 2　問34 3　問35 2　問36 4

[四] 問37 1　問38 2　問39 4　問40 1　問41 3　問42 1　問43 1
問44 2　問45 3　問46 4　問47 4　問48 4　問49 2　問50 1

○推定配点○

[一] 各1点×10　[二] 問11～問13　各1点×3　他　各3点×10(問23完答)

[三] 問24～問27・問34　各1点×5　他　各3点×8　[四] 各2点×14　計100点

＜国語解説＞

[一] (漢字の読み，語句の意味，同義語・対義語，敬語，表現技法，文学史)

問1　古時刻は午前0時の前後2時間を十二支の子(ね)とし，十二支の順番に2時間ごとに区切って対応させており，「巳の刻」は午前9～11時に相当する。1は「戌」，2は「申」，3は「卯」。

基本　問2　ありふれたものという意味の「普通」の類義語は「一般」「通常」など，対義語は他と違うという意味の「特殊」。

問3　Aは「去る／就く」でオ，Bは「湿(気)を除く」でウ，Cは「悪い習わし」でア，Dは「平ら／穏やか」でエ。

重要　問4「可塑的」は「かそてき」と読み，思うように物の形をつくれるさまという意味なので3が適当。

問5「パラダイム」は規範となる物の見方や捉え方のこと。「概念」は「コンセプト」ともいう。

問6　3のみ謙譲語，他はいずれも尊敬語。

問7　儒家である孔子の教えを弟子がまとめたものが『論語』。

重要　問8　他の読み方は，1は「しない」，2は「だし」，4は「ふぶき」。

問9「はしなくも」は何のきっかけもなく，思いがけなく事が起こるさまを表すので2が適当。

やや難　問10「かぼちゃのつる」が「空をつかもうとしている」と擬人化した表現で，字数を決めずに現代語を用いているので1が適当。「体言止め」は終わりを体言(名詞)で止める技法。「文語」は昔の言葉遣い，「定型詩」は音数や配列などが一定の形式である詩。

[二] (論説文一大意・要旨，内容吟味，文脈把握，脱語補充，漢字の書き取り，品詞・用法)

基本　問11　═══線部分A「獲得」，1「収穫」2「捕獲」3「威嚇」4「改革」。

基本　問12　═══線部分B「自明」，1「命令」2「名作」3「文明」4「同盟」。

問13　～～～線部分と4は形容動詞。他はいずれも格助詞。

問14　□部分のある文は「英語の辞典のwaterのところに『水』という訳がついているのは正確ではない」すなわち，waterと「水」は同じではないという意味で1が当てはまる。

問15　――線部分①について，選択の余地がなく，受け入れないと生存もむつかしい語彙や文法の表現に対し，疑問や異議を申したてたら世の中はまわって行かないことを述べているので，これらの内容を踏まえた3が適当。①直後の2段落内容を踏まえていない他の選択肢は不適当。

問16　ことばのことをあげつらう人は世の中の和を乱す困った人ということになり，ことばがそのようになっていることに異議を申したてる人はいないため，――線部分②のように述べているので3が適当。「言語」の本質として説明していない1・2は不適当。「合理性」として述べている4も不適当。

重要 問17　――線部分③の段落で，日本語の言葉を熟慮の上で美しいからと選んだのではないこと，「こうして……」で始まる段落で，身につけたことばを賛美することが世間に受け入れられる方法であることを述べているので2が適当。これら2段落の内容を踏まえていない他の選択肢は不適当。

問18　――線部分④の段落で，ただ受け入れるしかない社会のシステムである「社会的事実」を「社会の暴力」と述べているので，「言語によってしばりつけられた状態が続く」とある2は合致しない。1・3は④の段落，4は「ことばはこうして……」で始まる段落で述べている。

問19　――線部分⑤は，アシやメというオトがアシやメというモノに結びついていることは必然で自明のことであり，絶対に正しいということなので4が適当。オト＝音声とモノ＝事物が必ず結びつくものであることを説明していない他の選択肢は不適当。

問20　――線部分⑥は「指されるモノと，それを指し示すオトとの間には，必然の関係はな」いというものなので3が適当。⑥直前の内容を踏まえていない他の選択肢は不適当。

重要 問21　――線部分⑥である「記号の恣意性」について「記号の恣意性――……」で始まる段落で，指される概念とオトの結びつきが自由であると言う場合，指される概念もあらかじめ決まっているのではない，と述べているので，英語のアップルの意味が日本語のリンゴの意味と同一になるとは限らないとある3が適当。オトが指す概念もあらかじめ決まっていないことを踏まえていない他の選択肢は不適当。

重要 問22　最後の2段落で，日本語で一つの語で呼ばれているものが，他の言語ではいくつにも分かれていたり，その逆もあるということから，意味の世界の分け方も恣意的であり，オトの世界も国によって母音の数が異なり，原理の異なる言語を媒介する方法はない，と述べているので4が適当。1の「その数は概ね同数ではある」，意味の分け方も恣意的であることを説明していない2，3の「民族に対する十分な理解が根底になければ」はいずれも不適当。

やや難 問23　1は「古代の人……」で始まる段落，5は「しかしよく……」から続く3段落の内容をそれぞれ踏まえている。2の「忘れられない……」以降，「モノとオトは常に同じ」とある3，4の「子供は親を憎むべきものをみる可能性が大きく，そのために」，「モノとオトとは常に無関係」とある6はいずれも不適当。

三 （随筆文一心情，内容吟味，脱語補充，漢字の書き取り，語句の意味，熟語，品詞・用法，文学史）

基本 問24　═══線部分A「遊離」，1「融和」　2「幽谷」　3「有力」　4「外遊」。

基本 問25　═══線部分B「崩壊」，1「展開」　2「懐疑」　3「自壊」　4「介護」。

問26　――線部分Ⅰと2は助動詞。1と4は格助詞，3は接続助詞。

問27　――線部分Ⅱと1は四字それぞれが対等の構成。2は反対の意味の二字から成る語を二つ重ねた構成。3は同じ字の繰り返しを並べた構成。4は故事成語。

問28　～～線部分1は物事が終わった後も残るすっきりしない気持ち，わだかまり。

問29　～～線部分2は手抜かりやむだがないこと。

問30　□部分は「季節ごとの学校行事」のことなので，一定の決まり事やパターンがあるという意味の4が入る。

重要 問31　――線部分①は「子どもの心を静かに揺さぶるような事件」も少なく，「不安や苦痛を与える出来事」があってもその奥深い本質は「見出しづらい」「平板な日々のリズム」の中で過ごしていることを表しているので4が適当。1の「退屈さを危惧」，2の「皮肉」，3の「同情」とともに，いずれも①直後の段落内容を踏まえていないので不適当。

やや難 問32　——線部分②は「平板な日々のリズム」の中で「必ずしも平らかでない」出来事の奥深いところまで「見出しづらい」幼年期の気持ちなので4が適当。1の「大人の生活に合わせられ」，2の「敏感に心を動かす」，3の「無関心な気持ち」はいずれも不適当。

問33　——線部分③の段落で，娘の誕生日会を通して「誕生日」が「どれほど平常の時の流れからユウリした特殊な事件であるかに……気づかされた」と述べているので2が適当。③の段落内容を踏まえていない1・3は不適当。4の「すべての日常から外れた場」も不適当。

問34　④と3は間に入ってとりもつという意味。1の「介」は甲羅を持つ生き物を指す。2の「介」は個人，ひとりという意味で「一介」は取り立てるほどでもない個人のこと。4の「介」は助けるという意味で「厄介」は「厄」を助ける，すなわち面倒なことという意味。

重要 問35　——線部分⑤は，誕生日の「甘やかな期待とその充足は……大人たちが……こしらえた筋書きだった」とわかると「子どもは祝われることをやめて，うまく祝わせてやることに心をくだくようにな」り「『大人たちの自信を強めてやること』」で「まがいもの」すなわちにせものの自分を「つくりあげ」るということなので2が適当。1の「嫌悪感」，3の「反発心」，4の「感謝を持ち」はいずれも不適当。

問36　4はフランスの小説家サン＝テグジュペリの小説。1は中国の作家魯迅の小説。2はドイツの小説家ヘルマン・ヘッセの長編小説。3はロシアの作家ドストエフスキーの長編小説。

四　**(古文一表題，大意・要旨，内容吟味，文脈把握，指示語，脱語補充，品詞・用法，口語訳，文学史)**

〈口語訳〉　その夜の(余吾大夫が見た)夢に，柿の水干袴を着た男がやって来て言うには，「昼におっしゃった言葉，すべてが私の耳に強く残っております。あなたのお心は，本当にありがたいことです。私は，つまらない身としてこの世に生まれましたが，どうして，このご恩に報いないことがありましょうか。どうぞ，私の申し上げるままにこれからのご準備をしてくださいませ。あなたの敵を，亡ぼしてみせましょう」と言う。「誰がそのように話すのか」と言うと，「昼に蜘蛛の網に絡まれた蜂は，私でございます」と言う。(余吾大夫は)不思議に思ったが，「どのようにして，敵を討ったらよいか。自分に従っている家来は，十人のうち九人は殺されてしまった。城もない，手だてもない。全く勝負すべき方法がない」と言うと，「どうしてそのようにおっしゃいますか。残っている家来が何人かいるでしょう。二，三十人ばかり，声をかけてお集めください。この後ろの山に，蜂の巣が四，五十ほどあります。これらはみな，私の味方です。(私が)声をかけて，加勢を申し上げますのに，お討ち取りにならないことがあろうか，必ず討ち取るでしょう。ただし，その戦いをなさる日には，あなたの家来をこの辺にお寄せになってはいけません。元の城のあたりに，仮の小屋を造って，ひょうたん，壺，瓶子，このような物をたくさん置いてください。次第に(敵勢が)やって参りましたら，そこに(我々が)隠れているためです。いかにも，その(戦いの)日はきっと良い結果に終わるでしょう」と約束して，いなくなったと思う瞬間に，夢から覚めた。

基本 問37　═══線部分Aには2の意味もあるが，文脈と(注1)の説明からも1が適当。

基本 問38　═══線部分Bは意外なものなどを見て不思議に思うという意味なので2が適当。

問39　□部分は「ば」が続いているので「言ふ」の已然形の4が当てはまる。

重要 問40　——線部分①は柿の水干袴を着た男が「余吾大夫」にしてほしいこととして話している。尊敬語の「給へ」があることにも着目する。

問41　——線部分②は「からま(動詞)／れ(助動詞)／つる(助動詞)／蜂(名詞)」に分けられる。

やや難 問42　——線部分③後の「『などかく……』」で始まる男の言葉から，「『残りたる……集め給へ』」＝D→「『もとの城の……造りて』」＝B→「『なりびさこ……置き給へ。』」＝E→「『そこに隠れ居らむためなり』」＝C→「『やうやう集はむ』」＝A，という手順になる。

問43　——線部分④は直前の余吾大夫の「『すべて立ち合ふべきかたもなし』」を指しているので1が適当。「立ち合ふ」は勝ち負けを争うこと。

問44　——線部分⑤は，後ろの山にある四，五十ほどの蜂の巣に「柿の水干袴着たる男」が声をかけて，加勢をする，と話している。

重要　問45　——線部分⑥の「などか」は反語の意味を表し，「どうしてお討ち取りにならないだろうか，いや討ち取るだろう」となるので3が適当。

問46　——線部分⑦の「な～そ」は「～してはいけない」という禁止の意味を表すので4が適当。「寄せ(す)」は近づける，近寄らせる，という意味。

問47　——線部分⑧は「敵勢」がやって参りましたら，ということ。

問48　「その軍し給はむ日」は，余吾大夫の家来をこの辺にお寄せになってはいけません，と男は話しているが，「戦うのに都合のよい日を伝えた」ことは描かれていないので4は合致しない。

やや難　問49　本文は蜂を助けたことで自分が助けられたことが描かれているので，人には恵みをあたえなさいという意味の2に当てはまる。1は友達は選びなさいということ，3は人を馬鹿にするのをやめなさいということ，4は我慢することを学びなさいということ。

問50　他の成立は，2・4は平安時代，3は安土桃山時代あるいは江戸時代とされている。

★ワンポイントアドバイス★

論説文で用いている専門用語を，筆者がどのような意味で用いているかを確認しよう。

2022年度

★★★★★★★★★★★★★★★★★★★★★★★★

入　試　問　題

2022年度

日本大学高等学校入試問題

【数　学】（50分）〈満点：100点〉

問題1　次の各問いに答えなさい。

（1）　$\left(-\dfrac{3}{2}x^2y^3\right)^3\times(2xy)^2\div\left(-\dfrac{x^3y^4}{2}\right)=\boxed{1}\boxed{2}x^{\boxed{3}}y^{\boxed{4}}$

（2）　$\left\{\left(\sqrt{2}+2+\sqrt{6}\right)^2-\left(\sqrt{2}+2-\sqrt{6}\right)^2\right\}\times\dfrac{\sqrt{6}}{12}=\boxed{5}\sqrt{\boxed{6}}+\boxed{7}$

（3）　2つのx，yの連立方程式$\begin{cases}3x+y=3\\ax+by=-7\end{cases}$，$\begin{cases}x-3y=11\\2bx+ay=8\end{cases}$の解が等しいとき，

$a=\boxed{8}$，$b=\boxed{9}$である。

（4）　$x^2-2x-1=0$を満たす正の数xに対して，$\dfrac{(x-\sqrt{2})^2}{x(x-2)}$の値は$\boxed{10}$である。

（5）　右の図のように，円Oの円周上に4点A，B，C，Dがあるとき，$\angle x=\boxed{11}\boxed{12}^\circ$である。

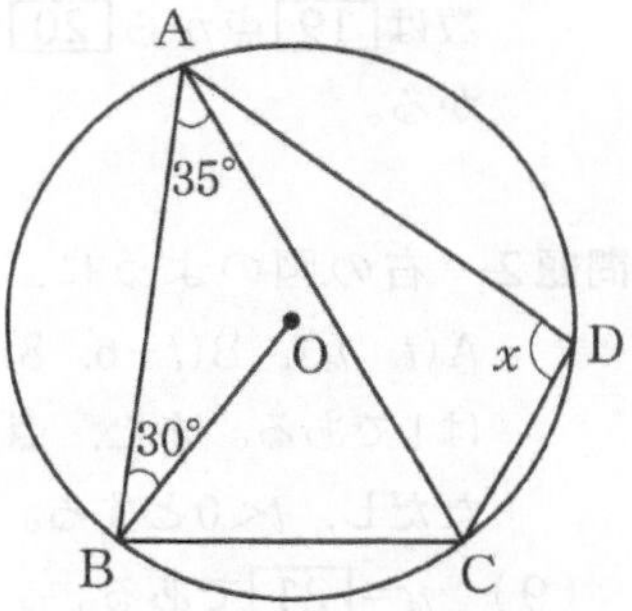

（6）　右の図のように，$\angle BAC=90^\circ$の直角三角形ABCがある。辺ACを1辺とする正方形ACDE，辺BCを1辺とする正方形BFGCがあるとき，△CGDの面積は$\boxed{13}$ cm^2である。

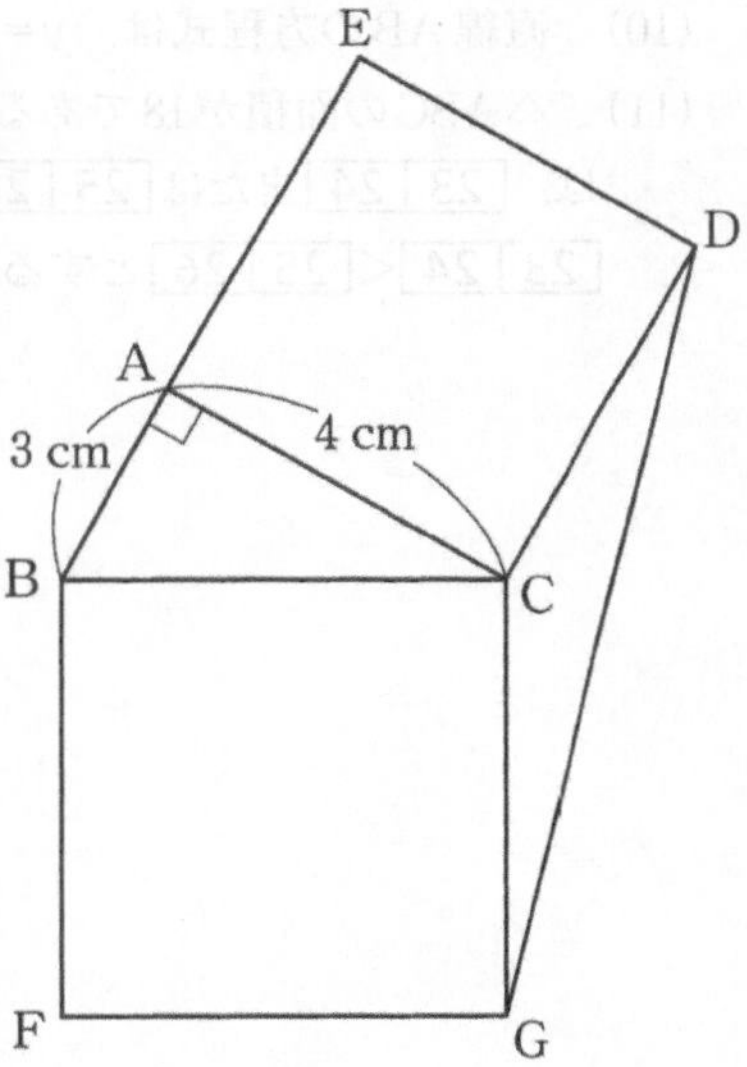

（7） 右の図のように，直線$y=\sqrt{3}x+3-\sqrt{3}$があり，この直線を点(1，3)を中心として時計まわりに30°回転させた直線の方程式は$y=\dfrac{\sqrt{\boxed{14}}}{\boxed{15}}x+\dfrac{\boxed{16}-\sqrt{\boxed{17}}}{\boxed{18}}$である。

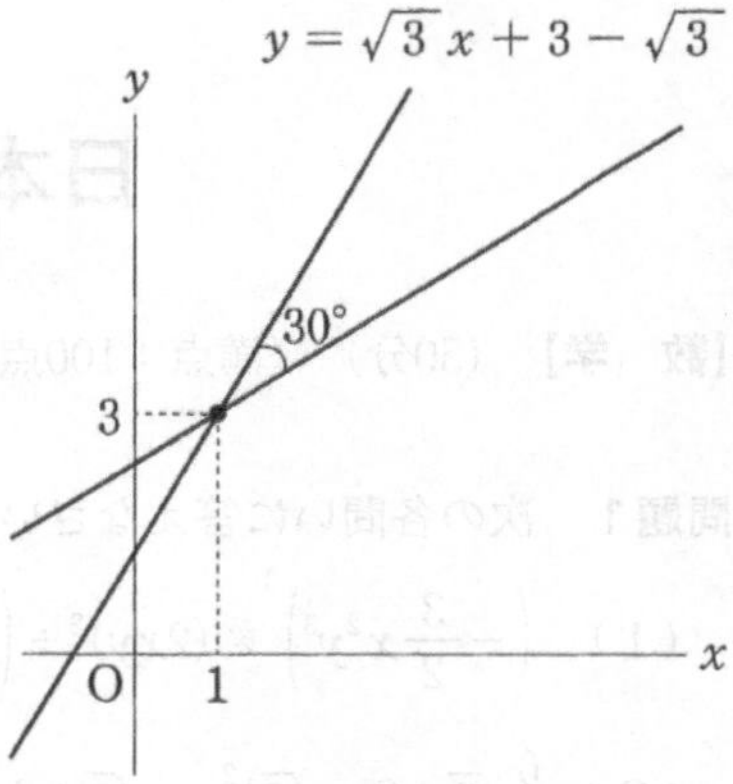

（8） 右のヒストグラムは，あるクラスの小テストの得点結果を表している。このヒストグラムを作成した後，Aさんの採点が誤っていたため採点をやり直したところ，中央値と範囲は変わらなかったが，平均値は0.1点高くなった。これより，Aさんの点数は$\boxed{19}$点から$\boxed{20}$点になったことがわかる。

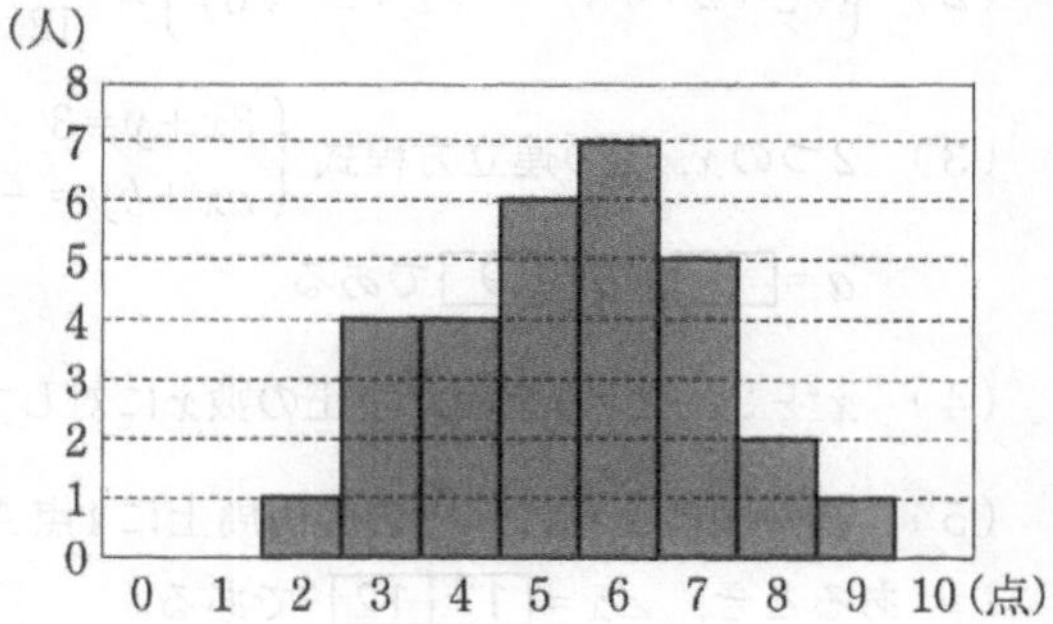

問題2 右の図のように，放物線$y=ax^2$上に2点A$(t,\ u)$，B$(t+6,\ 8)$があり，直線ABの傾きは1である。また，点Cはy軸上の点である。ただし，$t<0$とする。

（9） $u=\boxed{21}$である。

（10） 直線ABの方程式は，$y=x+\boxed{22}$である。

（11） △ABCの面積が18であるとき，点Cのy座標は，$\boxed{23}\boxed{24}$または$\boxed{25}\boxed{26}$である。ただし，$\boxed{23}\boxed{24}<\boxed{25}\boxed{26}$とする。

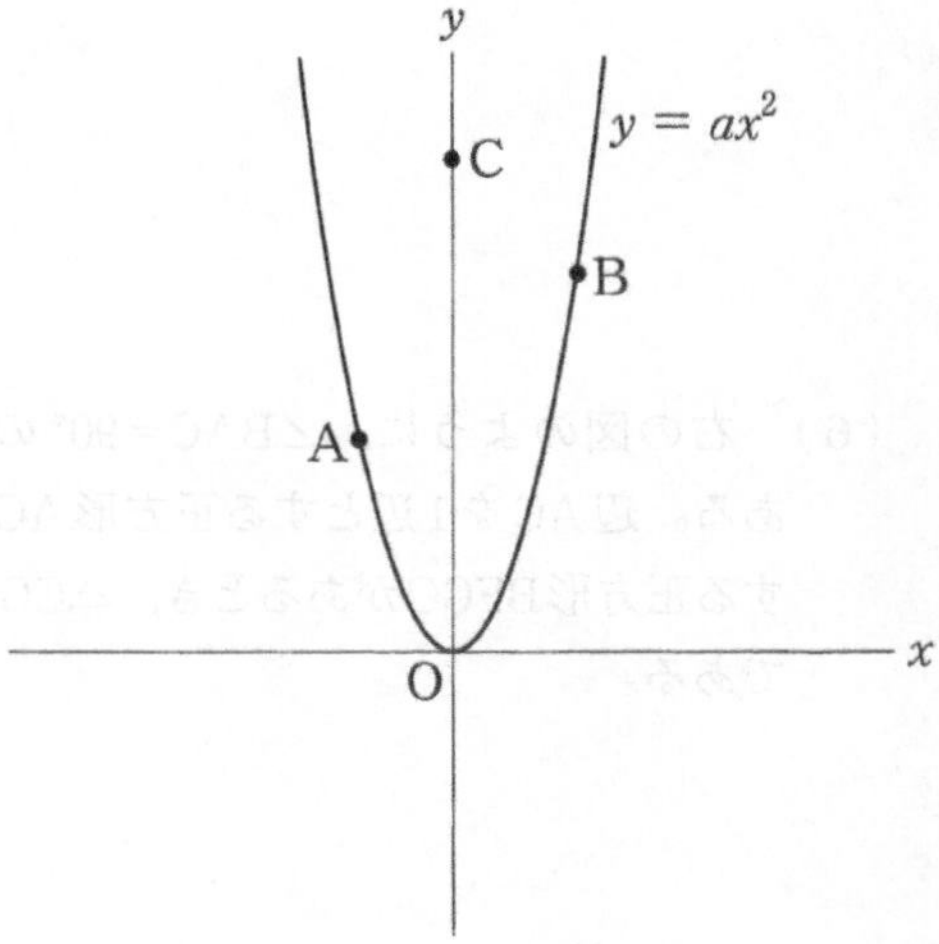

問題3　下の図のように，3つのさいころA，B，Cの展開図がある。この3つのさいころA，B，Cの出る目をそれぞれa，b，cとし，座標平面上に，点P(1，a)，点Q(2，b)，点R(3，c)をとる。ただし，3つのさいころのどの面が出るかは同様に確からしいものとする。

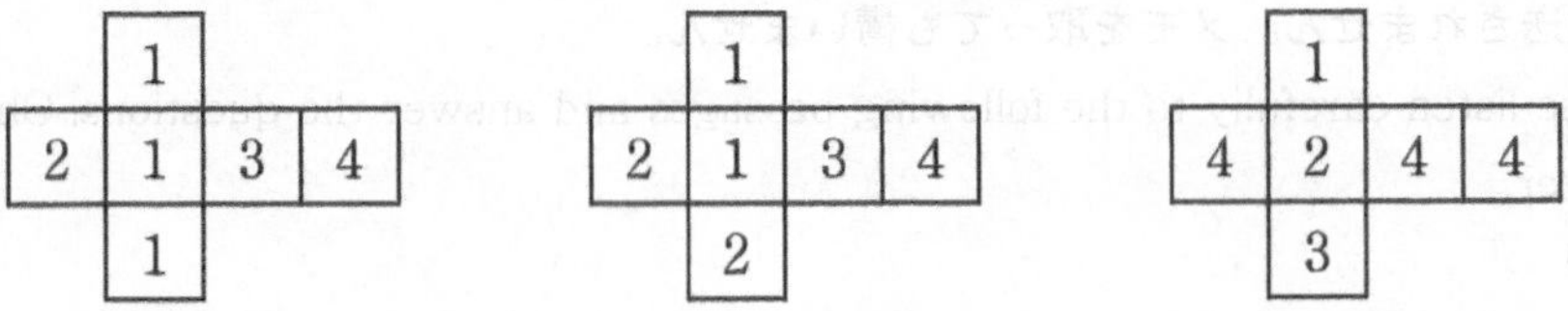

さいころA　　さいころB　　さいころC

(12)　さいころA，Bをそれぞれ1回投げたとき，直線PQが原点Oを通る確率は，$\dfrac{\boxed{27}}{\boxed{28}\boxed{29}}$である。

(13)　さいころA，B，Cをそれぞれ1回投げたとき，3点P，Q，Rすべてが，原点Oを中心とする半径4の円の外部にある確率は，$\dfrac{\boxed{30}}{\boxed{31}\boxed{32}}$である。

問題4　右の図のように，ABを直径とする円Oの周上に2点C，Dがあり，点OからCDに垂線OEをひく。ABとCDの交点をPとし，
AP＝2 cm，PB＝4 cm，CP：PD＝3：2とする。

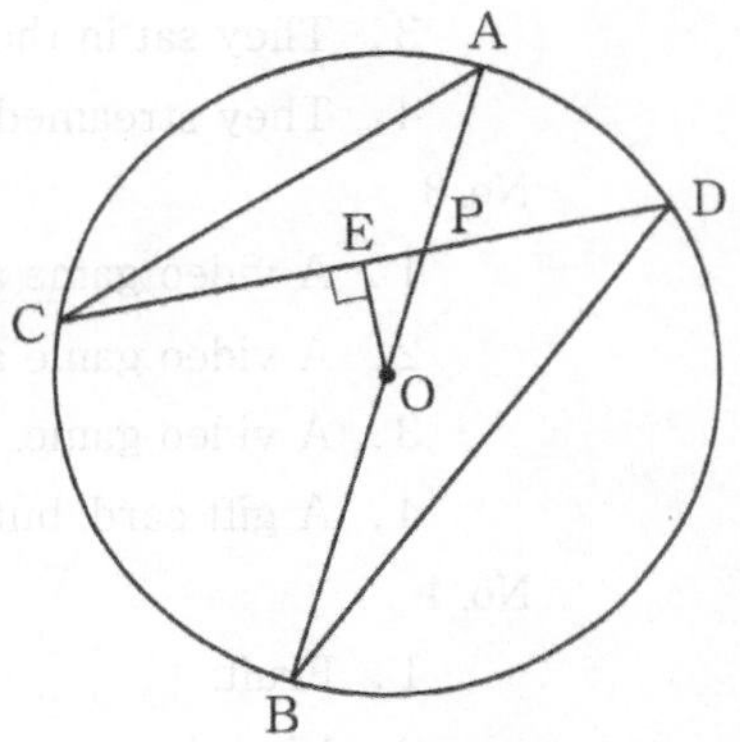

(14)　CP＝$\boxed{33}\sqrt{\boxed{34}}$ cmである。

(15)　OE＝$\dfrac{\sqrt{\boxed{35}}}{\boxed{36}}$ cmである。

(16)　△ACDの面積は，$\dfrac{\boxed{37}\boxed{38}\sqrt{\boxed{39}}}{\boxed{40}}$ cm^{2}である。

問題5　右の図のように，1辺の長さが6 cmの立方体に6つの面すべてに接する球Oが入っている。点K，L，M，Nはそれぞれ辺AB，BC，EF，FGの中点である。

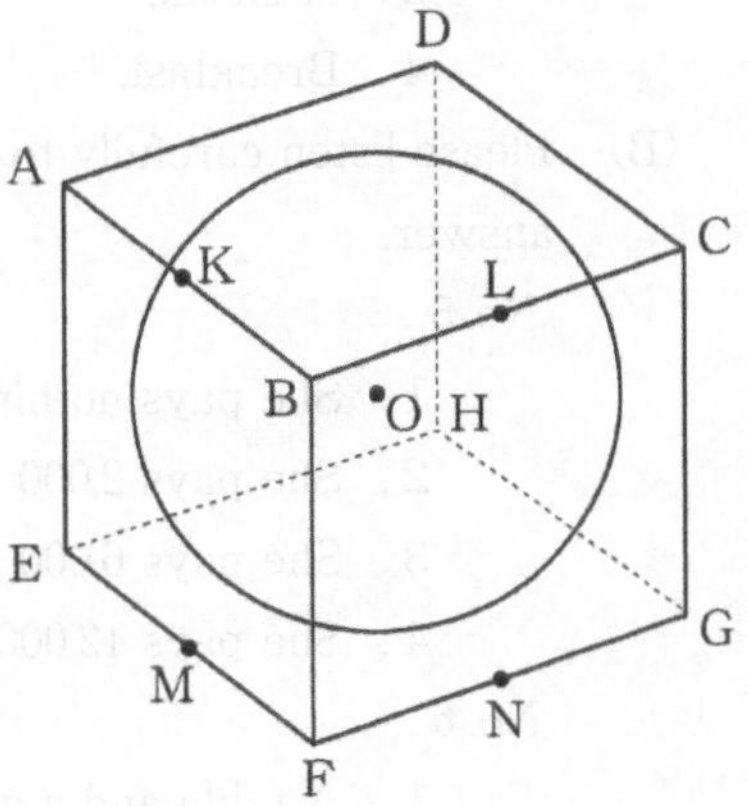

(17)　3点A，C，Eを通る平面で球Oを切ったとき，切り口の面積は，$\boxed{41}\pi$ cm^{2}である。

(18)　3点K，L，Mを通る平面で球Oを切ったとき，切り口の面積は，$\dfrac{\boxed{42}}{\boxed{43}}\pi$ cm^{2}である。

(19)　3点A，L，Nを通る平面で球Oを切ったとき，切り口の面積は，$\dfrac{\boxed{44}\boxed{45}}{\boxed{46}}\pi$ cm^{2}である。

【英　語】（60分）〈満点：100点〉

問題1　これからリスニングテストを始めます。問題は(A)と(B)に分かれています。英文は一度しか放送されません。メモを取っても構いません。

(A)　Please listen carefully to the following passages and answer the questions. Choose the best answer.

No. 1

1. Over 35 km per hour.
2. Over 75 km per hour.
3. Over 200 km per hour.
4. Over 215 km per hour.

No. 2

1. They listened to the match on the radio.
2. They watched the match on TV.
3. They sat in the stadium and watched the match.
4. They streamed the match on the Internet.

No. 3

1. A video game and a gift card.
2. A video game and a special present.
3. A video game, but not a gift card.
4. A gift card, but not a video game.

No. 4

1. Fruit.
2. Vitamins.
3. A snack.
4. Breakfast.

(B)　Please listen carefully to the following dialogues and answer the questions. Choose the best answer.

No. 5

1. She pays nothing.
2. She pays 2,000 yen.
3. She pays 6,000 yen.
4. She pays 12,000 yen.

No. 6

1. A table and a chair.
2. Two tables and a chair.
3. A table and two chairs.
4. Two tables and two chairs.

No. 7

1．They will eat snacks and desserts.
2．They will play games.
3．They will get new wallets.
4．They will give a big prize.

No. 8

1．He doesn't go on Monday and Wednesday.
2．He doesn't go on Monday and Thursday.
3．He doesn't go on Tuesday and Thursday.
4．He doesn't go on Wednesday and Friday.

No. 9

1．The bed is broken.
2．The delivery has not arrived.
3．The driver brought the wrong box.
4．The delivery is too expensive.

No. 10

1．Watching TV shows.
2．Travelling the world.
3．Catching insects.
4．Making videos.

〈リスニングテスト放送台本〉

(A) Please listen carefully to the following passages and answer the question. Choose the best answer.

No. 1

Do you know Jai Alai? It is an exciting and fast sport that is played in over 35 countries! It is popular with players between the ages of 15 and even 75 years old. Players must throw a ball really fast. Because of the shape of the ball, it can be thrown over 200 km per hour. As a result of these speeds, Jai Alai is also a very dangerous sport.

QUESTION：How fast can the Jai Alai ball be thrown?

1．Over 35 km per hour.
2．Over 75 km per hour.
3．Over 200 km per hour.
4．Over 215 km per hour.

No. 2

Jessie and Mike are going to watch a soccer match at the local stadium. They wore the uniforms of their favorite players and were very excited to see this match. However, when they got to the stadium Mike realized that he forgot the tickets at home. Instead of going back to their house, Jessie and Mike listened to the game on the radio in their car and still had a fun time.

QUESTION：How did Jessie and Mike enjoy the game?

1．They listened to the match on the radio.
2．They watched the match on TV.
3．They sat in the stadium and watched the match.
4．They streamed the match on the internet.

No. 3

Alex's 10th birthday was coming up and her parents wanted to buy her a special present. Recently, Alex has been playing video games, so they decided to go to the electronics store to find a present. They weren't sure what games were popular, so Alex's parents asked the salesperson what game they should buy, but there were too many choices. The salesperson suggested that they buy a gift card so she could choose what game she wants at a later time. Alex's parents felt that was the best choice.

QUESTION：What did Alex's parents buy at the electronics store?

1．A video game and gift card.
2．A video game and a special present.
3．A video game, but not a gift card.
4．A gift card, but not a video game.

No. 4

Most people think a protein bar is just a snack but it's actually more than that! It is healthy and it's very convenient to eat. If you're too busy to cook breakfast, a protein bar would be best for your active lifestyle. There are so many flavors to choose from: fruit, chocolate, caramel, even yogurt. Some protein bars even come with vitamins and minerals like calcium and iron.

QUESTION：What meal can you replace with a protein bar with?

1．Fruit.
2．Vitamins.
3．A snack.
4．Breakfast.

(B) Please listen carefully to the following passages and answer the question. Choose the best answer.

No. 5

M：I heard you have a very cool office.

W：Yes! We have a great cafeteria with free coffee and tea. We also have our own gym and there's a restaurant inside the building.

M：Really? That sounds nice. Is it free to use the gym?

W：No, it's not free. I have to pay 2,000¥ a month to use the gym. I have a six month plan.

QUESTION：How much does the woman pay for her gym plan?

1．She pays nothing.　　2．She pays 2,000 yen.
3．She pays 6,000 yen.　　4．She pays 12,000 yen.

No. 6

M：The shopping mall is having a sale right now. We should go!

W：What are you planning to buy at the mall?

M：I need to buy a new table and two chairs.

W：Okay, I'll go to the mall with you.

QUESTION：What is the man going to buy at the mall?

1．A table and a chair.

2．Two tables and a chair.

3．A table and two chairs.

4．Two tables and two chairs.

No. 7

W：Hey, Fred. Do you want to go the new festival and eat hot dogs and ice cream?

M：Sorry, Sandy... I already ate lunch. Do you still want to go?

W：Yes, let's go! We can just play games and try to win a big prize!

M：Cool, let me get my wallet.

QUESTION：What will they do at the festival?

1．They will eat snacks and desserts.

2．They will play games.

3．They will get new wallets.

4．They will give a big prize.

No. 8

M：Oh no! My schedule at school is busy. Also, I have to go to piano lessons 3 days a week?

W：Which days are those?

M：I have to go on Tuesdays, Thursdays and Fridays for 1 hour. I will be so tired on those days.

W：Wow! That sounds difficult!

QUESTION：Which days does the boy *not* go to piano lessons?

1．He doesn't go on Monday and Wednesday.

2．He doesn't go on Monday and Thursday.

3．He doesn't go on Tuesday and Thursday.

4．He doesn't go on Wednesday and Friday.

No. 9

M：Hello, I have been waiting for my delivery all day.

W：I am very sorry sir, what did you order?.

M：A bed, can you check with the delivery driver, please?

W：Certainly, I will call him now.

QUESTION：What is the man's problem?

1．The bed is broken.　　2．The delivery has not arrived.

3．The driver brought the wrong box.　　4．The delivery is too expensive.

No. 10

W：Hey Jeff, what are you into these days?

M：Recently, I'm crazy about making online videos.

W：Really? What kind of videos do you make?

M：I make videos about the rarest insects in the world!

QUESTION：What is the boy into recently?

1．Watching TV shows.　　2．Travelling the world.

3．Catching insects.　　4．Making videos.

問題2　次の(11)から(30)までの(　　)に入る最も適切なものを1～4の中から1つ選び，その番号をマークしなさい。

(11)　It's better to do your homework right away rather than put it (　　) until the last minute.

1．on　2．off　3．down　4．out

(12)　A：Rina hasn't made her debut yet, but she is a (　　) singer.

B：I'm sure she'll make it.

1．promising　2．hoping　3．wishing　4．believing

(13)　In Japan, people are often (　　) to take off their shoes before entering a house.

1．discussed　2．asked　3．spoken　4．talked

(14)　A：Kevin, tell me about it again. What you said doesn't make (　　).

B：All right. I'll explain it once more.

1．sense　2．point　3．meaning　4．understanding

(15)　Shohei practiced very hard to win the game. You should follow his (　　). You're not trying hard enough.

1．imitation　2．figure　3．copy　4．example

(16)　A：I'd like to get some information about your new products.

B：Thank you for your interest. We'll send you the (　　) catalog immediately.

1．quickest　2．fastest　3．earliest　4．latest

(17)　I'll never forget (　　) New Zealand last summer. I had a lot of great experiences there.

1．visit　2．visiting　3．to visit　4．to visiting

(18)　Lack of sleep is not good for you when you are not feeling well. So you (　　) stay up late.

1．had better not　　2．had not better

3．haven't better　　4．didn't have better

(19)　I'm looking for some books on science to use for my homework but the books (　　) are not in the library.

1．that needed it　　2．which I need it

3．are needed regularly　　4．I need

(20) Ken told me he was going to take an English exam, but he didn't know how ( ) because he did not look into it beforehand.

1. far was the exam　2. many was the exam

3. long the exam was　4. the exam was best

(21) A : Good morning, Ken. Your coffee is ready.

B : Thank you, Nancy... Umm, it tastes a little strange. Did you ( ) salt or something to my coffee?

1. get　2. add　3. make　4. pass

(22) Kelly likes old things in Japan. She never ( ) to visit Kyoto and see old temples there while she is in Japan.

1. fails　2. comes　3. spares　4. prevents

(23) Paul moved to a new apartment last month. Though the ( ) between the office and his home is longer than before, he is quite satisfied with the new environment.

1. direction　2. distance　3. destination　4. departure

(24) "Every effort should be made to help any ( )." Susan says this all the time, so she is respected by everyone in the hospital.

1. patient　2. crime　3. soil　4. victor

(25) We thought the meeting was a waste of time because people in management positions went talking ( ) about some nonsense.

1. out of order　2. under development

3. for free　4. on and on

(26) After Moe graduated from a university in Tokyo, she returned back to her hometown and became an announcer of the ( ) TV station.

1. ancient　2. spicy　3. nervous　4. local

(27) Having foods made from soybeans, such as natto, tofu, or soy milk, is ( ) to be good for our health.

1. said　2. asked　3. called　4. told

(28) Yusuke likes to climb mountains on holidays. He usually has a large breakfast to get enough ( ) before climbing.

1. imagination　2. energy　3. adventure　4. knowledge

(29) A : How are your presentation slides going?

B : I've made five slides ( ),and I should finish a few more slides in an hour.

1. by the way　2. on average　3. in brief　4. so far

(30) Some like to enjoy movies on streaming video subscription services at home, and ( ) prefer to go out to the movie theaters.

1. other　2. another　3. others　4. the other

問題3 次の(31)から(35)までの(　　)に入る最も適切なものを1～4の中から1つ選び，その番号をマークしなさい。

(31) A：What happened to you yesterday? I didn't see you at the meeting.
B：Actually, I had to take care of my kids.
A：Wasn't your wife at home yesterday evening?
B：(　　)
1．Yes, she attended that meeting instead of me.
2．Yes, she needed to visit her parents.
3．No, she had to work late suddenly.
4．No, she took a bath with our children.

(32) A：Do these shoes look good on me?
B：Yes, they look good, but are they tight on you? (　　)
A：Umm..., but I really like the design.
B：Moreover, it may damage your feet.
1．What do they look like?
2．Why don't you get their shoes?
3．I'm going to buy the one online.
4．If they don't fit, you shouldn't wear them.

(33) A：Hello. This is Tom Smith.I'd like to speak with Ken Jones.
B：I'm sorry, but he's not here yet. May I take a message?
A：(　　) I'll call again then.
B：Probably, he'll be here around 11 a.m.
1．Yes. I'd like to leave a message.
2．Well, could you tell me when he'll be at work?
3．OK, hold on a minute, please.
4．Umm, how can I help you?

(34) A：Excuse me, I'd like to buy some beef. Do you sell these by the pound?
B：Yes. They're ten dollars per pound.
A：Well, I'd like one and a half pounds of beef, please.
B：(　　)
1．So, you have to pay 5 dollars for it.
2．It's 15 dollars. Please pay at the cash register.
3．OK. What size are you looking for?
4．Don't mention it.

(35) A：Hey, Tessy. There's a festival being held at Yokohama Red Brick Warehouse.
B：Oh! (　　)
A：It's the Taiwan Night Market Festival. I'm a big fan of Taiwanese food.
B：Whoa! I've wanted to travel to Taiwan for a long time. Let's go!!
1．What kind of festival is it?

2．What's your favorite food?

3．How far is it from here?

4．When will the festival begin?

問題4　次の英文〔A〕，〔B〕を読み，その文意にそって(36)から(40)までの(　　)に入る最も適切なものを1～4の中から1つ選び，その番号をマークしなさい。

〔A〕

Priority Seat

One day a young man got on the train to go to university. He found a seat in the Priority Seats and started using his smartphone there. At a next station a pregnant lady who was holding her big stomach got on the train. She looked around the car and glanced at him, but he did not give up his seat to her even though (36). She ended up standing near the door next to him. Suddenly, an old woman sitting next to him stood up and offered her seat to the pregnant lady. The young lady thanked her with a big smile and sat next to him. The man now felt really (37) that he did not have courage to stand up and give his seat. He decided he would give his seat to people who need it.

(36)　1．he tried to sleep　　2．he pretended he did not notice her

3．he kept looking at his smartphone　　4．he knew he should

(37)　1．lucky and proud　　2．ashamed and regretted

3．sorry but right　　4．uncomfortable but happy

〔B〕

Full Moon

If you have trouble sleeping, it could be because of a full moon. Scientists say there is a link between the Moon's cycle and sleeping patterns. They say that on nights when there is a full moon, people could (38). The reason for this could be the Moon's brightness. When there is a full moon, the extra brightness in the night sky could make sleeping more difficult. The scientists said moonlight is "so bright to the human eye" that even if there is no other light, moonlight could have a role in (39) at night.

The scientists did a study of the sleep patterns of over 500 people. Each person had a special wristband to track their sleep. The study included 98 people from a rural village that had no access to electricity or other light sources. Scientists compared their sleep patterns to 464 people living in a U.S. city, which had lots of light pollution. The scientists said people in the rural village and in the big city got less sleep on the nights before the full moon. The artificial light in cities does not seem to (40). The scientists said: "Human sleep is linked with lunar phases."

(38)　1．get a good night sleep

2．not wake up easily

3．have more problems sleeping

4．be easy to fall into a deep sleep

(39)　1．helping us sleep deeply
　　　2．reading in the middle of the night
　　　3．changing our sleep patterns
　　　4．giving us a peaceful sleep

(40)　1．affect sleeping patterns
　　　2．cause the light pollution
　　　3．influence the brightness of the moon
　　　4．change the way we spend our nights

問題５　次の英文〔A〕，〔B〕の内容に関して，(41)から(45)までの質問に対して最も適切なもの，または文を完成させるのに最も適切なものを１～４の中から１つ選び，その番号をマークしなさい。

〔A〕

From：Kevin Loft < k-loft@hiyoshi.industry.com >
To：James Wilson < j-Wilson@hiyoshi.industry.com >
　　Michael Brown < m-brown@hiyoshi.industry.com >
Date：June 21
Subject：Request

Hello. This is Kevin from customer support. I recently got an email about some product problems. A lot of the emails had a lot in common in that they concerned the battery life of our phones. I thought that you guys would most likely have the best idea on how to solve this issue. Sadly, I have no technological knowledge to explain in my response emails. Nor, do I know how long it would take for us to fix the issue.

If we cannot solve this issue, it has potential problems for our company but I am sure we can do it with your technological support and knowledge. Thanks to you, we are always confident no matter how big a problem may seem. As you research into this problem, I would also like to have a price for fixing all of the devices with the problem.

There are a couple of more things. The battery life seems to only be a problem with the models that were made this year. Last year customers did not have any problems on battery issues. Another is that the battery life seems to be fine for the first month but dies out suddenly after that first month. Thank you for your hard work and efforts and I look forward to putting the smiles back on our customer faces again!

Regards,
Kevin Loft
Customer Support

(41) What does Kevin want to do?

1. Get money for repairing the phones' batteries with the problem.
2. Have confidence that their company can get over the problem.
3. Know how big the problem may seem with the battery issues.
4. Make good progress in technological knowledge to explain issues.

(42) Which batteries are causing the problem?

1. The batteries made this year and used for less than a month.
2. The batteries made this year and used for more than a month.
3. The batteries made last year and used for less than a month.
4. The batteries made last year and used for more than a month.

〔B〕

Tea

The history of tea began in ancient China over 5,000 years ago.

Tea was introduced to Japan by Buddhist priests who had studied in China. It was already known in the Heian period, but was so precious that only the emperor and a few wealthy people could enjoy it. In those days, tea was prized as a medicine. In the Kamakura period, a priest named Yeisai wrote a book about tea and it became very famous. Therefore, he became known as the "Father of Tea" in Japan. It soon became popular not only in the imperial court, but all over the country and in all sections of Japanese society.

In time, the Japanese Tea Ceremony developed. Lafcadio Hearn, or Koizumi Yakumo as he was also known, said that the tea ceremony is an art that requires years of training and practice, yet the whole of this art is no more than the making and serving of a cup of tea. He said the most important matter is that the act be performed in the most perfect, most polite, most graceful, most charming manner possible.

Tea arrived in Europe when the Portuguese began trading with China. At first it was very expensive, but as imports and sales expanded, the price fell and by the late 17th century, it was available in most shops. Tea became wildly popular in Britain by the early 18th century and many social and cultural developments followed. These include tea gardens, afternoon tea, tea services, and special tea foods such as thin sandwiches, toasted breads with jam, and pastries. At the time there were many "coffee houses" in Britain. They were called coffee houses because coffee arrived in Britain before tea, but before long they were mainly serving tea. They were also known as "Penny Universities" because for a penny, any man could get a pot of tea, a copy of the newspaper and engage in intelligent conversation.

(注) Buddhist priests：仏教の僧侶　imperial court：朝廷　penny：ペニー（イギリスの貨幣単位）　engage：参加する

(43) How did tea spread in Japan in the Kamakura period?

1. Yeisai invented tea in China, and it was introduced into Japanese culture.
2. Tea was already enjoyed by many Buddhist priests and rich people.
3. Tea started to be used as a medicine.
4. Tea became widely popular around the country.

(44) What did Lafcadio Hearn say we should do in Japanese Tea Ceremony?

1. We should try to make delicious tea with precious tea leaves from China.
2. We should train and practice hard to serve tea with the best way of acting.
3. We should be friendly and talk politely to the guests in order to welcome them.
4. We should show the guests some great works of art while they are having tea.

(45) In Britain in the 18th century,

1. British people developed their own tea culture, such as afternoon tea and "Penny Universities."
2. people could not order any tea and special tea foods at "coffee houses" because tea was not as cheap as coffee.
3. the Portuguese started to import more tea from China but British people couldn't afford to buy it.
4. many men went to universities to learn how to make good tea or to write articles for newspapers.

分についての説明として適当なものを次の中から一つ選び、その番号を答えなさい。

1　一文であってもそれを稼ぐということは大変なことであり、どんなに少額でも、商売の機会を大切にしなければならない

2　一文ずつ稼ぐことが商売にとっては大事なことであり、高額の取引に関わってしまうと大変な苦労をすることがある

3　一文の稼ぎを積み重ねていくことが商売にとっては大事なことであり、価値のないものでも工夫して売っていくべきだ

4　一文を稼ぎ出すためには、自分には必要のない小石や貝殻を売っている相手でも、丁重にもてなさなければならない

問47　——線部分⑨「断りを申して」とありますが、これはどんなことを表していますか。次の中から一つ選び、その番号を答えなさい。

1　胡椒を買いに来た人に胡椒以外の商品の販売を断っている

2　会のために集まった者に開催を断念したことを伝えている

3　胡椒を買いに来た人に会の途中だということを告げている

4　客対応のために会の参加者に席を外す承諾を取り付けている

問48　——線部分⑩「ほめ給ふとなり」とありますが、宗祇はどんな事をほめたのですか。適当なものを次の中から一つ選び、その番号を答えなさい。

1　木薬屋のあるじが歌会の途中でもしっかりと客に対応したこと

2　木薬屋のあるじが仕事中でも連歌のことを忘れないでいること

3　木薬屋のあるじが木薬店の業務をしながら歌会を開催したこと

4　木薬屋のあるじが胡椒を買いに来た客に優れた歌を聞かせたこと

問49　——線部分⑪「これを聞き覚えてまねなば、あしかるまじ」とありますが、これはどんなことを伝えていますか。次の中から一つ選び、その番号を答えなさい。

1　これを聞き覚えてまねないから、最悪の結果になるのだ

2　これを聞き覚えてまねたから、商売を続けられるのだ

3　これを聞き覚えてまねない者は、何度も過ちを繰り返す

4　これを聞き覚えてまねたならば、悪いことはあるまい

問50　次の中から本文の内容と合致するものを一つ選び、その番号を答えなさい。

1　貧しい木薬屋のあるじは、どんな客に対しても誠実な対応を心がけていたので、一代で店を大きくすることができた

2　夜更けの来客に対応せず空寝を決め込んだ下男に対して、樋口屋の亭主が、銭一文の商売でも大切であることを教えた

3　少量の買い物客を相手にしなかったために客の怒りを買ってしまった下男に、銭一文を得ることの大切さを理解させた

4　樋口屋の亭主が歌会を中座して丁寧な客対応をした自分の経験を下男に話すことで、下男の心を入れ替えさせることに成功した

問51　この作品と同じ時代に成立した作品を一つ選び、その番号を答えなさい。

1　風姿花伝　　2　土佐日記

3　おくのほそ道　　4　平家物語

（注6）連歌師＝連歌とは二人以上の人が、和歌の、上の句と下の句とを互いによみ合って、続けて行く形式の歌。連歌師は連歌の専門作者。
（注7）宗祇法師＝室町時代の連歌師。
（注8）ましまし＝おいでになって。
（注9）木薬屋＝薬材を売る店。
（注10）好ける人＝連歌を好む人。
（注11）興行せられしに＝連歌の会を催したときに。
（注12）句前の時＝自分が句を詠む順番を迎えたとき。
（注13）一両懸けて＝秤《はかり》で一両の重さを量って。一両は約十五グラム。
（注14）我＝樋口屋の亭主のこと。
（注15）分限＝身のほど。
（注16）内証の手廻し＝家計のやりくり。

問39 ――線部分①「幽に聞こえける」とありますが、これを単語に分けたものとして適当なものを一つ選び、その番号を答えなさい。

1　幽に／聞こえ／ける　　2　幽／に／聞こえ／け／る
3　幽／に／聞／こえ／ける　　4　幽に／聞こ／えける

問40 ――線部分②「何程がの」とありますが、ここではどんなことを尋ねていますか。次の中から適当なものを一つ選び、その番号を答えなさい。

1　なぜご入り用なのですか　　2　いつごろご入り用ですか
3　いかほどご入り用ですか　　4　誰がご入り用なのですか

問41 ――線部分③「返事もせねば」とありますが、この部分の現代語訳として適当なものを一つ選び、その番号を答えなさい。

1　返事もままならずに　　2　返事もしないので
3　返事も待たないで　　4　返事も聞こえずに

問42 ――線部分④「ぜひなく帰りぬ」とありますが、この部分の現代語訳として適当なものを一つ選び、その番号を答えなさい。

1　なかなか帰らなかった
2　怒って帰らせてしまった
3　手に入れて帰っていった
4　しかたなく帰ってしまった

問43 ――線部分⑤「やうやう」とありますが、ここでの意味として適当なものを一つ選び、その番号を答えなさい。

1　のんびりと　　2　ようやく
3　かるがると　　4　あちこちに

問44 ――線部分⑥「言ふ」とありますが、この語の主語は誰ですか。次の中から適当なものを一つ選び、その番号を答えなさい。

1　酢を買ひにくる人　　2　下男
3　亭主　　4　宗祇法師

問45 ――線部分⑦「それ程」とありますが、これはどんなことを指していますか。次の中から適当なものを一つ選び、その番号を答えなさい。

1　客の要望どおりの深い穴を、早朝から夜中まで掘り続けたこと
2　銭は埋まっていないと知り不愉快な思いをして穴を掘ったこと
3　汗水を流すような思いをして固い地面に三尺の穴を掘ったこと
4　土に埋まったたくさんの小石や貝殻の中から銭を探し出すこと

問46 ――線部分⑧「一文商も大事にすべし」とありますが、この部

問38　――線部分⑨「だから、僕も頑張らなくちゃなりません。」とありますが、ここから読み取れる廉太郎の心情として適当なものを一つ選び、その番号を答えなさい。

1　幸の留学により、目標を失ったことによる喪失感で意気消沈してしまっている自身を自覚したうえで、周囲には心配をかけないよう、敢《あ》えて前向きに振る舞うことを強く決意している

2　今までは高い壁であった幸が課題を克服した上で留学し日本を去って行くが、自分には伸びしろがないと感じている廉太郎は官吏への道を含めて将来を考えていこうと決意している

3　幸のおかげで成長できたという自分を再認識しつつ、この演奏で音楽への情熱を取り戻した幸から刺激を受けたことで、自分自身の課題も乗り越えていかなければならないと決意している

4　幸のおかげで成長できたという自分を再認識しつつ、この演奏でお互いにすべての課題を克服したという自信をもって、自分自身も留学生に選ばれるよう練習しようと決意している

四

次の文章を読んで、後の問いに答えなさい。

ある時、夜更《ふ》けて樋口屋《ひのくちや》の門をたたきて、酢を買ひにくる人あり。中戸（注1）を奥へは①幽《かすか》に聞こえける。下男《げなん》（注2）目を覚まし、②「何程《なにほど》がの」と言ふ。「むつかしながら（注3）一文《もん》（注4）がの」と言ふ。空寝入《そらねいり》して、その後《のち》③返事もせねば、④ぜひなく帰りぬ。夜明けて、亭主は彼《か》の男よび付けて、何の用もなきに、「門口三尺（注5）掘れ」と言ふ。御意に任せ、久三郎、諸肌《もろはだ》ぬぎて鍬《くわ》をとり、堅地《かたぢ》に気をつくし、身汗水なして、⑤やうやう掘りける。その深さ三尺といふ時、「銭が有るはづ、いまだ出ぬか」⑥と言ふ。「小石・貝殻より外《ほか》に何も見えませぬ」と申す。「⑦それ程にしても銭が一文ない事、よく心得て、かさねては⑧一文商《あきなひ》も大事にすべし。昔、連歌師（注6）の宗祇《そうぎ》法師（注7）のこの所にましまし（注8）、歌道のはやりし時、貧しき木薬屋《きぐすりや》（注9）に好ける人（注10）有りて、各々《おのおの》を招き、二階座敷にて興行せられしに（注11）、そのあるじの句前の時（注12）、胡椒《こせう》を買ひにくる人有り。座中に⑨断りを申して、一両懸《か》けて（注13）三文請《う》け取り、心静かに一句を思案して付けるを、『さりとはやさしき心ざし』と、宗祇殊の外に⑩ほめ給《たま》ふとなり。人はみな、このごとくの勤め誠ぞかし。我（注14）そもそもは少しの物にて、一代にかく分限（注15）に成る事、内証の手廻《てまわ》し（注16）ひとつなり。⑪これを聞き覚えてまねなば、あしかるまじ。」

――井原西鶴《いはらさいかく》『日本永代蔵』による――

（注1）中戸＝店と居住する部屋とを区切る戸。
（注2）下男＝樋口屋で雑用などをするために雇われている久三郎という男。
（注3）むつかしながら＝ご迷惑でしょうが。
（注4）文＝貨幣の単位。一文は約二十四円に相当する。
（注5）三尺＝およそ九十センチメートル。

問34　――線部分⑤「舌を巻く」とありますが、どんなことを表していますか。次の中から適当なものを一つ選び、その番号を答えなさい。

1　ピアノの性能のせいで本来の実力が出せない自分への憤怒《ふんぬ》

2　素晴らしい演奏をしても目の輝きが戻らない幸に対する落胆

3　体に染みついた動きだけで自分を凌《しの》ぐ演奏をする幸への驚愕《きょうがく》

4　心が入っていなくても演奏に変化を見せる才能に対する緊張

問35　――線部分⑥「戸惑っていた」とありますが、それはなぜですか。次の中から適当なものを一つ選び、その番号を答えなさい。

1　持ち主の気持ちが反映されたピアノというだけで、天才ともいえる幸の演奏技術に見合った音で演奏することができているから

2　幸をはげますためだけの気楽に始めた演奏で、意外にも自分では無理だと思い込んでいた完璧な演奏をすることができているから

3　幸への妬みを抱えながら演奏していく中で、ピアノでは表現できないと思っていた音の変化を自分自身で可能にしているから

4　本来の自分を取り戻した幸の、研ぎ澄まされたバイオリンの音色が加わることで、均質化されたピアノの音色に変化したから

問36　――線部分⑦「足取りははるかに軽かった」とありますが、それはなぜだと考えられますか。次の中から一つ選び、その番号を答えなさい。

1　世間の反応を気にするあまり本来の自分を見失っていたが、演奏中にすべての課題を克服した廉太郎との演奏を通じて、音楽への情熱と向上心を改めて持つことができたから

2　世間の反応に対して持ち前の演奏技術で対抗していたが、向上心を持ち続けている廉太郎との演奏を通じて、技術だけではどうにもならないことがあると改めて認識したから

3　世間の反応に対して持ち前の演奏技術で対抗していたが、演奏の中ですべての課題を克服した廉太郎との演奏を通じて、自分のなかにある音楽への情熱を改めて感じたから

4　世間の反応にとらわれ、本来の自分を見失っていたが、ひたむきな廉太郎との演奏を通じ、音楽の持つ純粋さとそれに真摯《しんし》に取り組もうとする自分の気持ちを再確認したから

問37　――線部分⑧「後ろ姿を見送っている延」とありますが、その延の心情として適当なものを一つ選び、その番号を答えなさい。

1　素直でない言い方のお礼だけを言って去って行く姿にあきれつつも、廉太郎との演奏により、バイオリンへの情熱を取り戻すことができた妹の姿を喜ばしく思っている

2　一方的に自分の言いたいことだけを言って去って行こうとする姿にあきれつつも、廉太郎との演奏によって、妹が留学の中止を撤回したことに安堵《あんど》をしている

3　自分の言いたいことだけを言って去って行く姿にあきれつつも、廉太郎との演奏を通して、急激に技術を向上させることができた妹の姿に驚嘆している

4　世間や廉太郎に対する不満をぶつけるだけで去って行こうとする姿にあきれつつも、音楽への情熱を取り戻すことができた妹の姿を喜ばしく思っている

1　平和をイジする　2　専門業者にイライする
3　出来事のケイイを話す　4　興味ホンイで始める

問28　――線部分C「おいそれと」の意味として適当なものを一つ選び、その番号を答えなさい。
1　丁寧に　2　まったく
3　絶対に　4　簡単に

問29　――線部分D「ばつ悪げに」とありますが、「ばつが悪い」の意味として適当なものを一つ選び、その番号を答えなさい。
1　平然とする　2　言葉につまる
3　居心地が悪い　4　思いがけず

問30　――線部分①「幸の顔が凍った」とありますが、この時の幸の反応から読み取れる心情として適当なものを、次の中から一つ選び、その番号を答えなさい。
1　また辛い評価をされてしまうのではないかという恐怖を感じつつバイオリンへの情熱を取り戻せるかもしれないと期待をしている
2　以前に廉太郎と演奏したことがある曲なので、自分の成長を見るためには絶好の曲だと感じ、廉太郎への対抗心を燃やしている
3　以前に廉太郎と演奏したときは自分がリードしたが、バイオリンへの熱意を失った今、知らない曲を弾くことにためらいがある
4　バイオリンへの熱意を持てずにいる今、ケーベルから厳しい評価を受けた曲の名前が出たことに衝撃を受け、不安を感じている

問31　――線部分②「戦うのではなく」とありますが、これはどのようなことですか。次の中から一つ選び、その番号を答えなさい。
1　技術の優劣を競うために二人で演奏するのではないということ
2　自分の演奏技術であれば幸には負けるはずがないということ
3　世間から受ける批判に対抗するための練習ではないということ
4　聴衆を相手にした職業的な演奏をするのではないということ

問32　――線部分③「□角□面」の空所に共通して入るものとして適当なものを次の中から一つ選び、その番号を答えなさい。
1　一　2　四　3　六　4　十

問33　――線部分④「変化」とありますが、ここでの変化として適当なものを一つ選び、その番号を答えなさい。
1　はじめは廉太郎も幸も音楽への情熱を失い、精彩を欠いた演奏であったが、次第にバイオリンへの情熱を取り戻した幸が、体に染みついた天才的な演奏を取り戻しつつある
2　はじめは廉太郎の知っている幸の演奏と比べて精彩を欠いていたが、次第に演奏への熱が入ってきた幸が、気持ちとは別に体に染みついた天才的な演奏を取り戻しつつある
3　はじめは廉太郎の演奏のもどかしさに幸は息を合わせられずにいたが、いつもの廉太郎の演奏を取り戻すことで、次第に幸も天才的な演奏を取り戻し、息を合わせつつある
4　はじめは廉太郎よりも劣る演奏をしていたが、廉太郎の完璧《かんぺき》ともいえる演奏に引っ張られ、次第に体に染みついた動きを思い出すことで、天才的な演奏を取り戻しつつある

慌てて言葉を否《いな》んだものの、どこかほっとしている廉太郎もいた。口ぶりが、いつもの幸に戻っていることに気づいた。

そんな幸は、Dばつ悪げに自分の視線を足元に落とした。

「わたしの留学を祝いに来たっていうのは本当みたいね。あなたのお祝い、確かに受け取った。あなたを見ていると、深く考えるのが馬鹿《ばか》馬鹿《ばか》しくなるわ。あなたは自分が伸び続けるんだって頭から信じているんだもの。口ではいろいろ言ってても」

そうだろうか。今も壁にぶつかって悩んでいる。実際、先の演奏だって音色が変化しただけで、右手が弱いという問題はまるで解決していない。

「あなたって屈託がないのよね。だから近くにいると腹立たしくもなるけど、今日だけはありがたかったわ。世間がどんなに汚くったって、音の鳴り響く場だけはこんなにも純粋なんだって信じられる」

そこまで一息に言い切ると、幸は手早くバイオリンをしまい、部屋から出ていってしまった。入ってきた時よりも⑦足取りははるかに軽かった。⑧その後ろ姿を見送っている延は呆《あき》れているようだったが、その顔に、穏やかな笑みが混じっているのを廉太郎は見逃さなかった。

「どうやら、妹は一つ皮が剥《む》けたらしい。礼を言う」

「いえ、僕こそです。僕がここまでやってこられたのは、幸さんのおかげですから」

予科（注5）の時、もし幸の演奏を耳にしていなければ、もしかしたら今頃《いまごろ》官吏（注6）の道に進んでいたかもしれない。入学してからも、ことあるごとに幸が廉太郎の前に立ちはだかる壁であり続けてくれた。そのおかげで成長できたという思いがある。

「そうか。ありがたいことだ」

⑨「だから、僕も頑張らなくちゃなりません」

——谷津矢車『廉太郎ノオト』による——

（注1）ケーベル＝廉太郎のピアノの先生。以前にケーベルの指示で、廉太郎と幸は同じ曲をピアノとバイオリンで演奏している。廉太郎は終始幸の凄《すご》みに追われるような演奏であった。その時ケーベルは二人の演奏を「口喧嘩《くちげんか》」と評し、幸には「たぶん、今日はこれ以上レッスンをしても意味がない」と言った。幸は泣き出しそうな顔でその場を去って行ったという事があった。幸は普段から見下している廉太郎がケーベルに師事していることに不満を感じている。

（注2）アップライトピアノ＝直立した共鳴箱の中に弦を縦に張ったピアノ。竪型《たてがた》ピアノ。ここで出てくるピアノは幸田延のもの。

（注3）ふいご＝火力を強くするための送風装置。

（注4）揺蕩って＝ゆらゆらと揺れ動いて定まらずに。

（注5）予科＝学校で本科にはいるための予備の課程。廉太郎は一年間予科に通い、その時に幸の演奏を偶然聴いた。

（注6）官吏＝役人。

問26 ——線部分A「センリツ」のカタカナと同じ漢字を用いているものを、次の中から一つ選び、その番号を答えなさい。

1 センサイな作業をする　2 工場排水にオセンされる

3 センメイに思い出す　4 センプウを巻き起こす

問27 ——線部分B「イゼン」のカタカナと同じ漢字を用いているものを、次の中から一つ選び、その番号を答えなさい。

は連打に向かないんでしょう？ あの曲は連打が多いんじゃ」

「大丈夫です。②戦うのではなく、語らうだけならば」

廉太郎は息をつき、幸と息を合わせることなく、第一音を奏《かな》で始めた。持ち主の性格を反映してか③□角□面で硬質な音質を持つこの家のピアノだが、音がわずかに柔らかく、固い打鍵感《だけんかん》も和らいでいる。まるで、持ち主の心配を汲《く》んで、この日ばかりは手を緩めているかのようだった。

慌てて幸が続く形で曲が始まった。

幸のバイオリンは精彩を欠いていた。いつもの思い切りがなく、萎《しお》れてしまっている。

廉太郎はピアノで幸を先導する。グランドピアノよりもわずかに遅い鍵盤の戻りがもどかしい。だが、納得できるだけの演奏にはなっている。もっとも、右手のAセンリツは未《いま》だにわずかに弱い。

心中でため息をつきながらも廉太郎が曲全体を引っ張ってゆくと、次第に幸の演奏にも④変化が訪れ始めた。ふいご(注3)で空気を送ってやったかのように熱が上がった。周囲のものをちりちりと焼くほどの熱気に思わず振り返ると、幸の目はBイゼンとして輝かないものの、完成した立ち姿、まるで精巧なからくり人形のように体に染みついた動作を繰り返している。それはあたかも、廉太郎の放つ音に無意識に反応しているようだった。

廉太郎は⑤舌を巻く。こちらはアップライトピアノとはいえ、心の入らない演奏で廉太郎を凌《しの》ぐ腕を見せている。

天才、の二文字が頭を掠《かす》める。これまでCおいそれと使ってこなかった言葉だが、幸になら使ってもいいか、という気にもなる。

ずるい。思わず口をついて出た。

幸に対する妬《ねた》みが、指先に宿って激流となる。

廉太郎のピアノが音色を変えた。今の今までよりも音の一つ一つがよりシャープに、そして清涼なものへと変わった。その変化に誰よりも⑥戸惑っていたのは廉太郎だった。ピアノは均質な音を発するための楽器だ。音色まで変化することはありえない。

戸惑っているうちに、曲の底流に揺蕩《たゆた》って(注4)いた幸の演奏にも力が戻ってきた。思わず振り返ると、幸の目に、先ほどまでは曇っていて窺《うかが》うことのできなかったはずの光が戻ってきた。顔はわずかに上気している。

先ほどまでとは比べ物にならぬほどに研ぎ澄まされたバイオリンの音色が曲を底上げする。これこそが本来の幸田幸だ。共に曲を形作る仲間すらも追い立て、焼き尽くす。

廉太郎は高鳴る心音と共に鍵盤を必死で叩《たた》いた。もはや何かを考えている暇はなかった。あらん限りの技術を用いて曲を追いかけ、次々にやってくる幸のバイオリンの暴風に耐えた。

長いようで短い旅の末、最後の一音に至った時には、廉太郎は疲労《ひろう》困憊《こんぱい》の中にあった。二の腕が痛みを発し、指も攣《つ》りかけている。

振り返ると、ぎらぎらと目を輝かせた幸がそこに立っていた。

バイオリンを肩から降ろした幸が廉太郎に話しかけてきた。

「あなた、この演奏の途中で腕を上げたんじゃない？」

「かも、しれません」

「嫌味《いやみ》な人だわ。自分の伸びしろを見せつけるなんて」

「いや、そんなつもりは」

里への賛美が、[2]の短歌では、母の死への悲しみが主題となる。[2]の短歌では、燕ののどの赤と羽根の黒による色彩の対比が鮮やかである。

3 [1]・[2]の短歌は、いずれも一切の形容詞を用いず、事実のみを写生し、ともに母の死への悲しみが主題となる。[1]の短歌は、「天に」という言葉で母の臨終を示し、作者の内面の悲しみがうかがえる。

4 [1]・[2]の短歌は、写生の枠を超えつつも、心情を表す言葉を一切使わずに作者の内面が感受できるよう詠い、ともに母の死への悲しみが主題となる。1の短歌は、俳句における蛙の扱い方を踏まえる。

問25 本文の内容と合致するものを次の中から一つ選び、その番号を答えなさい。

1 「ヤバイ」という一語で様々なニュアンスを伝えることができるのは便利な面もあり、その一般化が心配されているので、「ヤバイ」とは対照的な短歌の世界から本来の姿を学ぶ必要がある

2 「ヤバイ」だけでなく、短歌にも使われがちな感情を表す形容詞なども出来合いの言葉であり、そのような便利で効率がいい言葉ばかりを使用せずに、自分の言葉によって人に伝えるべきである

3 さまざまなニュアンスを含む「ヤバイ」と、短歌における「悲し」「寂し」は、複数のニュアンスを表現する語として共通しており、自分の思いを伝えるためそれらを正しくつかうべきである

4 場面に応じた言葉を使うために、便利で効率がいい「ヤバイ」という言葉を使用するのではなく、自己の抱く特有の心情の表現にすぐれた、短歌の表現に見られる形容詞をつかうべきである

三

次の文章を読んで、後の問いに答えなさい。

明治三十二年、主人公の瀧《たき》廉《れん》太郎《たろう》は国立の東京音楽学校の学生でピアノを専攻しているが、右手で弾く音が弱いことを先生に指摘されている。バイオリンを専攻する幸田幸《こうだこう》は国費留学生に選ばれたが、東京音楽学校教授である姉の幸田延《こうだのぶ》の影響で選ばれたのではないかと一部の新聞に書かれてしまった。廉太郎が幸にお祝いを言うために幸の自宅に来たが、幸は目の輝きを失ってしまっていた。廉太郎は幸と演奏することを願い出る。

手早くバイオリンをケースから取り上げた幸は、光の戻らない目でピアノの前に座る廉太郎に一瞥《いちべつ》をくれる。

「何をやるの」

「モーツァルト『ピアノとバイオリンのためのソナタＫＶ３８０』」

廉太郎が口にしたその時、①幸の顔が凍った。

因縁の曲だ。ケーベル(注1)に弾いてみるようにと言われ、二人で思い切り斬《き》り合った。あの時は幸に勝ちを譲る形になってしまったが、ケーベルの評はむしろ幸に対して辛かった。

「いいの?」怯《おび》えたような声で幸が言う。「アップライトピアノ(注2)

いと思ったのかが一向に伝わってこない」とありますが、このようなことが起きる理由を筆者はどのように考えていますか。その説明として適当なものを次の中から一つ選び、その番号を答えなさい。

1　限定されたニュアンスを表す「悲しい」などという形容詞は、一般的な形容詞とは異なり、特殊な感情の表現にしか適応しないために読み手が抱く感情とは合致せず、共感を得られないから

2　さまざまな状態や感情を表す「悲しい」などという形容詞は、一般的であり、最大公約数的な感情や状態の表現にしか過ぎず、それぞれの場面に応じた特殊な感情を表すことができないから

3　さまざまに多用される「悲しい」などの形容詞は、多用されたがゆえに新鮮味を失い、一種の出来合いの符牒とも化しており、それぞれの場面に応じた特殊な感情を表すことができないから

4　感情を表現する「悲しい」などの形容詞は、短歌では多くの場合に感動の中心を表す言葉となり、言いたいことを明確にしないという短詩型文学の本質から離れ、読み手の共感を得られないから

問22　――線部分⑥「不思議な精神作用」とありますが、どんなことを不思議だといっていますか。次の中から適当なものを一つ選び、その番号を答えなさい。

1　単純な事実がうたわれているだけだが、そのほうがかえって作者の深い内面の悲しみまでも感受することができるということ

2　単純な事実がうたわれているだけだが、そのほうがうたわれている場面状況を客観的にイメージすることができるということ

3　作者の心情を表す言葉はまったく使われていないが、そのほうが以前からも、この歌を知っていたかのような感情が湧《わ》くこと

4　作者の心情を表す言葉はまったく使われていないが、そのほうが読み手自身が自由にニュアンスを選択することができること

問23　――線部分⑦「赤彦の言う通り」とありますが、なにが「言う通り」なのですか。次の中から一つ選び、その番号を答えなさい。

1　単純な事実だけしか詠われていないと、様々な読み方ができてしまうので、正確な「悲しみ」が伝わらないということ

2　一般的な感情を表す形容詞を的確に使用していないので、作者の特殊な感情が上手《うま》く伝わる可能性が低いということ

3　一つでも形容詞を使って詠ったものは、作者の特殊な感情まで正確によみとることは不可能であるということ

4　一般的な感情を表す形容詞が入っていたならば、作者の特殊な感情までよみとることができなかったということ

問24　[1]・[2]の短歌の鑑賞文として適当なものを次の中から一つ選び、その番号を答えなさい。

1　[1]・[2]の短歌は、いずれも事実のみを写生し、ともに母の死に対する作者の悲しみが主題となる。特に[2]の短歌は、命ある「のど赤き玄鳥」と死にいく「母」を対比させることで、母の死を強調する。

2　[1]・[2]の短歌は、いずれも単純な事実を詠う。[1]の短歌は郷

4　二字が似た意味を持つもの

問16　[　　]部分には斎藤茂吉の代表的な詩集の名前が入ります。次の中から適当なものを一つ選び、その番号を答えなさい。

1　一握《いちあく》の砂　　2　赤光《しゃっこう》

3　みだれ髪　　4　山羊《やぎ》の歌

問17　――線部分①「ら抜き言葉」とありますが、次の中から、「ら抜き言葉」に該当しない、文法的に誤りのない可能動詞を一つ選び、その番号を答えなさい。

1　来れる　　2　着れる

3　乗れる　　4　捨てれる

問18　――線部分②「危惧」とありますが、筆者は「ヤバイ」のどんなことを危惧していますか。次の中から一つ選び、その番号を答えなさい。

1　ニュアンスの異なるさまざまな感覚や感情を、「ヤバイ」の一語だけで済ませてしまっていること

2　二十年間かけて一般化した「ら抜き言葉」よりも早い速度で「ヤバイ」が浸透してしまっていること

3　「ら抜き言葉」は一般的に受け入れられているが、「ヤバイ」は若者だけの言葉になっていること

4　さまざまなニュアンスを「ヤバイ」という言葉で代弁することで、「ヤバイ」が本来持つ意味を失うこと

問19　――線部分③「それが文化であり、民族の豊かさである」とありますが、これはどんなことを表していますか。次の中から一つ選び、その番号を答えなさい。

1　さまざまな感動を一語で簡潔に代弁できる語を生み出せるよう、短詩型文学の世界において表現の工夫を重ねていくこと

2　ある種の特殊な感情や感動がどのようなものであるかを正確に分析をし、それを従来ある言葉に意味として添加すること

3　ある感情や状態を表すために、世代を超えて、表現の工夫を重ねながら、さまざまな語彙を用意できるように努めること

4　時代の変化とともに感情や感動を表す語も変化していくということを理解し、語彙創出のための表現の工夫に努めること

問20　――線部分④「「ヤバイ」とそんなに違ったものではない」とありますが、どのような点が共通していますか。適当なものを次の中から一つ選び、その番号を答えなさい。

1　それぞれの場面に応じた「特殊」な感情や状態を表すために、一般的な言葉の中から細分化されて、語彙として生まれ出ている点

2　自分の考えやその時の感情を的確に伝えるため、できるだけ細かいニュアンスの表現に限定され、その正確性が求められている点

3　言葉の便利さや効率のよさを追求した結果、本来の意味の周辺にある様々なニュアンスを一語にできるだけ多く含ませたという点

4　独自の表現というわけではなく、一般化され、誰にでも通用し、理解もされる一種の出来合いの符牒のような側面を含んでいる点

問21　――線部分⑤「これでは作者が「どのように」悲しい、うれし

上げると喉《のど》の赤い燕《つばめ》が二羽、梁《はり》に留《と》まっていた。ただそれだけである。

ここには「悲しい」とか「寂しい」とか、そのような茂吉の心情を表わす言葉は何一つ使われていないことに注意して欲しい。にもかかわらず、私たちはそのような形容詞で表わされる以上の、茂吉の深い内面の悲しみを感受することができる。考えてみれば⑥不思議な精神作用である。文章の上では何も言われていない作者の感情を、読者はほとんど何の無理もなく感受することができているのである。

もしこれらの歌のなかに、茂吉の感情として「悲し」「寂し」などの形容詞が入っていたとするならば、一般的な感情としては理解できるが、それだけではけっしてその時の茂吉の悲しさ、寂しさを表現したものにはならないだろう。悲しい、寂しいという最大公約数的な感情の表現でしかないからである。⑦「決して甲の特殊な悲しみをも、乙の特殊な悲しみをも現しません」と赤彦の言う通りである。

短歌では、作者のもっとも言いたいことは敢《あ》えて言わないで、その言いたいことをこそ読者に感じ取ってもらう。単純化して言えば、短詩型文学の本質がここにあると私は思っている。

これはかなり高度な感情の伝達に関する例であるが、私たちは自分の思い、感じたこと、思想などを表現するのに、できるだけ〈出来あいの言葉〉を使わずに、自分の言葉によって、自分の思いを、人に伝える。この大切さをもう一度確認しておきたいものだと思う。

——永田和宏《ながたかずひろ》『知の体力』による——

（注1）すでに大野晋氏の言葉を紹介したように＝この問題文より前に、日本語の研究者である大野晋氏の著書『日本語練習帳』から、ひょっとしたら一生に一度しか使わないかもしれないけれど、それを覚悟で一つの語彙を自分のなかに溜め込んでおくことの重要性を述べた部分を引用している。

（注2）符牒＝しるし。記号。

（注3）玄鳥＝ツバメ。ツバメは人家の軒下に営巣《えいそう》して人々になじみやすかったので、春の象徴であったり、つがいで子育てをする姿から仲の良い夫婦の象徴とされている。

問13 ——線部A「ヒヤク」のカタカナと同じ漢字を用いているものを、次の中から一つ選び、その番号を答えなさい。

1 日本語のツウヤクが必要だ
2 ヤッキになって否定する
3 ヤッカイな事に巻き込まれた
4 ヤクソクは必ず守る

問14 ——線部C「サワがしい」のカタカナと同じ漢字を用いているものを、次の中から一つ選び、その番号を答えなさい。

1 雪山のソウナンに気をつける
2 ゾウゴンを浴びせる
3 ブッソウな事件が起きる
4 ゾウワイの容疑がかかる

問15 ——線部B「写生」とありますが、この二字熟語の構成を説明したものとして適当なものを次の中から一つ選び、その番号を答えなさい。

1 主語・述語の関係にあるもの
2 連体修飾・被修飾の関係にあるもの
3 下の字が対象や目的を示しているもの

かだ」「コクがある」「とろけるようだ」などなど、どのように「旨い」かを表わすために、私たちの先人はさまざまに表現を工夫してきた。③それが文化であり、民族の豊かさである。

いつも、もってまわった高級な表現を使えというのではまったくないが、必要に応じて、自分自身が持ったはずの〈感じ〉を自分自身の言葉で表現する、そんな機会は、人生において必ず訪れるはずである。そんなときのために、私たちは普段は使わなくともさまざまな語《ご》彙《い》を用意しているのである。語彙は自然に増えるものではなく、読書をはじめとするさまざまな経験のなかで培《つちか》われていくものである。すでに大野晋《おおのすすむ》氏の言葉を紹介したように(注1)、ひょっとしたら一生に一度しか使わないかもしれないけれど、それを覚悟で一つの語彙を自分のなかに溜《た》め込んでおくことが、生活の豊かさでもあるはずなのだ。すべてが「ヤバイ」という符牒《ふちょう》(注2)で済んでしまう世界は、便利で効率がいいかもしれないが、その便利さに慣れていってしまうことは、実はきわめて薄い文化的土壌のうえに種々の種を蒔《ま》くことに等しいのであるかもしれない。

「ヤバイ」は多くの形容詞の凝縮体であると考えることができる。「ヤバイ」一語で済ませるのではなく、それを自分の側からもっと細かいニュアンスを含めた表現によって深めたいという話をしてきた。

しかし、先にあげたさまざまの状態や感情を表わす言葉は、それでも一般的な、最大公約数的な意味を担《にな》った形容詞なのである。必ずしも、その人独自の表現というわけではなく、誰《だれ》にも通用する表現法であることからは、④「ヤバイ」とそんなに違ったものではないという反論も可能である。

話がAヒヤクするようだが、近代の歌人に島木赤彦《あかひこ》がいる。彼はアララギ派の歌人であり、アララギは「B写生」をその作歌理念に掲げていた。なぜ写生が必要なのか。赤彦は『歌道小見』という入門書の中で、「悲しいと言えば甲にも通じ乙にも通じます。しかし、決して甲の特殊な悲しみをも、乙の特殊な悲しみをも現しません。歌に写生の必要なのは、ここから生じて来ます」と述べる。

短歌は、自分がどのように感じたのかを表現する詩形式である。歌を作りはじめたばかりの人の歌には、悲しい、嬉《うれ》しいと形容詞で、自分の気持ちを表わそうとするものが圧倒的に多い。作者は「悲しい」と言うことで、自分の感情を表現できたように思うのであるが、⑤これでは作者が「どのように」悲しい、うれしいと思ったのかが一向に伝わってこない。赤彦の言う作者の「特殊な」悲しみが伝わることがない。形容詞も一種の出来合いの符牒なのである。

斎藤茂吉は島木赤彦と同時期に「アララギ」を率いた近代短歌の巨匠であるが、彼に、母の死を詠《よ》んだ一連がある。歌集『　　』中の「死にたまふ母」一連である。

1 死に近き母に添寝《そひね》のしんしんと遠田《とほだ》のかはづ天《てん》に聞《きこ》ゆる

2 のど赤き玄鳥《つばくらめ》(注3)ふたつ屋梁《はり》にゐて足乳根《たらちね》の母は死にたまふなり

誰もが知っている歌であろう。一首目は「死に近き母」をはるばる陸奥《みちのく》の実家に見舞い、添い寝をしている場面である。普段は気にもならない蛙《かえる》の声が天にも届くかと思われるほどに聞こえてくる。決してCサワがしい声ではなく、しんしんと天にも地にも沁《し》みいるような声である。一首が言っているのはそれだけのこと、まことに単純な事実だけを詠《うた》っている。二首目も、母がもう死のうとしている枕元、ふと見

1　漁夫の力強さと偉大さを賞賛しながら、一方で自然の偉大さにも言及し、一見無関係に見える、漁夫の足もとを波が洗うという構図から、自然対人間の関係で論ずることの無意味さを表現している

2　漁夫の力強さや偉大さを賞賛しつつも、第五連では、一転して自然の厳しさを表現し、その脅威の後、自然の前に倒れた漁夫が波に足を洗われているという構図から、自然の絶対性を表現している

3　自然の脅威を象徴させるものとして海における波を提示し、その波さえも、今や漁夫の足もとを洗う程度にしずまっているという構図から、人間と自然との間での共存共栄の可能性を表現している

4　自然の偉大さを象徴するものとして波を提示し、その波すらも漁夫の足もとを洗う程度のものでしかないという構図から人間の中に自然をもしのぐ神性があるのではないかということを表現している

問12　この詩の「漁夫」はどんな存在であると、解説文の筆者はいっていますか。次の中から一つ選び、その番号を答えなさい。

1　海と共に成長し年老いてきた老漁夫の、たくましく立つ姿が、大海原の景色を構成する大鯨や大波と等しく大きな存在である

2　渚に立つ老漁夫は、海を愛し自然に対して真に向き合う姿勢をもっている、大海原という自然の中に溶けこんだ存在である

3　老漁夫は海を愛し、共に成長した人間であり、その過程から対立の枠を超え、自然に対して無為の境地に達した存在である

4　老漁夫は海と共に成長し試練を乗り越え年老いてきた人間であり、海よりも大きく自然をも制圧するような偉大な存在である

二　次の文章を読んで、後の問いに答えなさい。

何を今ごろと言われそうだが、いわゆる若者言葉で、ヤバイという言葉の意味を聞いたときは正直驚いた。私たちが使ってきたニュアンスとはまったく逆。「あの試験どうもヤバイなあ」と言えば、落っこちそうだということだったはず。いつの間にか「このコーヒー、めっちゃヤバイ」が、すごく旨《うま》いというニュアンスになっていた。

言葉が時代とともに変わっていくのはやむをえないことであり、とどめようもないところがある。いまとなっては①「ら抜き言葉」の是非を云々《うんぬん》すること自体、どこか間が抜けていると感じるほどに、わずか20年ほどのあいだに「ら抜き言葉」が一般化してしまった。

私自身はいまもはかない抵抗を続けていて、どうしても「見れる」とか「食べれる」などの「ら抜き言葉」は使えないし、使うつもりもないが、若者たちの「ヤバイ」にはそれとは違った違和感と②危惧《きぐ》を抱いている。「ヤバイ」が「旨い」「おもしろい」「かっこいい」「素敵だ」「気持ちいい」など、ほんらいかなりニュアンスの違った感覚、感情をすべてひっくるめて一語で代弁してしまうというところにまず引っかかる。

ある感動を表現するとき、たとえば「good!」一語で済ませてしまうのではなく、そこにニュアンスの異なったさまざまな表現があること自体が、文化なのである。「旨い」にしても、「おいしい」「まろや

2　歴史的仮名遣いを用いた、一定の形式を持たない口語自由詩

3　重厚な文語体が、景色の多彩さを感じさせている文語定型詩

4　文語体が古典的なリズムを生み出すように書かれた文語自由詩

問5　――線部分①「此の」とありますが、これが指し示しているものと同じものを～～線部分1から4の「此の」から一つ選び、その番号を答えなさい。

問6　――線部分②「ほんとの人間」・③「ほんとの人間」とありますが、それぞれは微妙に内容が異なっています。そのことを解説文ではどのようにとらえていますか。それぞれの内容について説明したものとして適当なものを次の中から一つ選び、その番号を答えなさい。

1　②の「ほんとの人間」は、偉大な海におとることなく対峙《たいじ》する漁夫の力強さへの賞賛を込めた表現であり、③の「ほんとの人間」では、その漁夫の姿からうかがい知った、試練克服の経験を踏まえたうえでの賛美が込められている

2　②の「ほんとの人間」は、年老いてもなお海を愛してやまない漁夫の心豊かさへの賞賛を込めた表現であり、③の「ほんとの人間」では、その漁夫の姿からうかがい知った、素朴でたくましい生活力に対する賛美が込められている

3　②の「ほんとの人間」は、偉大な海に対峙して一歩も引かない漁夫の力強さへの賞賛を込めた表現であり、③の「ほんとの人間」では、その漁夫の姿を通して知った、自然をも制圧しようとするたくましさへの賛美が込められている

4　②の「ほんとの人間」は、海という自然と共存してきた漁夫の境遇へのあこがれを込めた表現であり、③の「ほんとの人間」では、漁夫の姿を通して知った、数多くの試練を克服してきた漁夫の持つ力強さへの賛美が込められている

問7　第四連（19行から23行）で用いられている表現技法の組み合わせとして適当なものを一つ選び、その番号を答えなさい。

1　擬人法と反復法　　2　直喩《ちょくゆ》と反復法

3　直喩と倒置法　　4　擬人法と倒置法

問8　――線部分④「変化してやまない」とありますが、「～してやまない」の意味として適当なものを一つ選び、その番号を答えなさい。

1　かならず～するだろう　　2　どこまでも～する

3　きっと～するであろう　　4　おそらく～するまい

問9　□部分Aには詩のなかから三行抜き出されたものが入ります。その行の組み合わせとして適当なものを次の中から一つ選び、その番号を答えなさい。

1　12・13・14行目　　2　14・15・16行目

3　15・16・17行目　　4　16・17・18行目

問10　□部分Bに当てはまるものを次の中から一つ選び、その番号を答えなさい。

1　否定的　　2　悲観的　　3　具体的　　4　懐疑的

問11　――線部分⑤「波はよせて来て／そこにくだけて／漁夫のその足もとを洗つてゐる」とありますが、この部分における詩人の表現意図を解説文の筆者はどのように考えていますか。その説明として適当なものを次の中から一つ選び、その番号を答えなさい。

嘆じ、「A」と自問自答しつつ漸層的に自然をも克服するかにみえる人間のすばらしさをたたえた。

次の六行は、漁夫のたくましくきたえられた肢《し》体《たい》容《よう》貌《ぼう》を B にえがく。鉄のような骨ぶし、赤銅色の光沢をもつ胴体、鋭い目、長年月にわたってのりこえてきた試練のきびしさを示す額のしわ、などがあげられる。ほとんど一行ごとに「……をみろ」をくり返して、そぼくだが力強く、印象的にのべた。

最後の十行では、まず漁夫が壮大な海洋で体験したもの、大鯨・大波・荘厳《そうごん》な日の出などの景をあげ——このあたりの描写はやや個性味を欠いているが——、その「大海原も此の漁夫の前には小さい」とのべる。そして⑤「波はよせて来て／そこにくだけて／漁夫のその足もとを洗つてゐる」という結句は、自然をも圧する人間の偉大さを印象的にうたっており、ここにいたって老漁夫はほとんどふつうの人間ではなく、自然を制圧する神のごとき意志を示すかとさえ思われる。

ヒューマニズムとは人間性の全面をのばし、[A]ジュウジツさせ、自然をも克服せんとする望みをいうとすれば、この詩は「海いつぱい／否、海よりも大きい」たくましい人間の像をきざんで、その代表的な作例ともいえよう。どこか説教めいた感じがなくもないが、自然の感激がこもっており、ことばも飾らぬうちに感覚がある。それに彼の詩には、他の詩人に見いだしがたい宗教性があり、人間の中に神をみようとする気持ちがひそんでいる。この種の詩としての[B]カサクと称すべきであろう。

なお暮鳥の詩は晩年にいたり、詩集『雲』に収められた諸編のように、のんきで、東洋的な詩風に転じた。それは老荘的(注1)なもの、あるいはヒューマニズムで色づけられた[C]老子の無為の境地に近いものともいえる。そこにはもはや自然対人間の関係はみられず、自然と人間との対立をこえた、それとして独特の境であった。

——吉田精一『声で読む現代詩』による——

(注1) 老荘的＝「老荘」とは中国春秋戦国時代の思想家の老子と荘子のこと。老子、荘子ともに、あるがままに生きていくことを尊重する考え方を提唱した。

問1 ——線部分A「ジュウジツ」のカタカナと同じ漢字を用いているものを、次の中から一つ選び、その番号を答えなさい。

1 ジュウナンに対応する　　2 クジュウの選択をする
3 施設をカクジュウする　　4 乗り物をソウジュウする

問2 ——線部分B「カサク」のカタカナと同じ漢字を用いているものを、次の中から一つ選び、その番号を答えなさい。

1 物語がカキョウに入る
2 ポイント地点をツウカする
3 ゴウカな設備に見とれる
4 カクウの人物が主人公だ

問3 ——線部分C「老子」とありますが、老子は中国の春秋時代の人物だと言われています。老子と同じ春秋時代の思想家で儒家の祖は誰ですか。次の中から一つ選び、その番号を答えなさい。

1 韓非子《かんぴし》　2 孟子《もうし》　3 孔子《こうし》　4 荀子《じゅんし》

問4 この詩の形式の説明として適当なものを次の中から一つ選び、その番号を答えなさい。

1 口語体のなかにあって、文語の名残を感じさせる口語定型詩

【国　語】（五〇分）〈満点：一〇〇点〉

一　次の詩と解説文を読んで、後の問いに答えなさい。

老漁夫の詩　　山村暮鳥

人間をみた
それを自分は1此のとしよつた一人《ひとり》の漁夫にみた
漁夫は渚《なぎさ》につつ立つてゐる
漁夫は海を愛してゐる
そして此のとしになるまで
どんなに海をながめたか
漁夫は海を愛してゐる
いまも①此の生きてゐる海を……
じつと目を据ゑ
海をながめてつつ立つた一人の漁夫
2此のたくましさはよ
海一ぱいか
海いつぱい
否《いな》、海よりも大きい
なんといふすばらしさであらう
此のすばらしさを人間にみる
おお海よ
自分は②ほんとの人間をみた
3此の鉄のやうな骨節《ほねぶし》をみろ
此の赤銅《あかがね》のやうな胴体をみろ
額の下でひかる目をみろ
ああ此の憂鬱《いううつ》な額
深くふかく喰《く》ひこんだその太い力強い皺線《しわ》をよくみろ
自分は③ほんとの人間をみた
此の漁夫のすべては語る
曾《かつ》て沖合《おきあい》でみた山のやうな鯨《くぢら》を
たけり狂つた断崖《だんがい》のやうな波波を
それからおもはず跪《ひざまづ》いたほど
うつくしく且つ厳《おごそ》かであつた黎明《よあけ》の太陽を
ああ4此のあをあをとしてみはてのつかない大青海原
大海原も此の漁夫の前には小さい
波はよせて来て
そこにくだけて
漁夫のその足もとを洗つてゐる

〔筑摩書房　山村暮鳥全集第一巻による〕

「人間をみた」という、なげつけたように飾りけのない、それだけに力強いことばで始まる最初の八行では、なぎさに立つ老漁夫に、自然に対する真の人間らしい人間を発見した感動をまずのべた。そして老漁夫が真に海を愛し、海とともに成長し、年老いたことをうたう。漁夫の愛する海は、「生きてゐる海」、たえず流動し④変化してやまない偉大な海である。

次の十行は、その偉大な海に対して立ち、その偉大さにおとらぬ力強い漁夫の姿への賛嘆の声で満たされる。「此のたくましさはよ」と

2022年度

解　答　と　解　説

《2022年度の配点は解答欄に掲載してあります。》

＜数学解答＞ 《学校からの正答の発表はありません。》

問題1	(1)	1 2　2 7　3 5　4 7
	(2)	5 2　6 2　7 4
	(3)	8 4　9 5
	(4)	10 1
	(5)	11 9　12 5
	(6)	13 6
	(7)	14 3　15 3　16 9　17 3　18 3
	(8)	19 6　20 9
問題2	(9)	21 2
	(10)	22 4
	(11)	23 −　24 2　25 1　26 0
問題3	(12)	27 7　28 3　29 6
	(13)	30 1　31 5　32 4
問題4	(14)	33 2　34 3
	(15)	35 6　36 3
	(16)	37 1　38 0　39 2　40 3
問題5	(17)	41 9
	(18)	42 9　43 2
	(19)	44 3　45 6　46 5

○推定配点○

問題1～問題2　各5点×11　　問題3　各6点×2　　問題4　各5点×3　　問題5　各6点×3　　計100点

＜数学解説＞

問題1 （単項式の乗除，平方根，連立方程式，式の値，角度，平面図形，1次関数，ヒストグラム）

基本 (1) $\left(-\frac{3}{2}x^2y^3\right)^3\times(2xy)^2\div\left(-\frac{x^3y^4}{2}\right)=-\frac{27x^6y^9}{8}\times4x^2y^2\times\left(-\frac{2}{x^3y^4}\right)=27x^5y^7$

基本 (2) $\{(\sqrt{2}+2+\sqrt{6})^2-(\sqrt{2}+2-\sqrt{6})^2\}\times\frac{\sqrt{6}}{12}=\{(\sqrt{2}+2+\sqrt{6})+(\sqrt{2}+2-\sqrt{6})\}\{(\sqrt{2}+2+\sqrt{6})-(\sqrt{2}+2-\sqrt{6})\}\times\frac{\sqrt{6}}{12}=2(\sqrt{2}+2)\times2\sqrt{6}\times\frac{\sqrt{6}}{12}=2\sqrt{2}+4$

基本 (3) $3x+y=3$…①，$ax+by=-7$…②，$x-3y=11$…③，$2bx+ay=8$…④　①×3＋③より，$10x=20$　$x=2$　これを①に代入して，$6+y=3$　$y=-3$　これらのx，yの値を②，④に代入して，$2a-3b=-7$…②′，$-3a+4b=8$…④′　②′×4＋④′×3より，$-a=-4$　$a=4$　これを④′に代入して，$-12+4b=8$　$4b=20$　$b=5$

(4) $x^2-2x-1=0$　$(x-1)^2=1+1$　$x-1=\pm\sqrt{2}$　$x=1\pm\sqrt{2}$　$x>0$より，$x=1+\sqrt{2}$　よって，$\frac{(x-\sqrt{2})^2}{x(x-2)}=\frac{(1+\sqrt{2}-\sqrt{2})^2}{(1+\sqrt{2})(1+\sqrt{2}-2)}=\frac{1^2}{2-1}=\frac{1}{1}=1$

基本 (5) 円周角の定理より，∠BOC＝2∠BAC＝2×35°＝70°　OB＝OCより，∠OBC＝(180°−70°)÷2＝55°　よって，∠ABC＝30°＋55°＝85°　円に内接する四角形の対角の和は180°だから，∠x＝180°−85°＝95°

(6) △ABCを頂点Cを中心として反時計まわりに90°回転させたとき，頂点Aが移動した点をHとする。このとき，頂点Bは点Gと重なる。また，3点D，C，Hは一直線上にあり，DC＝CH　よって，△CGD＝△CGH＝△CBA＝$\frac{1}{2}\times3\times4=6$(cm²)

重要 (7) A(1，3)，B(1，0)，直線$y=\sqrt{3}x+3-\sqrt{3}$とx軸との交点をC，求める直線とx軸との交点をD

とする。AB：BC＝$\sqrt{3}$：1だから，∠BAC＝30°　対頂角だから，∠CAD＝30°　よって，∠BAD＝30°＋30°＝60°となり，AB：BD＝1：$\sqrt{3}$　したがって，求める直線の傾きは$\frac{1}{\sqrt{3}}=\frac{\sqrt{3}}{3}$となるから，直線の式を$y=\frac{\sqrt{3}}{3}x+b$とすると，点Aを通るから，$3=\frac{\sqrt{3}}{3}+b$　$b=\frac{9-\sqrt{3}}{3}$　よって，$y=\frac{\sqrt{3}}{3}x+\frac{9-\sqrt{3}}{3}$

(8)　クラスの人数は，1＋4＋4＋6＋7＋5＋2＋1＝30(人)であり，平均値が0.1点高くなったことから，Aさんの得点は0.1×30＝3(点)高くなった。さらに，中央値と範囲は変わらなかったので，Aさんの得点は5点以下ではなく，6点から9点になったことがわかる。

問題2 (図形と関数・グラフの融合問題)

基本　(9)　直線ABの傾きは，$\frac{8-u}{t+6-t}=\frac{8-u}{6}$　$\frac{8-u}{6}=1$　$8-u=6$　$u=2$

(10)　$y=ax^2$に$x=t$，$t+6$をそれぞれ代入して，$y=at^2$，$a(t+6)^2$　よって，$2=at^2$，$8=a(t+6)^2$より，$a=\frac{2}{t^2}=\frac{8}{(t+6)^2}$　$4t^2=(t+6)^2$　$4t^2=t^2+12t+36$　$t^2-4t-12=0$　$(t-6)(t+2)=0$　$t=6$，-2　$t<0$より，$t=-2$　直線ABの式を$y=x+b$とすると，A$(-2,\ 2)$を通るから，$2=-2+b$　$b=4$　よって，$y=x+4$

(11)　B(4, 8)，C(0, c)，D(0, 4)とする。$c>4$のとき，△ABC＝△ACD＋△BCD＝$\frac{1}{2}\times(c-4)\times2+\frac{1}{2}\times(c-4)\times4=3(c-4)$　$3(c-4)=18$　$c-4=6$　$c=10$　$c<4$のとき，△ABC＝$3(4-c)$　$3(4-c)=18$　$4-c=6$　$c=-2$

問題3 (確率)

(12)　さいころの目の出方の総数は，6×6＝36(通り)　直線PQが原点Oを通るとき，直線OPとOQの傾きは等しいから，$\frac{a-0}{1-0}=\frac{b-0}{2-0}$　$a=\frac{b}{2}$　$b=2a$　これを満たすa，bの値の組は，$(a,\ b)=(1_{\text{ア}},\ 2_{\text{ア}})$，$(1_{\text{ア}},\ 2_{\text{イ}})$，$(1_{\text{イ}},\ 2_{\text{ア}})$，$(1_{\text{イ}},\ 2_{\text{イ}})$，$(1_{\text{ウ}},\ 2_{\text{ア}})$，$(1_{\text{ウ}},\ 2_{\text{イ}})$，$(2,\ 4)$の7通りあるから，求める確率は，$\frac{7}{36}$

(13)　さいころの目の出方の総数は，6×6×6＝216(通り)　このうち，題意を満たすa，b，cの値の組は，$(a,\ b,\ c)=(4,\ 4,\ 3)$，$(4,\ 4,\ 4_{\text{ア}})$，$(4,\ 4,\ 4_{\text{イ}})$，$(4,\ 4,\ 4_{\text{ウ}})$の4通りだから，求める確率は，$\frac{4}{216}=\frac{1}{54}$

問題4 (平面図形の計量)

重要　(14)　AB＝AP＋PB＝2＋4＝6より，OB＝OC＝$\frac{1}{2}$AB＝3，OP＝PB－OB＝4－3＝1　CE：ED＝1：1＝5：5，CP：PD＝3：2＝6：4より，CE：EP＝5：(6－5)＝5：1　よって，CE＝$5x$，EP＝xとすると，OE^2について，$\mathrm{OC}^2-\mathrm{CE}^2=\mathrm{OP}^2-\mathrm{EP}^2$　$3^2-(5x)^2=1^2-x^2$　$24x^2=8$　$x^2=\frac{1}{3}$　$x>0$より，$x=\sqrt{\frac{1}{3}}=\frac{\sqrt{3}}{3}$　よって，CP＝$6x=2\sqrt{3}$(cm)

基本　(15)　OE＝$\sqrt{\mathrm{OP}^2-\mathrm{EP}^2}=\sqrt{1^2-\frac{1}{3}}=\sqrt{\frac{2}{3}}=\frac{\sqrt{6}}{3}$(cm)

重要　(16)　CD＝$10x=\frac{10\sqrt{3}}{3}$　AからPDにひいた垂線をAHとすると，AH//OEだから，平行線と比の定理より，AH：OE＝AP：PO＝2：1　よって，AH＝2OE＝$\frac{2\sqrt{6}}{3}$　したがって，△ACD＝$\frac{1}{2}$×$\frac{10\sqrt{3}}{3}$×$\frac{2\sqrt{6}}{3}$＝$\frac{10\sqrt{2}}{3}$(cm^2)

問題5 （空間図形の計量）

基本 (17)　球の中心Oは長方形AEGCの対角線の交点だから，切り口の円の半径は$\frac{1}{2}$AE＝$\frac{1}{2}$×6＝3　よって，その面積は，$\pi\times3^2=9\pi$ (cm^2)

重要 (18)　右の図のように，平面BFHDを考える。線分KLの中点Pは線分BD上にあり，線分MNの中点Qは線分FH上にある。線分PQの中点Rが切り口の円の中心となり，OR＝$\frac{1}{4}$BD＝$\frac{1}{4}$×$6\sqrt{2}$＝$\frac{3\sqrt{2}}{2}$　よって，切り口の円の半径をxとすると，$x^2=3^2-\left(\frac{3\sqrt{2}}{2}\right)^2=\frac{9}{2}$　したがって，切り口の面積は，$\pi x^2=\frac{9}{2}\pi$ (cm^2)

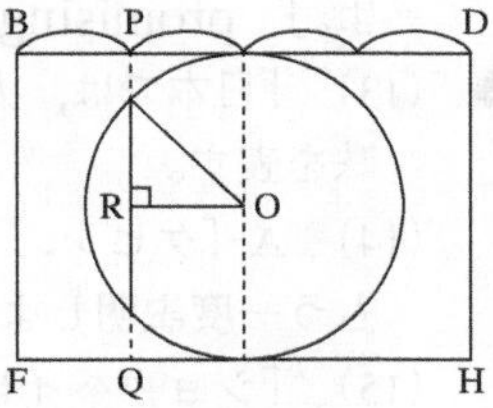

重要 (19)　球の中心Oを通る面ABCDに平行な面を考える。右の図で，ST＝AL＝$\sqrt{6^2+3^2}=3\sqrt{5}$　△STU∽△OTVより，ST：OT＝UT：VT　VT＝$\frac{3\times6}{3\sqrt{5}}=\frac{6}{\sqrt{5}}$　よって，切り口の面積は，$\pi\times\left(\frac{6}{\sqrt{5}}\right)^2=\frac{36}{5}\pi$ (cm^2)

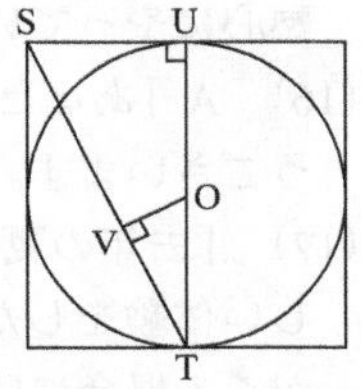

★ワンポイントアドバイス★

出題構成，難易度とも例年どおりである。関数，図形の大問では，各小問は関連しているので，前問を手がかりに解いていこう。

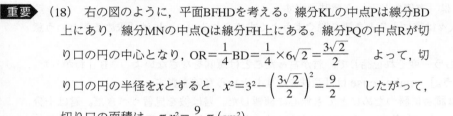

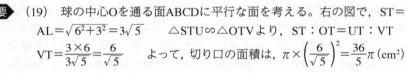

＜英語解答＞ 《学校からの正答の発表はありません。》

問題1　(A)　No. 1　3　No. 2　1　No. 3　4　No. 4　4
(B)　No. 5　4　No. 6　3　No. 7　2　No. 8　1　No. 9　2　No. 10　4

問題2　(A)　(11)　2　(12)　1　(13)　2　(14)　1　(15)　4　(16)　4
(17)　2　(18)　1　(19)　4　(20)　3　(21)　2　(22)　1　(23)　2
(24)　1　(25)　4　(26)　4　(27)　1　(28)　2　(29)　4　(30)　3

問題3　(31)　3　(32)　4　(33)　2　(34)　2　(35)　1

問題4　[A]　(36)　4　(37)　2　[B]　(38)　3　(39)　3　(40)　1

問題5　[A]　(41)　3　(42)　2　[B]　(43)　4　(44)　2　(45)　1

○推定配点○

問題1～問題3　各2点×35　問題4，問題5　各3点×10　計100点

＜英語解説＞

問題1 リスニング問題解説省略。

問題2 (A)（語句補充問題：慣用表現，分詞，受動態，動名詞，助動詞，関係代名詞，間接疑問文，動詞，不定詞，名詞，形容詞，副詞，代名詞）

(11) 「最後のときまで遅らせるより，すぐに宿題をする方がよい。」〈put ~ off〉で「~を遅らせる」という意味になる。

(12) A「リナはまだデビューしていないが，彼女は有望な歌手だ。」 B「彼女は成功すると思うよ。」 promising は「有望な」という意味を表す。

基本 (13) 「日本では，人々は家に入るとき靴を脱ぐようよく求められる。」 ask は「求める」という意味を表す。

(14) A「ケビン，もう一度それを話して。君が言ったことは意味をなさないよ。」 B「わかった。もう一度説明しよう。」 make sense は「意味をなす」という意味を表す。

(15) 「ショウヘイは試合に勝つためにとても熱心に練習した。君は彼を見習うべきだ。君は十分熱心にやっていない。」〈follow ~'s example〉で「~を見習う」という意味を表す。

(16) A「あなたの新しい製品に関する情報がほしいです。」 B「興味を覚えていただいてありがとうございます。すぐに最新のカタログをお送りします」 latest は「最新の」という意味を表す。

(17) 「去年の夏にニュージーランドを訪問したことを決して忘れない。そこでたくさんの素晴らしい体験をした。」 動詞の forget の対象としては不定詞でも動名詞でも可能であるが，不定詞がくる場合にはこれから起こることを表し，動名詞がくる場合にはすでに起こったことを表すという違いがある。

(18) 「具合が悪いとき睡眠不足はあなたの健康によくない。だから夜更かしするべきではない。」〈had better not ~〉で「~しない方がいい」という意味を表す。

(19) 「宿題で使うために科学の本を探しているが，私が必要とする本は図書館にはない。」 目的格の関係代名詞を使って I need が books を修飾している。関係代名詞は省略されている。

(20) 「ケンは私に英語の試験を受けるつもりだと言ったが，彼は事前にそれについて調べなかったので，試験がどれくらい長いか知らなかった。」 間接疑問文なので，〈疑問詞＋主語＋動詞〉の形になる。

(21) A「ケン，おはよう。コーヒーが用意できていますよ。」 B「ありがとう，ナンシー… うーん，少し強い味がするな。ぼくのコーヒーに塩か何か足したかい？」 add は「加える」という意味を表す。

(22) 「ケリーは日本の古いものが好きだ。彼女は日本にいるとき，必ず京都を訪問して古い寺を見る。」〈never fail ~〉で「必ず~する」という意味になる。

(23) 「ポールは先月新しいアパートに引っ越した。オフィスと家の間の距離は以前より長いが，彼は新しい環境にすっかり満足している。」 distance は「距離」という意味を表す。

(24) 「『すべての患者さんにあらゆる努力がなされるべきだ。』スーザンはいつもこれを言うので，彼女は病院のみんなから尊敬されている。」「病院」とあるので「患者」が答え。

(25) 「経営側の立場にいる人たちがなにかつまらないことを話し続けていたので，私たちはその会議は時間の無駄だと思った。」 on and on は「引き続き，休まずに」という意味を表す。

(26) 「モーは東京の大学を卒業した後，故郷に帰って地元のテレビ局のアナウンサーになった。」 local は「地元の」という意味を表す。

(27) 「納豆，豆腐あるいは醤油という，大豆から作られた食べ物を食べるのは健康に良いと言われる。」 say は「言う」という意味を表す。

(28) 「ユウスケは休日に山に登るのが好きだ。彼は登る前に十分なエネルギーを得るためにふつうたくさん朝食を食べる。」 energy は「エネルギー」という意味を表す。

(29) A「あなたのプレゼンテーション用のスライドの調子はどうですか。」 B「これまでに5枚のスライドを作り，1時間のうちにもう数枚スライドを作らねばなりません。」 so far は「ここまで，今まで」という意味を表す。

(30) 「ストリーミング動画のサブスクで映画を見るのが好きな人もいれば，映画館に出かけるのが好きな人もいる。」〈some ～, others …〉で「あるものは～，他のものは…」という意味になる。

問題3 (会話文問題：語句補充)

(31) A「昨日あなたに何がありましたか。昨日ミーティングで見ませんでした。」
B「実は，子供の面倒をみなければならなかったのです。」
A「奥さんは昨日の夜家にいなかったのですか。」
B「ええ，彼女は急に遅くまで仕事をせねばなりませんでした。」

否定疑問文に答えるときは，疑問文に対応して「はい」「いいえ」を選ぶのではなく，そのことが正しいかどうかという内容から考えて選ぶ。ここでは奥さんがいなかったのだから，No から始まるものを選ぶので，3が答え。 1「はい，彼女は私の代わりにそのミーティングに出ました。」 No で答えていないので，誤り。 2「はい，彼女は両親を訪問する必要がありました。」 No で答えていないので，誤り。 4「ええ，彼女は子供たちとお風呂に入りました。」 奥さんは家にいなかったので，誤り。

(32) A「この靴は私に似合いますか。」
B「はい，似合いますが，きつくないですか。合わないなら，はくべきではありません。」
A「ううん…，でもデザインが本当に好きなんです。」
B「それ以上に，足を悪くしますよ。」

Bの人物は合わない靴をはくべきでないと言っているので，4が答え。 1「それらはどう見えますか。」「でも」に合わないので，誤り。 2「その靴を買ったらどうですか。」 買うことをすすめているので，誤り。 3「私はオンラインでそれを買うつもりです。」 会話に合わないので，誤り。

(33) A「もしもし。トム・スミスです。ケン・ジョーンズさんをお願いします。」
B「すみませんが，まだここにいません。伝言をお預かりしましょうか。」
A「ええと，彼が仕事にいつ来るか教えてもらえませんか。その時にまた電話します。」
B「たぶん，彼は午前11時ごろにここに来ます。」

「その時に」と言っているので，2が答え。 1「はい。伝言を残したいです。」「また電話します」と言っているので，誤り。 3「わかりました，少々お待ちください。」 Aの立場の人が言う言葉ではないので，誤り。 4「ううん，どういたしましょうか。」 Aの立場の人が言う言葉ではないので，誤り。

(34) A「すみません，牛肉を買いたいのですが。ポンド単位で売っていますか。」
B「はい。1ポンド10ドルです。」
A「ええと，1.5ポンド牛肉が欲しいです。」
B「15ドルです。レジでお支払いください。」

牛肉は「1ポンド10ドル」で「1.5ポンド」買うので，2が答え。 1「では，それに5ドル払ってください。」 金額が合わないので，誤り。 3「わかりました。どのくらいのサイズをお探しですか。」「1.5ポンド」買うと言っているので，誤り。 4「それを言ってはいけない。」 会話に合わないので，誤り。

(35)　A「やあ，テシー。横浜赤レンガ倉庫でお祭りが行われているよ。」
B「あら！　どんな種類のお祭りなの？」
A「台湾・ナイトマーケット祭りだよ。ぼくは台湾の食べ物が大好きなんだ。」
B「まあ！　私は長い間台湾に旅行したかったの。行きましょう！！」
Bの人物がどんな祭りか答えているので，1が答え。　2「あなたの好きな食べ物は何ですか。」直後の発言に合わないので，誤り。　3「それはここからどれくらい遠いですか。」会話に合わないので，誤り。　4「祭りはいつ始まりますか。」祭りはもう始まっているので，誤り。

問題4 （長文読解問題：語句補充）

〔A〕　優先席

ある日，若い男が電車に乗って大学に行った。彼は優先席で席を見つけ，そこでスマートフォンを使い始めた。次の駅で，お腹を抱えた妊婦が電車に乗ってきた。彼女は車の中を見て彼をちらっと見たが，彼は(36)自分がそうすべきだと知っていたにもかかわらず，彼は彼女に席を譲らなかった。彼女は結局彼の隣のドアの近くに立った。突然，隣に座っていた老婆が立ち上がり，妊婦に席を譲った。若い女性は大きく微笑んで彼女に感謝し，彼の隣に座った。男は今，立ち上がって席を譲る勇気がなかったことを本当に(37)恥ずかしく思って後悔し，彼はそれを必要とする人々に自分の席を与えることに決めた。

(36)　「にもかかわらず」とあるので，4が答え。　1「彼は眠ろうとした」「にもかかわらず」に合わないので，誤り。　2「彼は彼女を知らないふりをした」「にもかかわらず」に合わないので，誤り。　3「彼はスマートフォンを見続けた」「にもかかわらず」に合わないので，誤り。

(37)　後に続く部分の内容から男は後悔していることがわかるので，2が答え。　1「幸運で誇らしい」　後悔している内容に合わないので，誤り。　3「残念だが正しい」後悔している内容に合わないので，誤り。　4「不愉快だが幸せだ」　後悔している内容に合わないので，誤り。

〔B〕　満月

睡眠に問題がある場合は，満月が原因である可能性がある。科学者たちは，月の周期と睡眠パターンの間に関連があると言う。彼らは，満月がある夜には，人々は(38)より多くの睡眠の問題を抱える可能性があると言う。この理由は，月の明るさである可能性がある。満月になると，夜空の明るさが増し，睡眠が困難になる可能性があるのだ。科学者たちは，月光は「人間の目にはとても明るい」ので，他に光がなくても，月光は(39)夜の睡眠パターンを変える役割を果たしている可能性があると述べた。

科学者たちは500人以上の睡眠パターンの研究をした。それぞれの人は彼らの睡眠を追跡するために特別なリストバンドをつけた。この調査には，電気やその他の光源を利用できない農村の98人が含まれていた。科学者たちは，彼らの睡眠パターンを，光害の多い米国の都市に住む464人の人々と比較した。科学者たちは，田舎の村や大都市の人々は満月の前の夜に睡眠が少なくなったと言った。都市の人工照明は(40)睡眠パターンに影響を与えないようだ。科学者たちは，「人間の睡眠は月の満ち欠けと関連している」と述べた。

(38)　満月と睡眠障害との関連について書いているので，3が答え。　1「夜ぐっすり眠れる」　睡眠障害に関係がないので，誤り。　2「容易に目覚めない」　睡眠障害に関係がないので，誤り。　4「深い眠りに落ちやすい」　睡眠障害に関係がないので，誤り。

(39)　満月によって睡眠パターンに悪影響を受けることについて書いているので，3が答え。　1「私たちが深く眠るのを助けること」　睡眠パターンが悪くなることに合わないので，誤り。　2「真夜中に読書すること」　睡眠パターンが悪くなることに合わないので，誤り。　4「私たちに穏やかな眠りをもたらすこと」 睡眠パターンが悪くなることに合わないので，誤り。

重要 (40) 人々による実験によって田舎の村と大都市においては違いがなかったことがわかったので，1が答え。 2「光害をもたらす」 実験結果に関係がないので，誤り。 3「月の明るさに影響する」 実験結果に関係がないので，誤り。 4「私たちの夜の過ごし方を変える」 実験結果に関係がないので，誤り。

問題5 (長文読解問題：内容吟味)

[A] ケビン・ロフトより〈k-loft@hiyoshi. industry.com〉

ジェームズ・ウイルソン様へ〈j-wilson@hiyoshi.industry.com〉

マイケル・ブラウン様へ〈m-brown@hiyoshi.industry.com〉

日付：6月21日

件名：依頼

こんにちは。カスタマーサポートのケビンです。最近，いくつかの製品の問題についてのメールを受け取りました。多くの電子メールには，携帯電話のバッテリーの寿命に関する多くの共通点がありました。私はあなたたちがこの問題を解決する方法についておそらく最良のアイデアを持っているだろうと思いました。残念ながら，返信メールで説明する技術的な知識がありません。また，問題を修正するのにどれくらいの時間がかかるかわかりません。

この問題を解決できない場合，当社にとって問題となる可能性がありますが，あなた方の技術的なサポートと知識があれば解決できると確信しています。おかげ様で，どんなに大きな問題に見えても，私たちはいつも自信を持っています。この問題を調査する際に，問題のあるすべてのデバイスを修正するための価格も設定したいと思います。

他にもいくつかあります。バッテリーの寿命は，今年製造されたモデルでのみ問題になるようです。昨年，お客様はバッテリーの問題について何の問題もありませんでした。もう1つは，バッテリーの寿命は最初の1か月は問題ないように見えますが，最初の1か月後に突然切れてしまうことです。皆様のご尽力に感謝申し上げますとともに，お客様の笑顔を取り戻すことを楽しみにしております。

よろしくお願いします，

ケビン・ロフト

顧客サポート

(41) 「ケビンは何をしたいのか。」 ケビンは問題の解決を望んでいるので，3「バッテリーに関する問題がどれほど大きそうかを知る。」が答え。 1「問題のある電話のバッテリーを修理するためのお金を手に入れる。」 修理する方法に関して依頼する側なので，誤り。 2「彼らの会社が問題を乗り越えることができると確信する。」「私たちはいつも自信を持っています。」とあるので，誤り。 4「問題を説明するために技術的知識を進歩させる。」 ケビンが知識を進歩させるわけではないので，誤り。

(42) 「どのバッテリーが問題を起こしているのか。」「今年製造されたモデルでのみ問題になる」，「最初の1か月は問題ないように見えますが，最初の1か月後に突然切れてしまう」とあるので，2「今年製造され，1か月以上使用されたバッテリー。」が答え。 1「今年製造され，1か月未満使用されたバッテリー。」 説明に合わないので，誤り。 3「昨年製造され，1か月未満使用されたバッテリー。」 説明に合わないので，誤り。 4「昨年製造され，1か月以上使用されたバッテリー。」 説明に合わないので，誤り。

[B] お茶

お茶の歴史は5,000年以上前に古代中国で始まった。

お茶は，中国で学んだ僧侶によって日本に紹介された。平安時代にはすでに知られていたが，天皇と少数の裕福な人々だけが楽しむことができるほど貴重だった。当時，お茶は薬として高く評価されていた。鎌倉時代，栄西という僧侶がお茶の本を書き，とても有名になった。そのため，日本では「お茶の父」として知られるようになった。やがて宮廷だけでなく，全国や日本社会のあらゆる場面で人気を博した。

やがて，日本の茶道が発展した。ラフカディオ・ハーンは，または小泉八雲とも知られているが，茶道は，この芸術の全体はお茶を作って提供するだけだが，長年の訓練と実践を必要とする芸術であると言った。彼は，最も重要な問題は，行為が可能な限り最も完璧で，最も礼儀正しく，最も優雅で，最も魅力的な方法で行われることであると言った。

ポルトガル人が中国との貿易を始めたとき，お茶はヨーロッパにやって来た。最初は非常に高価だったが，輸入と販売が拡大するにつれて価格が下がり，17世紀後半にはほとんどの店で購入できるようになった。お茶は18世紀初頭までに英国で非常に人気があり，多くの社会的および文化的発展が続いた。これらには，ティーガーデン，アフタヌーンティー，ティーサービス，薄いサンドイッチ，ジャム入りのトーストしたパン，ペストリーなどの特別なティーフードが含まれる。当時，イギリスにはたくさんの「喫茶店」があった。コーヒーがお茶の前にイギリスに到着したので，それらはコーヒーハウスと呼ばれたが，やがてそれらは主にお茶を出すようになった。それらは「ペニー大学」としても知られていた。なぜなら，1ペニーで，誰でも1ポットのお茶と新聞のコピーを手に入れて，知的な会話をすることができたからだ。

(43)「お茶は鎌倉時代の日本でどのように広まったか。」「全国や日本社会のあらゆる場面で人気を博した」とあるので，4「お茶は全国で広く普及した。」が答え。　1「栄西は中国でお茶を発明し，それは日本の文化に導入された。」栄西は中国でお茶を発明していないので，誤り。2「お茶はすでに多くの僧侶や金持ちによって楽しまれていた。」平安時代のことなので，誤り。3「お茶は薬として使われ始めた。」平安時代のことなので，誤り。

(44)「ラフカディオ・ハーンは，私たちは日本の茶会で何をするべきだと言ったか。」「可能な限り最も完璧で，最も礼儀正しく，最も優雅で，最も魅力的な方法で行われる」とあるので，2「私たちは，最高の実践でお茶を出すために一生懸命訓練し，練習する必要がある。」が答え。1「私たちは，中国産の貴重な茶葉で美味しいお茶を作ろうとするべきだ。」文中に書かれていない内容なので，誤り。　3「私たちは，客を歓迎するために，友好的になって丁寧に客と話すべきだ。」文中に書かれていない内容なので，誤り。4「私たちは，お茶を飲みながら，客に素晴らしい芸術作品を見せるべきだ。」文中に書かれていない内容なので，誤り。

重要 (45)「18世紀のイギリスでは，」最後の段落の内容に合うので，1「イギリスの人々は，アフタヌーンティーや『ペニー大学』などの独自の茶文化を発展させた。」が答え。2「お茶はコーヒーほど安くなかったので，人々は『喫茶店』でお茶と特別なお茶の食べ物を注文することができなかった。」「お茶はコーヒーほど安くなかった」とは書かれていないので，誤り。　3「ポルトガル人は中国からより多くのお茶を輸入し始めたが，イギリス人はそれを買う余裕がなかった。」文中に書かれていない内容なので，誤り。4「多くの男性は，おいしいお茶の作り方や新聞の記事を書く方法を学ぶために大学に行った。」文中に書かれていない内容なので，誤り。

★ワンポイントアドバイス★

問題2(17)には forget があるが，後に目的語として動名詞を従える動詞として stop も覚えておこう。〈stop ~ing〉で「～を止める」という意味になる。後に不定詞が置かれる場合には，「～するために立ち止まる」という意味になる。

＜国語解答＞ 《学校からの正答の発表はありません。》

一　問1　3　問2　1　問3　3　問4　2　問5　4　問6　3　問7　2　問8　2
問9　1　問10　3　問11　4　問12　4

二　問13　2　問14　3　問15　3　問16　2　問17　3　問18　1　問19　3
問20　4　問21　2　問22　1　問23　4　問24　1　問25　2

三　問26　4　問27　2　問28　4　問29　3　問30　4　問31　1　問32　2
問33　2　問34　3　問35　3　問36　4　問37　1　問38　3

四　問39　1　問40　3　問41　2　問42　4　問43　2　問44　3　問45　3
問46　1　問47　4　問48　1　問49　4　問50　2　問51　3

○推定配点○
問16・問51　各1点×2　他　各2点×49　計100点

＜国語解説＞

一 （詩と鑑賞文一大意・要旨，内容吟味，指示語，脱語補充，漢字の書き取り，語句の意味，表現技法，文学史）

基本 問1　――線部分A「充実」，1「柔軟」 2「苦渋」 3「拡充」 4「操縦」。

基本 問2　――線部分B「佳作」，1「佳境」 2「通過」 3「豪華」 4「架空」。

問3「儒家の祖」は「孔子」である。1，4は中国戦国時代の思想家で1は4に学んだ。2は孔子の教えを受け継いだ。

問4　本文の詩は「としよつた」「ゐる」など歴史的仮名遣いを用い，字数を決めずに詠んでいるので2が適当。口語は現代の言葉，文語は平安時代の言葉を基礎にした昔の言葉，定型詩は文字数などに一定の形式がある詩，自由詩は一定の形式を持たない詩のこと。

問5　――線部分①と4は「海(大青海原)」を指している。他は「漁夫」を指している。

重要 問6　――線部分②については「偉大な海に対して立」つ「力強い漁夫の姿への賛嘆」であること，――線部分③については試練を乗り越えてきた漁夫のたくましさを解説しているので3が適当。「次の十行は……」から続く2段落の内容を踏まえていない他の選択肢は不適当。

問7　19行と20行の「やうな」は直喩，19～21行の「みろ」は反復法を用いているので2が適当。擬人法は人ではないものを人に見立てる技法，倒置法は文節を入れかえる技法。

問8「やまない」は「～してやまない」の形で「どこまでも～する」という意味なので，2が適当。

問9　空欄Aは「自問自答」を表すものなので，「海一ぱいか」と自問し「海いつぱい／否，海よりも大きい」と自答している1が適当。

問10　19～24行では「漁夫」の体つきや表情を詳しく詠んでいるので3が適当。1はそうではないと打ち消すさま。2は未来に希望がないと考えるさま。4は疑いを持っているさま。

重要 問11　――線部分⑤について「自然をも圧する人間の偉大さを印象的にうたっており……老漁夫は……自然を制圧する神のごとき意志を示すかとさえ思われる」と述べているので，「自然をもしのぐ神性がある」と説明している4が適当。老漁夫の「神のごとき意志」を踏まえていない他の選択肢は不適当。

やや難 問12　老漁夫について，「海とともに成長し」，試練を「長年月にわたってのりこえ」，「自然を制圧する神のごとき意志を示すかとさえ思われる」と述べているので4が適当。老漁夫が自然よりも大きい存在であることを説明していない他の選択肢は不適当。

二 （論説文―大意・要旨，内容吟味，文脈把握，漢字の書き取り，語句の意味，熟語，品詞・用法，文学史）

基本 問13 ――線部分A 「飛躍」，1 「通訳」 2 「躍起」 3 「厄介」 4 「約束」。

基本 問14 ――線部分B 「騒がしい」，1 「遭難」 2 「雑言」 3 「物騒」 4 「贈賄」。

問15 「写生」は「生のものを写す」で下の字が対象や目的を示している構成になっている。

問16 他の作品の作者は，1は石川啄木，3は与謝野晶子，4は中原中也。

問17 可能動詞は五段活用の動詞からのみ作られるので，元の動詞が五段活用の「乗る」の可能動詞「乗れる」は「ら抜き言葉」ではない。

問18 ――線部分②直後の段落で「『ヤバイ』が……ニュアンスの違った感覚，感情をすべてひっくるめて一語で代弁してしまうというところにまず引っかかる」と述べているので1が適当。この部分の内容を踏まえていない他の選択肢は不適当。

問19 ――線部分③は前後で述べているように，先人が工夫してきた，ニュアンスの異なった表現があり，さまざまな語彙を自分のなかに溜め込んで用意しておくことが生活の豊かさでもある，ということなので，このことを踏まえた3が適当。③前後の内容を踏まえていない他の選択肢は不適当。

重要 問20 ――線部分④は「最大公約数的な意味を担った形容詞」である「さまざまの状態や感情を表す言葉」は「必ずしもその人独自の表現というわけではなく，誰にも通用する表現法」であるという点が，符牒としての「ヤバイ」との共通点であるということなので，このことを踏まえた4が適当。「最大公約数的な意味」＝一般化され，誰にでも通用するということを説明していない他の選択肢は不適当。

問21 ――線部分⑤は前後で述べているように，「悲しい」という「形容詞も一種の出来合いのような符牒なので」「『特殊な』悲しみが伝わることがない」ということなので2が適当。⑤前後の内容を踏まえていない他の選択肢は不適当。

やや難 問22 ――線部分⑥は前までで述べているように，「単純な事実だけを詠って」「心情を表す言葉は何一つ使われていない」のに「作者の感情を，読者は何の無理もなく感受することができている」ことなので1が適当。2の「客観的にイメージすることができる」，3の「この歌を知っていたかのような感情が湧く」，4の「読み手自身が自由にニュアンスを選択することができる」はいずれも述べていないので不適当。

問23 ――線部分⑦は茂吉の短歌について「『悲し』『寂し』などの形容詞」は「最大公約数的な感情の表現でしかないから」「その時の茂吉の悲しさ，寂しさを表現したものにはならない」ことが，「『決して甲の特殊な悲しみをも現しません』」と言う「赤彦の言う通り」であるということなので4が適当。⑦前の内容を踏まえていない他の選択肢は不適当。

やや難 問24 ①・②の短歌はいずれも「単純な事実だけを詠って」おり，②は生きている「のど赤き玄鳥」と死にいく「母」を対比させて母の死を強調しているので1が適当。2の「郷里への賛美」「のどの赤と羽根の黒による色彩の対比」，3の「『天に』という言葉で母の臨終を示し」，4の「写生の枠を超えつつ」「俳句における蛙の扱い方を踏まえる」はいずれも不適当。

重要 問25 2は「『ヤバイ』は多くの……」で始まる段落で述べている。「短歌」を「高度な感情の伝達に関する例」として挙げているが，1の「短歌の世界から本来の姿を学ぶ必要がある」とは述べていない。3の「正しくつかうべき」，4の「短歌の表現に見られる形容詞をつかうべき」も述べていない。

三 （小説―情景・心情，内容吟味，文脈把握，漢字の書き取り，語句の意味，四字熟語）

基本 問26 ――線部分A 「旋律」，1 「繊細」 2 「汚染」 3 「鮮明」 4 「旋風」。

基本 問27 ——線部分B 「依然」，1 「維持」 2 「依頼」 3 「経緯」 4 「本位」。

問28 「おいそれと」は簡単に，気軽にという意味。後に打消しの語を伴って「簡単に応じることはできない」という意味で用いることが多い。

問29 「ばつが悪い」は居心地が悪い，気まずいという意味。

問30 ケーベルから厳しい評価を受けた因縁の曲を廉太郎が言ったため，「光の戻らない目」＝バイオリンへの熱意を失っている幸は——線部分①のようになっているので4が適当。幸が「光の戻らない目」をしていること，因縁の曲であることを踏まえていない他の選択肢は不適当。

問31 ——線部分②は演奏の技術を幸と廉太郎の二人で競うのではない，ということなので1が適当。幸と廉太郎の二人が「戦う」ことを説明していない他の選択肢は不適当。

問32 「四角四面」は生真面目で面白みに欠けること。

やや難 問33 ——線部分④は「精彩を欠いていた」幸の演奏が「目はイゼンとして輝かないものの……体に染みついた動作を繰り返している」様子に変化したということなので2が適当。廉太郎の演奏も説明している1，3は不適当。「廉太郎よりも劣る演奏」とは描いていないので4も不適当。

問34 「舌を巻く」はあまりにもすぐれていてひどく驚くという意味で，ここでは，気持ちは別として「体に染みついた動作を繰り返し」「廉太郎を凌ぐ腕を見せている」幸の演奏に対するものなので3が適当。「舌を巻く」の意味を踏まえていない他の選択肢は不適当。

重要 問35 激しい「幸に対する妬みが指先に宿っ」たことによって「変化することはありえない」音色が変わったことに，廉太郎自身が——線部分⑥のように思っているということなので3が適当。幸の演奏も説明している1，4は不適当。「幸に対する妬み」を説明していない2も不適当。

問36 ——線部分⑦前で，廉太郎との演奏によって「『……世間がどんなに汚くったって，音の鳴り響く場だけはこんなにも純粋なんだって信じられる』」と幸が話していることから，このことを踏まえた4が適当。1，3の「すべての課題を克服した廉太郎の演奏」，2，3の「世間の反応に……演奏技術で対抗」「技術だけではどうにもならないことがある」はいずれも描かれていないので不適当。

重要 問37 ——線部分⑧後で，言いたいことだけ一息に言い切って部屋から出て行った幸に呆れつつも「『どうやら，妹は一つ皮が剥けたらしい』」＝廉太郎の演奏で幸が情熱を取り戻したこと，で延が廉太郎に感謝していることが描かれているので1が適当。2の「妹が留学の中止を撤回したこと」は描かれていない。3の「急激に技術を向上させることができた妹」，4の「廉太郎に対する不満」も不適当。

やや難 問38 ——線部分⑨前で描かれているように，幸のおかげで成長でき，今回の幸の演奏でも妬みを覚えるほど刺激を受けたことで，自分自身も右手が弱いなどの課題を乗り越えていかなくてはならないという思いが⑨には込められているので3が適当。1の「喪失感で意気消沈して……敢えて前向きに振る舞う」，2の「自分には伸びしろがないと感じている」，4の「すべての課題を克服した」はいずれも不適当。

四 （古文—大意・要旨，内容吟味，文脈把握，指示語，品詞・用法，口語訳，文学史）

〈口語訳〉 ある時，夜がふけて樋口屋の門をたたいて，酢を買いに来た人があった。(その音が)中戸を隔てて奥の方へかすかに聞こえた。下男が目を覚まして，「いかほどご入り用ですか」と言う。「ご迷惑でしょうが一文ほど」と言う。(下男は)空寝入りをして，その後は返事もしないので，客はしかたなく帰ってしまった。夜が明けると，亭主はその下男を呼びつけて，何の用もないのに，「門口を三尺掘れ」と言う。仰せに従って，(下男の)久三郎は，諸肌脱いで鍬を取り，堅い地面に精をつくし，汗水流してようやく掘った。その深さが三尺ばかりになった時，「銭があるはずだが，まだ出ないか」と(亭主が)言うと，「小石や貝殻よりほかに何も見えません」と答える。「それほど骨折っても，銭が一文も手に入らない事を，よく心得て，今後は一文の商いも大事にしなさい。昔，連歌師の宗祇法師がこの土地においでになって，歌道がはやっていた時，貧しい木薬屋で連歌を好む人があって，人々を招待し，二階座敷で連歌の会を催したときに，その主人が自分が句を詠む順番を迎えたとき，胡椒を買いに来た人があった。すると主人は一座の人々にわけを話して座を外し，秤で一両の重さを量って三文の代金を受け取り，さて心静かに一句を思案して付けたのを，『さてさて優雅な心がけだ』と，宗祇がことのほかほめられたそうだ。人は皆このように家業を勤めるのが本当に大事なことだ。わしもはじめはわずかな元手で，一代でこうした身のほどになったのは，家計のやりくり一つ(がうまかったから)なのだ。これを聞き覚えてまねたならば，悪いことはあるまい。」

問39　――線部分①を単語に分けると「幽に(形容動詞)／聞こえ(動詞)／ける(助動詞)」となる。

問40　――線部分②の「何程」はいくら分欲しいかを聞いているので3が適当。

問41　――線部分③の「せ」はサ変動詞「す」の連体形，「ねば」は打消しの助動詞「ぬ」の仮定形＋接続助詞「ば」なので2が適当。

問42　――線部分④の「ぜひなく」は「どうにもしようがない，やむを得ない」という意味なので4が適当。

問43　――線部分⑤は「やっとのことで，かろうじて」という意味なので2が適当。他に「次第に，だんだんに」，「そろそろと」という意味もあるので，文脈から判断する。

基本　問44　――線部分⑥は「亭主」が，下男の久三郎に言ったということ。

重要　問45　――線部分⑦は，汗水流して堅い地面に三尺の穴をようやく掘っても，銭が一文も手に入らないということなので3が適当。苦労して穴を掘ったことを説明していない他の選択肢は不適当。

重要　問46　――線部分⑧は，苦労して穴を掘っても銭は一文も出てこなかったことを理解して，一文の商売でも大事にすべきだ，ということなので1が適当。苦労して穴を掘っても銭は一文も出てこなかったことを踏まえていない他の選択肢は不適当。

問47　――線部分⑨は，木薬屋の主人が連歌の会の時に，胡椒を買いに来た人に対応するために，その場にいた参加者に席を外すことを申した，ということなので4が適当。客対応のために席を外すことを説明していない他の選択肢は不適当。

問48　宗祇は「このごとくの勤め誡ぞかし」と言って木薬屋の主人をほめているので，歌会の途中でも客の対応をしたことを説明している1が適当。客に対応したことを説明していない他の選択肢は不適当。

重要　問49　――線部分⑪の「……なば」は「～たならば」，「あしかるまじ」は形容詞「悪し」の連体形「あしかる」＋打消推量の助動詞「まじ」で「悪いことはないだろう」という意味なので4が適当。

やや難　問50　空寝して夜更けの客に対応しなかった下男に「『それ程に……大事にすべし』」と話しているので2は合致する。「一代で店を大きくすることができた」ことは樋口屋の主人が自分のこととして話しているので1の「木薬屋のあるじ」は合致しない。3の「客の怒りを買ってしまった」は述べていないので合致しない。「歌会」は宗祇が木薬屋をほめた話の中のことなので，「樋口屋の亭主が歌会を……」とある4も合致しない。

基本　問51　本文の『日本永代蔵』と3の成立は江戸時代。1は室町時代，2は平安時代，4は鎌倉時代。

★ワンポイントアドバイス★

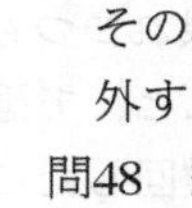

小説では，何をきっかけに登場人物の心情が変化したかを読み取っていこう。

2021年度

★★★★★★★★★★★★★★★★★★★★★★★★

入　試　問　題

2021年度

日本大学高等学校入試問題

【数　学】（50分）〈満点：100点〉

【注意】 1　定規，コンパス，分度器及び計算機の使用はできません。

2　答えが分数形のときは，それ以上約分できない分数で答えてください。例えば，$\frac{3}{4}$と答えるところを，$\frac{6}{8}$のように答えてはいけません。
また，分数の符号は分子につけ，分母につけてはいけません。例えば，$-\frac{4}{5}$と答えたいときは$\frac{-4}{5}$として答えてください。

3　答えが根号の中に数字を入れる形のときは，根号の中の数はできるだけ小さな数にして答えてください。
例えば，$4\sqrt{2}$と答えるところを，$2\sqrt{8}$のように答えてはいけません。

4　答えが比の形のときは，最も簡単な整数の比で答えてください。
例えば，2：1と答えるところを，4：2のように答えてはいけません。

問題1　次の各問いに答えなさい。

（1）　$\left(-\frac{2}{3}x^3y^4\right)^3 \div \left(\frac{4}{3}xy^2\right)^2 \times \frac{8}{x^3y} = \frac{\boxed{1}\boxed{2}}{\boxed{3}}x^{\boxed{4}}y^{\boxed{5}}$

（2）　$(7-\sqrt{48})(7+\sqrt{48})^2+\frac{6-\sqrt{27}}{\sqrt{3}}=\boxed{6}+\boxed{7}\sqrt{\boxed{8}}$

（3）　$a:b=3:2$のとき，$\frac{a^2+3b^2}{a+b}=\frac{\boxed{9}}{\boxed{10}}a$である。

（4）　2次方程式$(3x-2)^2=5(x+1)(x-1)+8$の解は，$x=\frac{\boxed{11}\pm\boxed{12}\sqrt{\boxed{13}}}{\boxed{14}}$である。

（5）　方程式$(x+1)(2x-y+2)=5$を満たす自然数x，yは，$x=\boxed{15}$，$y=\boxed{16}$である。

（6）　右の図のようなおうぎ形OABの弧AB上に，
$\overset{\frown}{AP}:\overset{\frown}{PB}=3:1$となるように点Pをとる。
$\angle APB=128^\circ$のとき，$\angle x=\boxed{17}\boxed{18}^\circ$である。

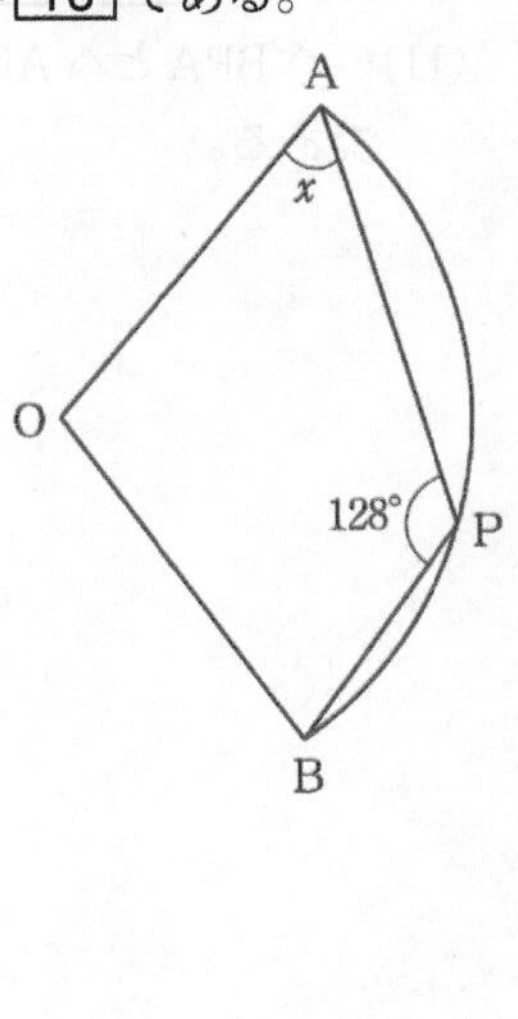

（7） 右の図のように，直線$y=\dfrac{1}{2}x+3$がある。直線とy軸との交点をA，直線上にx座標が正となるように点Bをとり，点Bからx軸に垂線BCをひく。△ABCの面積が18のとき，点Bのx座標は，$\boxed{19}$である。

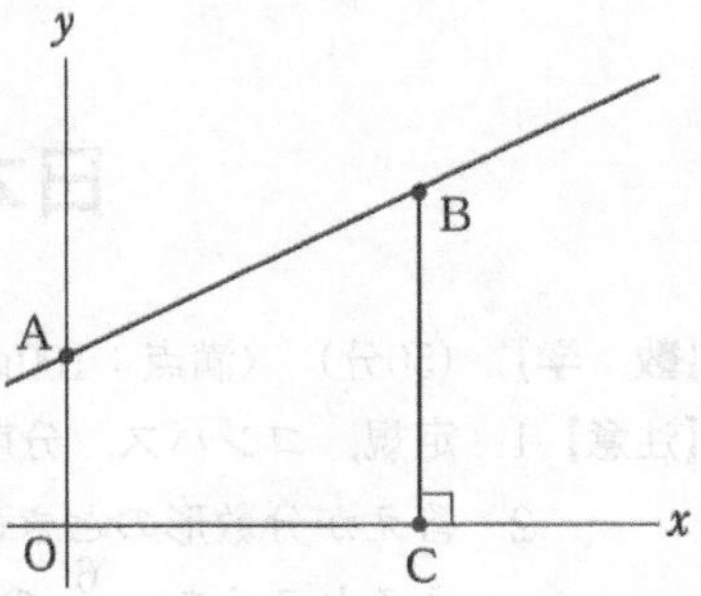

（8） 右の図のような平行四辺形ABCDがある。AB＝ACのとき，平行四辺形の面積は，
$\boxed{20}\boxed{21}\sqrt{\boxed{22}\boxed{23}}$ cm^2である。

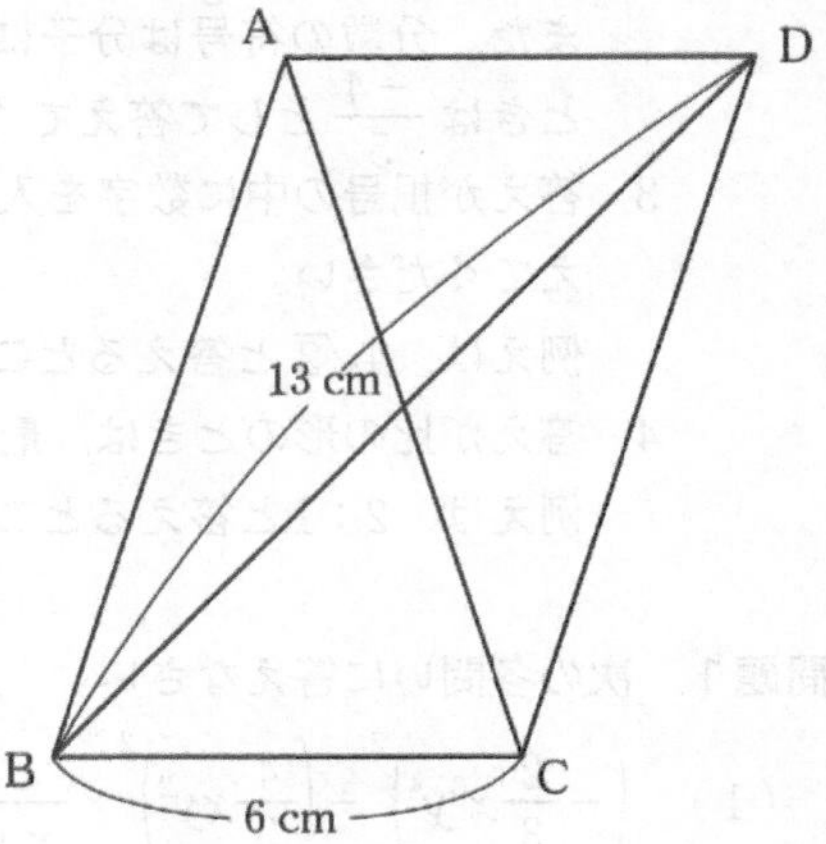

問題2 右の図のように，2つの円P，Qがあり，点Aで接している。また，2つの円P，Qは，直線ℓとそれぞれ点B，Cで接し，半径はそれぞれ2 cm，6 cmである。

（9） BC＝$\boxed{24}\sqrt{\boxed{25}}$ cmである。

（10） AB＝$\boxed{26}\sqrt{\boxed{27}}$ cmである。

（11） △BPAと△AQCの面積比は，$\boxed{28}$：$\boxed{29}$である。

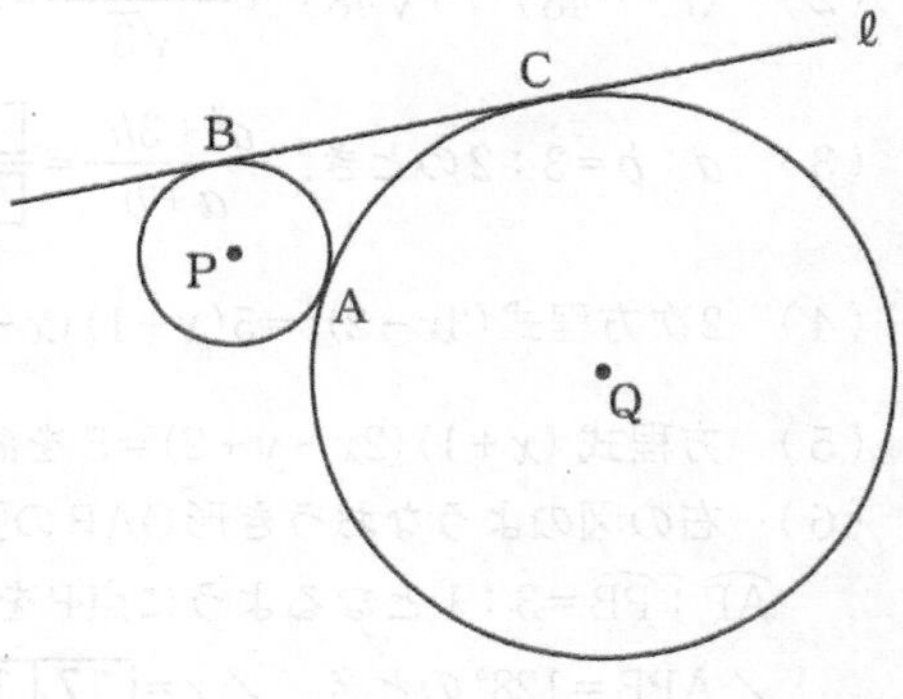

問題3　右の図のように，放物線 $y=\dfrac{2}{3}x^2$ 上に2点A，Bがあり，x座標はそれぞれ -2，3である。

また，直線ABとy軸との交点をCとする。

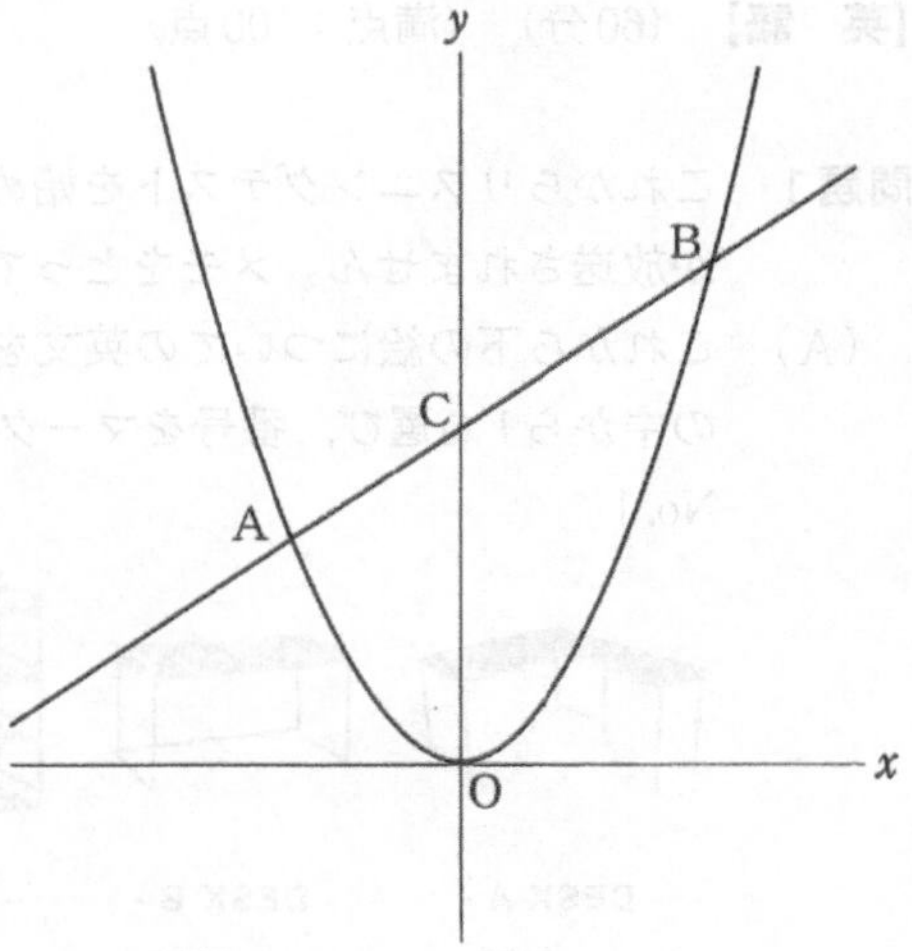

(12)　直線ABの式は，$y=\dfrac{\boxed{30}}{\boxed{31}}x+\boxed{32}$ である。

(13)　点Cを通り，△OABの面積を二等分する直線の傾きは，$\boxed{33}\boxed{34}$ である。

(14)　△OAB＝△PABとなるような点Pを放物線上にとるとき，y座標が最大となる点Pの座標は，$\left(\boxed{35},\ \dfrac{\boxed{36}\boxed{37}}{\boxed{38}}\right)$ である。

問題4　1個のさいころを3回投げて，出た目の数を順にa，b，cとする。その正の平方根$\sqrt{a}$，$\sqrt{b}$，$\sqrt{c}$を長さとする3つの線分をつくる。

(15)　3つの線分で正三角形ができる確率は，$\dfrac{\boxed{39}}{\boxed{40}\boxed{41}}$ である。

(16)　3つの線分で直角三角形ができる確率は，$\dfrac{\boxed{42}}{\boxed{43}\boxed{44}}$ である。

問題5　右の図のような，底面が $AC=BC=10\sqrt{2}$ cm，$AB=4\sqrt{5}$ cmの二等辺三角形で，高さが $AD=10\sqrt{5}$ cmの三角柱ABC－DEFがある。

点Aから辺BCに垂線AGをひき，さらに点Gから辺EFに垂線GHをひく。

GHとCEの交点をPとする。

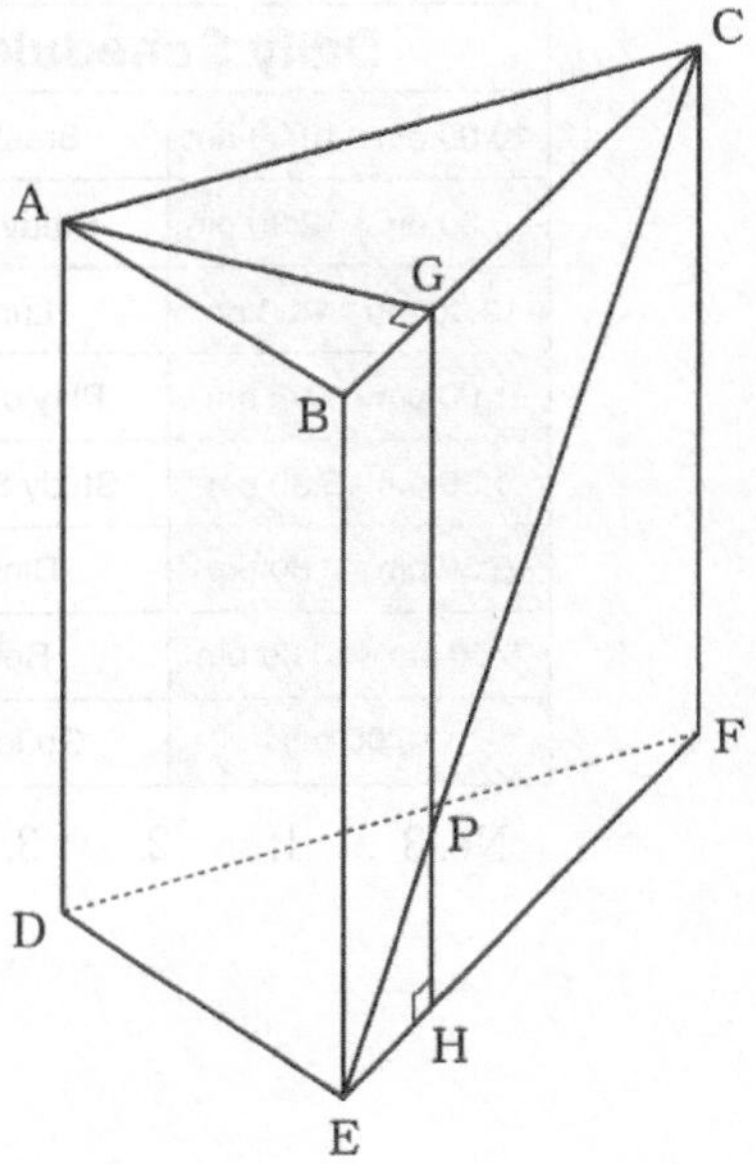

(17)　$AG=\boxed{45}\sqrt{\boxed{46}}$ cmである。

(18)　$CP:PE=\boxed{47}:\boxed{48}$ である。

(19)　三角錐P－DEHの体積は，$\boxed{49}\sqrt{\boxed{50}}$ cm^3 である。

【英　語】（60分）〈満点：100点〉

問題１　これからリスニングテストを始めます。問題は(A)と(B)に分かれています。英文は一度しか放送されません。メモをとっても構いません。

（A）　これから下の絵についての英文をそれぞれ4つ放送します。その中で最も適切なものを1～4の中から1つ選び，番号をマークしなさい。

No. 1

No. 1　　1.　　2.　　3.　　4.

No. 2

No. 2　　1.　　2.　　3.　　4.

No. 3

Daily Schedule	
10:00 am - 10:30 am	Breakfast
10:30 am - 12:30 pm	Study math
12:30 pm - 1:00 pm	Lunch
1:00 pm - 1:30 pm	Play outside
1:30 pm - 5:30 pm	Study English
5:30 pm - 6:00 pm	Dinner
6:00 pm - 10:00 pm	Relax
10:00 pm	Go to bed

No. 3　　1.　　2.　　3.　　4.

No. 4

No. 4　　1.　　2.　　3.　　4.

（B） これから放送される対話とその後に続く質問を聞き，その答えとして最も適切なものを１～４の中から１つ選び，番号をマークしなさい。

No. 5

1. At 7:00.
2. At 8:00.
3. At 9:00.
4. At 10:00.

No. 6

1. Linda thinks Mexican food is better than Italian food, but Jim disagrees.
2. Linda thinks Mexican food is very difficult to cook, but Jim disagrees.
3. Jim thinks Italian food is very difficult to cook, and Linda agrees.
4. Jim thinks Italian food is better than Mexican food, and Linda agrees.

No. 7

1. He won't go to Italy, but he will go to Spain.
2. He won't go to France, but he will go to Italy.
3. He will go to France, but he won't go to Spain.
4. He will go to Spain, but he won't go to France.

No. 8

1. He will buy one product and receive a third product for free.
2. He will buy one product and receive a 30% discount.
3. He will buy two products and receive a third product for free.
4. He will buy two products and receive a 30% discount.

No. 9

1. He wants to take the high-level course to improve his English.
2. He wants to take the beginners course to improve his English.
3. He wants to take the high-level course to improve his Japanese.
4. He wants to take the beginners course to improve his Japanese.

No. 10

1. She will buy a blue sweater in an extra-large size.
2. She will buy a red sweater in an extra-large size.
3. She will buy a blue sweater in a large size.
4. She will buy a red sweater in a large size.

〈リスニングテスト放送台本〉

No. 1
1. Desk A is the most expensive and the heaviest.
2. Desk C is lighter than Desk A and the most expensive.
3. Desk B is the lightest and cheaper than Desk A.
4. Desk C is the heaviest and the cheapest.

No. 2
1. The first step is putting soap on your hands.
2. The second step is drying your hands with a towel.

3. The third step is washing your hands for twenty seconds.
4. The fifth step is rinsing your hands with water.

No. 3
1. I usually enjoy studying English before I eat breakfast.
2. I usually enjoy studying English after I play outside.
3. I usually enjoy eating lunch after I play outside.
4. I usually enjoy eating dinner before I study math.

No. 4
1. Bill is eating bread, and Mary is eating cereal.
2. Mary is eating cereal, and Ann is eating bread.
3. Bill is drinking tea, and Ann is eating cereal.
4. Mary is drinking tea, and Ann is eating cereal.

No. 5
M：Hey, I thought your favorite TV show was going to start at 8:00 tonight? Well, it's already 8:00, so what happened?
W：There is a big baseball game tonight that hasn't finished yet.
M：Oh, I see. When will the TV show start?
W：They said it will begin in one hour.
Question：What time is the TV show going to start?
1. At 7:00. 2. At 8:00. 3. At 9:00. 4. At 10:00.

No. 6
W：Hi Jim! What kind of food do you like to cook?
M：I really enjoy cooking Italian food. I think Italian food is so delicious, and pasta is very easy to make. How about you, Linda?
W：Well, I like cooking Mexican food. I think Mexican food is much better than Italian food.
M：Sorry, but I disagree! Mexican food is too spicy and very difficult to cook.
Question：Which one is correct?
1. Linda thinks Mexican food is better than Italian food, but Jim disagrees.
2. Linda thinks Mexican food is very difficult to cook, but Jim disagrees.
3. Jim thinks Italian food is very difficult to cook, and Linda agrees.
4. Jim thinks Italian food is better than Mexican food, and Linda agrees.

No. 7
W：Do you have any plans for winter vacation?
M：I really enjoy travelling. I will go to Europe this year.
W：Wow! Is it the first time you've been there?
M：No, I already went to Italy and Spain last year, so I'm going to go to France.
Question：Where will the man go for winter vacation?
1. He won't go to Italy, but he will go to Spain.
2. He won't go to France, but he will go to Italy.
3. He will go to France, but he won't go to Spain.
4. He will go to Spain, but he won't go to France.

No. 8
W：Now on sale! If you buy our product, we will give you a 30% discount!
M：What happens if I buy two products?

W：If you buy two products, we will give you a third product for free!

M：Hmm … but I don't need three. So I will just take the 30% discount.

QUESTION：What will the man buy and receive?

1. He will buy one product and receive a third product for free.
2. He will buy one product and receive a 30% discount.
3. He will buy two products and receive a third product for free.
4. He will buy two products and receive a 30% discount.

No. 9 W：Hello sir, welcome to our language school! May I help you?

M：Yes, I can speak Japanese very well, but I really need to improve my English. So I was wondering if I could sign up for some English lessons at your school?

W：Sure, I would be happy to help you! We have a course for beginners and a high-level course.

M：I see. I haven't really studied English much, so I'd like to take the beginners course, please.

Question：What does the man want to do?

1. He wants to take the high-level course to improve his English.
2. He wants to take the beginners course to improve his English.
3. He wants to take the high-level course to improve his Japanese.
4. He wants to take the beginners course to improve his Japanese.

No. 10 W：Excuse me, do you have this red sweater in a large size?

M：Let me check, I'm sorry, all of the large ones are sold out. We have if in medium and extra-large. We also have the same sweater in blue with a large size.

W：Oh, I like the blue one! I will take that, please.

M：Thank you very much. I'll keep it at the register.

QUESTION：What will the woman buy?

1. She will buy a blue sweater in a medium size.
2. She will buy a red sweater in an extra-large size.
3. She will buy a blue sweater in a large size.
4. She will buy a red sweater in a large size.

問題２　(A)　次の英文の(　　)内に入る最も適切な語(句)を１～４の中から１つ選び，番号をマークしなさい。

(11) I am very glad to hear (　　) your success in the tournament.

1. for　　2. from　　3. of　　4. with

(12) The islands which Columbus (　　) in 1492 were not India.

1. arrived　　2. got　　3. reached　　4. came

(13) A：I only have 1,000 yen. Could you give me another 1,000 yen please, Mom?

B：What are you going to do (　　) the money?

1. to　　2. into　　3. by　　4. with

(14)　A：I feel hot in this room. It may be cooler outside.

B：(　　　)?

1. May you open the window　2. Can I close the window

3. Will you close the window　4. Shall I open the window

(15)　The question was very difficult, but (　　　) students were able to solve it.

1. little　2. a few　3. almost　4. no

(16)　This work will (　　　) by the end of this month.

1. be able to do　2. have to be done　3. must be done　4. be going to do

(17)　In my (　　　), it is completely impossible.

1. side　2. own　3. interest　4. opinion

(18)　Do you need anything (　　　)?

1. other　2. besides　3. else　4. also

(19)　Their customs (　　　) from ours.

1. differ　2. different　3. difference　4. differently

(20)　A：Will our baseball team win the next game?

B：I hope (　　　).

1. either　2. yet　3. so　4. up

(21)　I'm planning to go (　　　) to Hawaii this summer.

1. to travel　2. at journey　3. on a trip　4. a tour

(22)　Jenny came (　　　) with a great idea for the project.

1. on　2. up　3. off　4. after

(23)　A：How much is this doll?

B：Just 2,000 yen. It (　　　) a tax of 10 percent.

1. invites　2. includes　3. invents　4. increases

(24)　How long have you (　　　) each other?

1. known　2. known for　3. known to　4. known among

(25)　A：Hey, how about eating lunch at this restaurant?

B：OK, (　　　) not?

1. if　2. can　3. why　4. sure

(B)　次の語(句)を意味の通るように並べかえたとき，指定された番号に入る語(句)の番号をマークしなさい。ただし，文頭にくる語(句)も小文字にしてあります。

(a)　My grandfather gave me (　　)(　　)(26)(　　)(27)(　　) my childhood.

1. toys　2. with　3. in　4. many　5. play　6. to

(b)　I (　　)(　　)(28)(　　)(29)(　　) would come to Japan this winter.

1. an email　2. John　3. he　4. from　5. saying　6. got

(c)　It is (　　)(　　)(30)(　　)(31)(　　).

1. that　2. finding　3. good luck　4. brings　5. believed

6. a four-leaved clover

(d)　(　　)(32)(　　)(　　)(33)(　　) Australia in December?

1. in　2. is　3. like　4. the　5. what　6. weather

(e) There is (　　)(　　)(34)(　　)(35)(　　) honest.

1. than　2. nothing　3. be　4. important　5. to　6. more

(f) (　　)(36)(　　)(　　)(37)(　　) these days.

1. patients　2. of　3. is　4. number　5. the
6. increasing

(g) Our teacher (　　)(38)(　　)(　　)(39)(　　).

1. four　2. into　3. us　4. groups　5. divided　6. of

(h) (　　)(　　)(40)(　　)(41)(　　) expected.

1. I　2. as　3. look　4. the statue　5. as big　6. doesn't

(i) A：Shall we take the bus to Disneyland?
B：I'm sorry, but (　　)(42)(　　)(　　)(43)(　　). So let's go there by train.

1. the　2. ride　3. I　4. like　5. long　6. don't

(j) (　　)(44)(　　)(　　)(45)(　　) area.

1. this　2. taking　3. allowed　4. in　5. pictures　6. isn't

問題3　(A)　次の対話文の［ 46 ］～［ 50 ］に入る最も適切なものを，あとの1～0の中から1つ選び，番号をマークしなさい。

Nao：What did you do last night?

Jim：I studied English for the next term test. How about you?

Nao：I watched a TV program about hospitals and medicines. It was very interesting.

Jim：I want to know what part of the program impressed you. ［ 46 ］

Nao：Sure. Scientists discover thousands of new drugs every year. They test all new drugs to see if they work and to find out if they are safe for people to use. Medicines are tested very carefully by them. Drug companies pay them to make and test new drugs, and doing these things can take a very long time. ［ 47 ］

Jim：It is true that the prices are going up. I've heard that some promoted the use of inexpensive medicine such as generic medicine, however.

Nao：The medicines that are made in factories are often copies of medicines made from plants.

Jim：I see. As a result, the drug companies can reduce the prices of medicines. Do you mean it is not easy to make new medicines we need without plants ?

Nao：Yes. ［ 48 ］ If people cut down rainforests, we will lose plants that could make new medicines.

Jim：We should be thankful for being kept alive by nature.

Nao：By the way, what do you know about surgery?

Jim：Of course, I know the word, but I don't know much.

Nao：Surgery is when doctors called surgeons cut open a person's body to take out, repair, or replace parts. About 1,000 years ago, barbers started to do surgery. People could go to barber shops to have their hair cut. [49]

Jim：Unbelievable! Is that true?

Nao：They said on TV that barbers played a role of a surgeon. In the past, barber shops had a red and white pole outside. The red and white stripes were a symbol for blood and bandages.

Jim：Did you say two colors? The poles we see have one more color. How about blue?

Nao：You're right. Do you understand what it means?

Jim：I think that it means the sea because all life began in the sea.

Nao：Different people have different theories, but the reason is still unknown. Some say red, blue, and white could mean arteries, veins, and bandages. Others say they are from the flag of France or the United States.

Jim：That doesn't sound right to me.

Nao：Who knows? [50] In 1900, most people only lived to be about 45 years old. Today, people in many parts of the world live 30 years longer than they did in 1900. Some people say that by 2060, many people will live to be 100 years old!

Jim：Then, I'll live to be over 100 years old!

（注） promote 〜を勧める　generic medicine ジェネリック医薬品　surgery 外科手術　surgeon 外科医
bandage 包帯　theory 仮説　artery 動脈　vein 静脈

1. We need to keep in mind that thousands of medicines have been made from rainforest plants.
2. The barbers also pulled out bad teeth and cut off arms or legs that were badly injured!
3. Because I prefer historical dramas, I have many DVDs of the movies filmed in the late 90's.
4. Could you tell me about that?
5. At that time, the barbers didn't use hair dryers after cutting hair.
6. That's why some drugs are very expensive.
7. Therefore, scientists can't get much salary.
8. Because we already have the knowledge of plants, we don't need them anymore.
9. Would you mind telling me your favorite medicine?
0. Medicine has helped people to live longer.

（B） 次の英文を読んで，各問の英文に続けるのに最も適切なものを1つ選び，番号をマークしなさい。

In 1959, on Henry DePhillips' honeymoon to France and Italy, his art-major wife dragged him along to many art museums. A scientist, he found the museums very boring. He discovered his interest in art almost by accident.

In the 1980s, a friend with whom he played tennis asked him if he would test the chemical composition of something for him. It happened to be a Van Gogh painting. The friend was the chief conservator at the Wadsworth Atheneum Museum of Art in Connecticut, which owned the painting. Some people had said that they thought it was a fake.

DePhillips was surprised at how small the paint samples were that he received, but his friend explained that when you have a $3 million work of art, you chip off the smallest piece possible. Testing showed that the materials used were the same kinds that Van Gogh would have had. His friend was satisfied. And DePhillips was hooked.

He changed the focus of his work completely He had previously spent 25 years studying the proteins in snails, lobsters, and squid. Much of the work that he does now involves helping art restorers. Once they know the materials used, it becomes much easier to accurately clean a painting and brighten it, bringing it back to its original beauty.

DePhillips also acts as a kind of art detective, helping collectors determine whether an artwork is real. He also kept the Atheneum from buying a painting that was supposed to be by French painter James Tissot, when DePhillips found small amounts of titanium dioxide in the paint. Titanium dioxide was not used in paints until the 1920s, and Tissot died in 1902.

Art forgery is a 6-billion-dollar-a-year business, and the artists who make fake paintings are very skillful. An FBI agent once told DePhillips that about 25 percent of all works of art in museums are forgeries. In private collections, the estimate is 40 percent.

DePhillips taught chemistry at Trinity College in Connecticut for more than 40 years. Throughout the second half of his teaching career, he focused on teaching students art conservation techniques. He always had a long waiting list for his class“Science and Art.”

He is retired now, but DePhillips still continues to mentor chemistry majors in these techniques. Students learn to test paints that they have mixed themselves. Next they study older paint samples whose composition they already know. Only then do they begin to analyze unknown samples and paintings.

His work — at the crossroads of science and art — has transformed my life and it has transformed my wife's life,” he says. Nowadays it is DePhillips who drags his wife along to art museums.

Saying yes to friends can sometimes be a very good idea. It was for Henry DePhillips, who changed his life completely after agreeing to do a favor for a friend and look at the chemical composition of an artwork for him. DePhillips didn't care much about art before, but suddenly he saw the science in art and found a way to love paintings. He dedicated the rest of his career to analyzing the materials used in works of art, to assisting with the work of cleaning and restoring and to confirming whether paintings are authentic. DePhillips has gone on to influence numerous students he taught at the college, helping them to find the common areas between art and science.

(注) drag ～を連れ回す　chemical composition 化学成分　conservator 保存管理者
chip off ～を削り落とす　be hooked 夢中になる　previously 以前に
involve ～に関わる　art restorer 美術修復家　accurately 的確に
brighten ～を明るくする　detective 探偵　be supposed to ～のはず
titanium dioxide 二酸化チタン　forgery 偽造　estimate 推定
mentor ～を指導する　analyze ～を分析する　crossroads 交差点
transform ～を変える　dedicate ～を捧げる　authentic 本物の
numerous 多数の

(51) DePhillips became interested in art
1. when he went to France and Italy on his honeymoon.
2. after he finished testing the chemical composition of a Van Gogh painting.
3. when his friend explained the paint samples of a $3 million work of art to him.
4. after his friend showed him the result of testing the materials he received.

(52) DePhillips studied the proteins in snails, lobsters, and squid for about 25 years,
1. and that helped him to be an art detective.
2. because he thought it was more important for him to know the materials used.
3. and then his main work changed to helping art restorers and collectors.
4. because he wanted to tell if an artwork was real or fake.

(53) When the Wadsworth Atheneum Museum of Art tried to buy a painting,
1. French painter James Tissot painted a new painting without using titanium dioxide for them.
2. DePhillips advised them to ask the painter whether he used titanium dioxide in his paints.
3. they found that its owner, James Tissot, died in France in 1902.
4. DePhillips stopped them buying it by finding small amounts of titanium dioxide in the paint.

(54) In the second half of DePhillips' teaching career,
1. he taught his students mainly art conservation techniques at Trinity College in Connecticut.
2. he became famous for his class, "Science and Art", but had little chance to teach it to his students.
3. he often helped a lot of artists to make fake paintings skillfully as a side business.
4. he was told by an FBI agent that about 25 percent of all works of art in museums are forgeries.

(55) After DePhillips retired,
1. his work changed his wife's life as well as his.
2. he began to analyze unknown samples and paintings.
3. he came to take his wife to art museums.
4. he found a way to love paintings, thanks to his wife.

問46 ――線部分⑥「わが物」とありますが、この場合の「わが物」とは誰《だれ》の物ですか。次の中から一つ選び、その番号を答えなさい。

1 恵心僧都　2 安養の尼　3 強盗　4 小尼公

問47 ――線部分⑦「いかがきける」とありますが、「どうして着ることができようか」と訳すことができるとき、「いかが」はどんな働きがありますか。次の中から一つ選び、その番号を答えなさい。

1 反語　2 たとえ　3 打消　4 願望

問48 ――線部分⑧「いまだ遠くはよもゆかじ」とありますが、この部分の口語訳として適当なものを次の中から一つ選び、その番号を答えなさい。

1 いまごろ遠くにむかって行っているでしょう
2 いまだに遠くまで行っていないことはないでしょう
3 いまさら遠くまで行く必要はまさかないでしょう
4 まだ遠くにはまさか行っていないでしょう

問49 ――線部分⑨「とらせ給へ」とありますが、このように言った理由はなんですか。次の中から一つ選び、その番号を答えなさい。

1 盗んだものを落とすという失敗をするような強盗であれば、ちょっとしたきっかけで謝罪に来ると考えたから
2 強盗に入ったという証拠を確認させることで、強盗のほうから盗んだものすべてを返却させようと考えたから
3 小袖が自分の物であっても、物に困っている人に与えてやらねばならないという仏教の教えを守っているから
4 一度強盗の手に渡ったのだから小袖は強盗のものであると考え、強盗に小袖を返さなければならないと考えたから

問50 ――線部分⑩「呼びかへして」とありますが、この部分の主語を次の中から一つ選び、その番号を答えなさい。

1 恵心僧都　2 安養の尼　3 強盗　4 小尼公

問51 ――線部分⑪「しばし案じける気色にて」とありますが、この部分の口語訳として適当なものを一つ選び、番号を答えなさい。

1 しばらく考え込んだようすで
2 おそろしさからしばらく顔色を失って
3 ときどき表情をくもらせて
4 少しの間案内をしてもらって

問52 Ⅰ、Ⅱの文章について説明したものとして適当なものを一つ選び、その番号を答えなさい。

1 Ⅰの文章の盗人は将雅三位の演奏に心打たれて反省をし、盗んだものすべてを返した。Ⅱの強盗も盗んだものをすべて返した。
2 Ⅰの盗人は三位の優しさに触れ盗んだものすべてを返した。Ⅱの強盗は安養の尼の言葉に感動し、盗んだものすべてを返した。
3 Ⅰの文章の盗人は将雅三位の演奏に心打たれたが盗んだものは返さなかった。Ⅱの強盗は盗んだものすべてを返却した。
4 Ⅰの盗人は演奏に風流を感じたが盗んだものすべては返さなかった。Ⅱの強盗は安養の尼の優しさに心打たれすべて返却した。

問53 Ⅰ、Ⅱの文章は鎌倉時代に成立した説話集です。次の中から鎌倉時代に成立した作品を一つ選び、その番号を答えなさい。

1 古今和歌集　2 枕草子
3 平家物語　4 おくのほそ道

尼公（注4）とてありけるが、走りまゐりて見ければ、小袖《こそで》をひとつとりおとしたりけるをとりて、「これを盗人取りおとして侍《はべ》りけり。奉《たてまつ》れ。（注5）」とて持ちてきたりければ、尼うへの⑤いはれけるは、「これも取りて後は⑥わが物とこそおもひつらめ（注6）。ぬしの心ゆかざらん物（注7）をば、⑦いかがきける。盗人は⑧いまだ遠くはよもゆかじ。とく持ちておはしまして、⑨とらさせ給《たま》へ。」とありければ、門のかたへ走りいでて、「やや」と⑩呼びかへして、「これをおとされにけり。たしかに奉らん。」といひければ、盗人ども立ちどまりて、⑪しばし案じける気色にて、「あしく参りにけり。」とて、とりたりける物どもを も、さながら返し置きて帰りにけりとなん。

――橘　成季『古今著聞集』による――

（注1）恵心僧都＝源信《げんしん》。平安時代中期の天台宗の僧。
（注2）紙ぶすま＝紙の側に藁を入れて作った夜具布団。
（注3）姉なる尼＝安養の尼のこと。
（注4）小尼公＝安養の尼の妹。
（注5）奉れ＝ここでは「着てください」の意。
（注6）つらめ＝ちがいない。
（注7）ぬしの心ゆかざらん物＝持ち主の承諾をえないような物。

問41　――線部分①「うけたまはる」とありますが、ここでの「うけたまはる」が表す動作として適当なものを次の中から一つ選び、その番号を答えなさい。

1　考える　2　演奏する　3　聞く　4　残す

問42　――線部分②「あはれにたふとく候ひて」とありますが、この部分の現代仮名遣いとして適当なものを次の中から一つ選び、その番号を答えなさい。

1　あはれにとうとく候いて　2　あはれにとおとく候うて
3　あわれにとおとく候ひて　4　あわれにとうとく候いて

問43　――線部分③「優なる」とありますが、この場合の「優」と同じ意味で使われている「優」を一つ選び、その番号を答えなさい。

1　優先　2　俳優　3　優雅　4　優勝

問44　――線部分④「みなとりて出でにければ」とありますが、これを口語訳したものとして適当なものを一つ選び、その番号を答えなさい。

1　すべて盗んで出発したならば
2　みなで手に取って出ていくと
3　すべて盗んで出て行ったので
4　みながそれぞれに手に取ったが

問45　――線部分⑤「いはれけるは」とありますが、この部分を単語に区切ったものとして適当なものを次の中から一つ選び、その番号を答えなさい。

1　い／はれ／けるは　2　いは／れ／ける／は
3　いはれ／ける／は　4　いはれ／けるは

きたから

4　佐丸だけのことを気にしていたのだが、父親の話によって、自分を取り巻く様々な存在への意識を捨てることができたから

問40　――線部分⑩「犬の鳴き声がした」とありますが、この時の「フミ」の心情を説明したものとして適当なものを次の中から一つ選び、その番号を答えなさい。

1　大切な友を失うかもしれないという恐怖心から、かえって友人を信じることができず、現実逃避をしていたが、父の言葉によって、自身が誠実にあり続けることで、前向きな人間関係を築いていけるのではないかという希望を感じつつある

2　友を失うかもしれないという恐怖心から、真実から目をそらして現実逃避をしていたが、父の言葉から、他人が自分をどう思っているかということが大事なのではなく、まずは自分の気持ちを優先すべきであったと後悔の念を感じている

3　友を失うかもしれないという恐怖心から、真実から目をそらして現実逃避をしていたが、父の言葉を聞き、人間は孤独を恐れていては自分を見失ってしまうということに気づき、友を失おうとも、真実から目を背けないと決意をしている

4　大切な友を失うかもしれないという恐怖心から、かえって友人を信じることができず、現実逃避をしていたが、父の言葉によって、他人の思惑を気にすることのむなしさを知り、新たな人間と新しい関係を築きたいという決意をしている

四

次の文章Ⅰ、Ⅱを読んで、後の問いに答えなさい。

Ⅰ　博雅《ひろまさ》の三位《さんみ》（注1）の家に盗人入りたりけり。三品《さんぼん》（注2）、板敷のしたに逃げかくれにけり。盗人帰り、さて後、はひ出《い》でて家中を見るに、のこりたる物なく、みなとりてけり。篳篥《ひちりき》（注3）一つを置物厨子《おきものづし》（注4）にのこしたりけるを、三位とりてふかれたりけるを、出でさりぬる盗人はるかにこれを聞きて、感情おさへがたくして帰りきたりて云《い》ふやう、「只今《ただいま》の御篳篥の音を①うけたまはるに、②あはれにたふとく候《さぶら》ひて、悪心みなあらたまりぬ。とる所の物どもことごとくに返したてまつるべし」といひて、みな置きて出でにけり。むかしの盗人は、またかく③優なる心もありけり。

――橘《たちばなの》成季《なりすゑ》『古今著聞集《ここんちよもんじゆう》』による――

（注1）博雅の三位＝源博雅。平安時代の貴族。
（注2）三品＝三位に同じ。
（注3）篳篥＝雅楽に用いられる楽器。
（注4）置物厨子＝ものを載せ置くための戸棚（とだな）。

Ⅱ　横川《よかは》の恵心僧都《ゑしんそうづ》（注1）の妹、安養の尼《あま》のもとに強盗入りにけり。④ものどもみなとりて出でにければ、尼うへは紙ぶすま（注2）といふものばかりをひきてゐられたりけるに、姉なる尼（注3）のもとに、小

3　自分の気持ちの問題で頭がいっぱいで、父が自分のことを心配しているとは、まったく考えなかったから

4　誰にも言わずに海に来たので、学校から父親に連絡があった理由が分からず不思議に思ったから

問37　――線部分⑦「信じることができないんだ」とありますが、フミがそのように思っているのはなぜですか。適当なものを次の中から選び、番号を答えなさい。

1　すごく大事に思っている友人であっても、その気持ちが強すぎればかえって裏切られたときの傷が大きくなると考えていたから

2　友達を失ってしまうことの恐怖心から、事実に目を背け、かえって友達に対しての疑念をぬぐい去ることができないでいたから

3　仲がいいと思っていた人からの裏切りにあった父を目の当たりにして、人の気持ちを信じるということに恐怖心を抱いていたから

4　自分を嫌っているという話が、簡単に自分の耳に届いてしまうことこそが、佐丸との友情が偽りである証拠だと考えていたから

問38　――線部分⑧「信じろと、父は言わなかった」とありますが、その理由をフミはどのように考えていますか。その説明として適当なものを次の中から一つ選び、その番号を答えなさい。

1　信じるということは、自分ではどうにもならない相手の気持ちに依存するものであり、今のフミにとっては、そのことを考えるよりも自身の気持ちにどのように整理をつけるかということのほうが大事であると父が判断したからだと思っている

2　息子が友人を信じる気持ちを失っている今、「信じろ」というアドバイスは直接的な問題の解決にはつながるものの、精神的な負担が大きく、フミにはこれ以上の負担をかけたくはないという思いを父が持ってくれているからだと思っている

3　自分自身も、良かれと思ってとった行動から、信じてくれていた人たちを裏切ってしまったという責任と後ろめたさを父は強く感じており、単純に他人のことを「信じろ」とは言い出せないような状況にあったからではないかと考えている

4　信頼関係とは、自分が信じているという気持ちの強さと、相手のことを信じられるという気持ちの強さとが釣《つ》り合っていないと意味がなく、今のフミの置かれた状況では、それがかなり難しいことであると父が判断したからだと考えている

問39　――線部分⑨「初めてそんなことを考えた」とありますが、そうなったのはなぜですか。次の中から一つ選び、その番号を答えなさい。

1　父親からの励ましがあり、気持ちを切り替えようとしたのだが、どうしても佐丸への自分の思いをおさえきれないから

2　父親から、信頼を築くには相手が自分をどう思うかが大切だと聞き、少しでも佐丸をなだめられるよう彼のことを知ろうとしたから

3　佐丸が自分をどう見ているかではなく、他人に対して誠実でありたいと考えを変えたことで、相手の気持ちに近づく事がで

知ることで、佐丸への憎しみを一層募らせることに嫌気がさし、同時に佐丸との関係に悩む自分自身をも嫌悪《けんお》する気持ち

2　自分の選択とはいえ、真相を明らかにすることで、大切な人間関係と職場とを失った父の姿を見て、自分も父同様の失敗で、大切なものを失いたくはないという、父を軽《かろ》んずる気持ち

3　佐丸が本当は自分のことをどう思っているのかということを明らかにすることよりも、佐丸との良好な人間関係を大切にし、今までの疑念を捨て去り、前向きに生きていこうという気持ち

4　佐丸が本当は自分のことをどう思っているのかという真相を知ることで、決定的に佐丸との人間関係が壊れ、佐丸という大切な友人を失うことを恐れる気持ち

問34　——線部分④「ぼくをからめとろうとする」とありますが、この表現について説明したものとして適当なものを次の中から一つ選び、その番号を答えなさい

1　父の人間関係と自分自身の人間関係とを重ね合わせ、絶望的な現状からの逃避を図ろうとするが、どうしてもそのことができないでいるいらだちを擬人法《ぎじんほう》を用いて表現している

2　今は佐丸と過ごした楽しかった想い出を思い出したくはなく、何度もそのことを忘れようと努めるが、どうしてもそのことができないでいる様子を擬人法を用いて表現している

3　上村から、佐丸が本当はぼくを嫌い、陥れようとしていることを告げられた時の様子を不快に思い、それを忘れようと努めるが、それができないでいる様子を隠喩で表現している

4　今は仲間たちとの人間関係をどうするかという問題を考えたくはなく、つとめて考えないようにしていたが、どうしてもそのことにとらわれてしまう様子を、擬人法を用いて表現している

問35　——線部分⑤「ちょうどよかった」とありますが、どんなことをちょうどいいといっているのですか。次の中から一つ選び、その番号を答えなさい。

1　誰にもみつからずに一人で来てしまったが、たまたま携帯電話で大事な話をするのにはちょうどいい、静かなところであったこと

2　誰にもみつかることなく、佐丸と言い争いをしてしまったことを反省するために一人になることができる場所を見つけたこと

3　誰にもみつかることがないように遊歩道を歩いていると、夕日が沈み、辺りが暗くなり、自分の姿がほぼ見えなくなってきたこと

4　誰にもみつかることなく一人でいたいと考えているタイミングで他人に気づかれないように座っていられる場所をみつけたこと

問36　——線部分⑥「なんだろう」とありますが、フミはなぜ疑問を感じたのですか。適当なものを次の中から一つ選び、その番号を答えなさい。

1　息子に関心がないはずの父親が、アドバイスをくれるために電話をかけてくるとは思っていなかったから

2　父は急患が来て大変な状況にあるのに、自分に電話をかける時間があるとは考えていなかったから

子での新しい暮らしが始まるとわかっていたから。

でもその春に、お父さんはもういなかった。

ぼくは岩場から這《は》い出《だ》し、立ち上がった。よろよろと歩き出す。

犬の泣き声が聞こえたよ。だよな、だってここは、犬吠埼《いぬぼうさき》。

白い灯台の前で、声を合わせられたらいいなと思う。一緒に笑えたらもっといいなと思う。そうなれるような人間を、ぼくは目指さなきゃいけないんだ。

——大崎梢《おおさきこずえ》『海に吠える』による——

（注1）若丸のように＝源義経がしかたなく置いていった犬の若丸が七日間鳴き続け、八日目に岩になったという伝説から「犬吠埼」となったと、フミは佐丸から聞いていた。

問28 ——線部分Ａ「ヨウダイ」のカタカナと同じ漢字を用いているものを、次の中から一つ選び、その番号を答えなさい。

1　食べ物を入れるヨウキ　　2　イチヨウに同じ動きをする

3　国旗をケイヨウする　　4　電話でヨウケンを話す

問29 ——線部分Ｂ「テイシュツ」のカタカナと同じ漢字を用いているものを、次の中から一つ選び、その番号を答えなさい。

1　条約をテイケツする　　2　川のテイボウを歩く

3　問題をテイキする　　4　かたくなにテイコウする

問30 〜〜線部「で」と文法的性質が同じであるものを、次の中から一つ選び、その番号を答えなさい。

1　これが私の本で、あれが君のだ。

2　町では人々が軒先で涼《すず》んでいた。

3　気温が低いので、火をおこした。

4　五十歳で彼は第一線から退いた。

問31 ——線部分①「やみくもに進んでいる」とありますが、このような行動についての説明として適当なものを次の中から一つ選び、その番号を答えなさい。

1　佐丸から話を聞きたいと思い、夜になっても急いで進んでいる

2　父に心配をかけたくないので、あわてて家の方向へ進んでいる

3　真実を知りたくないことから、さきの見通しもなく進んでいる

4　友人に合わせる顔がないことから、暗がりのほうへ進んでいる

問32 ——線部分②「真実」とありますが、ここでの「真実」をフミはどのようなものであると考えていますか。次の中から一つ選び、その番号を答えなさい。

1　佐丸は最初から自分への特別な感情を持っていないと考えている

2　佐丸は自分の事を本心では嫌っているのではないかと考えている

3　佐丸たちが自分と父の境遇《きょうぐう》に同情を寄せているのだと考えている

4　佐丸は本当は自分の事を嫌っていないのではないかと考えている

問33 ——線部分③「決着なんかいらない」とありますが、そのように考えるこの時のフミの心情を説明したものとして、適当なものを次の中から一つ選び、その番号を答えなさい。

1　佐丸が本当は自分のことをどう思っているのかという真相を

を丸めて目をつぶる。やっとほっとできた。逃げられた気がした。このままじっとしているから、岩にしてほしい。義経《よしつね》を思いながら鳴き続け、岩になった若丸のように(注1)。

どれくらいそうしていただろうか。指先が痛いほど冷えたところで、上着のポケットの振動に気づいた。携帯電話《けいたいでんわ》が鳴っていた。取り出してもたもたしている間に止まってしまう。父からだった。何かあったのだろうか。[A]ヨウダイが急変した患者さんがいたのか。夕飯までに間に合わないという連絡か。

ディスプレイをみつめているとまたかかってきた。

「もしもし」

「フミか。フミなんだな。今、どこにいる?」

⑥なんだろう。すごくあわてている。

「どうかした?」

「どうかじゃない。心配したぞ。今、どこにいる? お父さん、すぐに行くから。今いるところを言いなさい」

学校から連絡が行ったのか。宮本や川口の顔が浮かんだ。

「もしもし、フミ、聞こえるか?」

「お父さん、ぼく、友だちのことが信じられないよ。すごく大事で、すごく大切な友だちなのに、⑦信じることができないんだ」

少し間を置いてから返事があった。

「それは、とても大切だからだよ。なくしたくない気持ちが強すぎて、恐《こわ》くなるんだ。お父さんもこの一年、ずっとそうだった」

「うん」

他の誰でもない、お父さんの言葉だからうなずけた。病院に意見書を[B]テイシュツすると決めてから、まわりの人たちの多くは変わってしまったらしい。仲がいいと思っていた人にも、心ない態度を取られた。

「でもな、自分は自分で精一杯、誠実にやっていくしかないんだ。フミもだぞ。おまえが優しさや思いやりを持っていれば、必ず気づいてくれる人がいる。応《こた》えてくれる人がいる。それは信じていいぞ。お父さんが言うんだからな、まちがいない。大丈夫だ。恐くない。恐くても、投げ出すな。お父さんも投げ出さない。おまえも投げ出すな」

⑧初めての引っ越しで、初めてできた友だち。今、一番大事な友だち。信じろと、父は言わなかった。人の気持ちは人の気持ちだ。自分ではどうにもならない。自分自身の気持ちをなんとかするしかない。

少しでも、誠実に。思いやりを忘れずに。

ぼくにとっての佐丸ではなく、佐丸にとってぼくは、どんなクラスメイトだっただろう。

あいつのお父さんが銚子に引っ越す前に亡くなったことは知らなかった。春をけしかけ、佐丸のまねをして、海に向かってワンワンと吠《ほ》えたとき、もしかしてあいつはお父さんを思い出していただろうか。自分を置いて逝ってしまった父親のことを。⑨初めてそんなことを考えた。

波の音がふっと静まる。傾いた半月が海原の上に浮かんでいる。

⑩犬の鳴き声がした。

ぼくは手足に力を入れた。窪みから体を起こす。耳を澄ます。寄せては返す潮騒《しおさい》の中に、かすかに混じる、聞き覚えのある鳴き声。

「春」という名前の由来を尋ねたとき、お父さんがつけたと佐丸は言っていた。秋生まれの子犬だったのに、「春」。半年後の春から、銚

ティを維持できるようにバージョンアップすること

問27 この文章の内容と合致するものを次の中から一つ選び、その番号を答えなさい。

1 学ぶことはこれまでのつながりを切断するものの、新たなつながりを作るダイナミズムをもち、それこそが人間には求められている

2 学び続けることが大事であり、自分に必要なつながりのみを選択していくことで、自らを飛躍させる機会を得ることができるのだ

3 学ぶことの理由は、外部環境との関係において新たなつながりを創造するだけでなく、相互の関係性を変化させていくことでもある

4 学ぶことで自身の思考に変化をもたらし、さらに自己形成へとつながるが、外部環境を変化させないと、その成果は実体を伴わない

三

次の文章を読んで、後の問いに答えなさい。

主人公のフミは、父の転勤で千葉県銚子《ちょうし》市の犬吠《いぬぼう》に引っ越し、二人で住んでいる。父は都内で医師をしていたが、医療《いりょう》ミスの告発をおこなったことへの嫌がらせのような転勤であった。転校先で佐丸や宮本、川口と友達になったが、クラスメイトの上村から、その件を知った佐丸のお母さんや佐丸がフミを嫌っていると聴かされた。

外川の集落を抜け、電車の駅を通り越し、①やみくもに進んでいると次の駅である「犬吠」のホームが見えてきた。手前で曲がって海に向かう。家には帰れない。宮本や川口が訪ねてくるかもしれない。ぼくに②真実を告げるかもしれない。

佐丸がほんとうはぼくを嫌ってるっていうこと。ちっとも友だちじゃないこと。陥《おとしい》れようとしていること。

ちがうかもしれない。すべてが上村の嘘《うそ》で、佐丸も佐丸のおばさんも、ぼくの思っている通りの人かもしれない。

どちらかだ。丸かバツか。右か左か。黒か白か。

コインを投げるように簡単。「かもしれない」がすべてなくなる。裏か表か、答えはひとつ。すぐに決着がつく。

ぼくはそれを知りたくなかった。佐丸の本心を知りたくない。③決着なんかいらない。

黙々と足を動かしていると横風が強くなった。マリンパークの前を行きすぎると白い灯台が見えてくる。ここも佐丸と一緒に行った。銚子はやつとの想《おも》い出《で》だらけだ。逃げたくても逃げられない。想い出が追いかけてくる。④ぼくをからめとろうとする。

初めて登った「地球の丸く見える丘展望館」から眺めた海が、一足ごとに近くなる。灯台のまわりはがらんとしている。誰《だれ》かにすぐみつかりそうで、岩場に巡らされた遊歩道へと下りることにした。急な階段をたどっていると波音が大きくなる。西の空に雲が広がり、夕陽《ゆうひ》はほとんど隠れてしまった。あたりに人影はなく、暗くて寒い。

⑤ちょうどよかった。ぼくは誰にも気づかれそうもない窪《くぼ》みをみつけ、遊歩道から離れてそこに身を寄せた。しゃがんで膝《ひざ》を抱え、背中

ることが求められるが、多くの場合はその要求に応《こた》えられず、周囲との関係性を断絶して、自らの可能性を放棄してしまうということ

2　外部との関係性がそのまま変わらない状態を続けることで、閉鎖的で固定的な状況に縛られ、また、その環境を維持しようとするための周囲への同調により多面性や可能性が失われてしまうこと

3　学ぶことは外部との関係性が重要であり、閉ざされた環境にあっては、海外への留学などといった、多様な場所において、自由に情報に触れる機会をも失い、学びの幅がせばまるということ

4　外部環境に支配された状態では、自身が持つ可能性や多面性を押しつぶされないようにするための努力により、労力や時間などが取られ、日常の行動に余裕がなくなってしまうということ

問23　――線部分⑥「自己を失うことにもなりかねない」とありますが、その理由は何だといっていますか。次の中から一つ選び、その番号を答えなさい。

1　外部との関係性という自己の成立条件を、失うことになるから

2　孤独を避けようとするあまり、学ぶことを途中で放棄するから

3　孤独は深刻な問題であり、他人と会える状況ではなくなるから

4　自己との関係性が深かった社会でないと、自己を保てないから

問24　［　　］部分に入る適当な言葉を次の中から一つ選び、その番号を答えなさい。

1　否定　2　客観視　3　妥協　4　抽象化

問25　――線部分⑦「有限性への自覚」とありますが、それはどんなものですか。次の中から一つ選び、その番号を答えなさい。

1　あらゆるつながりは、自己形成に関わっているという側面を理解し、関係性を断絶するには自ずと範囲《はんい》があることを認識すること

2　外部とのつながりというものは無限のものではなく、自分の学びの中で、限られたつながりを選択的に構築するべきだと考えること

3　すべてのつながりを切断しないと、新しい学びを得ることができず、既存のつながりを切断する機会を持つべきだと理解すること

4　あらゆるつながりから解放されたとしても、これまでとは異なる視点を持たねば、新しい学びは、限定的なものとなるということ

問26　――線部分⑧「外部環境自体も変化していく」とありますが、その変化に対して、自身がとるべき行動はなんだといっていますか。次の中から一つ選び、その番号を答えなさい。

1　外部環境の変化に対応するためには、何が最新の情報であるかを絶えず探求し続ける努力を重ねる必要があること

2　外部環境の変化に対応するために、常に難しい学問にチャレンジすることをこころがけ、学びを高めていくこと

3　外部環境の変化に対応するために、その変化に合わせて自身をバージョンアップさせる学びをする必要があること

4　外部環境の変化に対応するだけでなく、現在のアイデンティ

3　興味ホンイで始める　　4　ルールにイハンする

問17　〜〜線部分「必要」とありますが、この二字熟語の構成を説明したものとして適当なものを次の中から一つ選び、その番号を答えなさい。

1　主語・述語の関係にあるもの
2　修飾《しゅうしょく》・被修飾の関係にあるもの
3　下の字が対象や目的を示しているもの
4　二字が似た意味を持つもの

問18　——線部分①「消化する」とありますが、ここではどんな意味で使われていますか。適当なものを次の中から一つ選び、その番号を答えなさい。

1　既に持つ知識を駆使して、新しい関係性を形成していくこと
2　目の前にある課題を、過不足なくスムースに完了《かんりょう》させること
3　時間・エネルギーなどを使いつつ、外部環境とつながること
4　得た知識を十分理解して、自分の思考に変化をもたらすこと

問19　——線部分②「学ぶとは恐ろしいことだ」とありますが、恐ろしいこととして挙げられるものを次の中から一つ選び、その番号を答えなさい。

1　最適だと感じていた環境に自身が適合しなくなってしまうこと
2　新たに付き合い始める人が出てくる可能性を失ってしまうこと
3　仲間との付き合い方を変化させる可能性をなくしてしまうこと
4　自分が変化することで世界に飛躍する機会が減ってしまうこと

問20　——線部分③「不可逆的」とありますが、「不可逆」のこの場合の意味として適当なものを、次の中から一つ選び、その番号を答えなさい。

1　原型がわからなくなるほど　　2　理由やわけもなく
3　再びもとの状態にもどれない　　4　いやおうなしに行う

問21　——線部分④「居心地が悪くなるはずだ」とありますが、「居心地の悪さ」について説明したものとして適当なものを次の中から一つ選び、その番号を答えなさい。

1　何かを学ぶことで、新たに得た知識・経験と、すでに持っている知識・経験との間で整合性や統一性がとれなくなり、自分と学ぶことによって得た新たな環境との間にずれを感じること
2　何かを学ぶことで、外部の変化の方向性と自分自身の方向性との違いを認識し、従来の環境を維持することが困難な状況になることによって、自分自身の方向性が間違っていると感じること
3　何かを学ぶことで、外部とのつながりが変化すると同時に自分も大きく変化し、従来の関係性を維持することが難しくなることで、自分は従来の環境には不適合であるという感覚になること
4　何かを学ぶことで、外部とのつながりが増えるなどして外部環境に変化が起きるが、そうした変化に自分自身が対応できないことによって、自分と今までの環境との間に違和感を感じること

問22　——線部分⑤「窒息してしまう」とありますが、この場合の「窒息」とは、どんなことですか。その説明として適当なものを、次の中から一つ選び、その番号を答えなさい。

1　環境に最適化した人間であろうとすると、周囲に合わせ続け

応をヨギなくされる状況を考えればわかりやすいと思う。あれやこれやのコメントに「いいね」を押し続けることが強要される状態など考えただけで窒息してしまいそうだ。そういう場合はつながりを切断する必要がある。しかし、やみくもに片っ端からつながりを切断すると、孤立、孤独という現代病に陥《おちい》ることになる（英国では孤独担当大臣が任命され、アメリカ心理学会も孤独感は肥満よりも深刻なキョウイである可能性があると発表したくらいなので、今や孤独は病気だと言えるだろう）。さらには⑥自己を失うことにもなりかねない。自己とは関係性によって成立しているものだからだ。

すると、過剰なつながりを選択的に切断するということになるわけだが、そのためにはこれまでとは異なる視点を身につけなければならない。自分がどういうつながりの中にいるのかを、自分から離れて□する必要がある。日常的な惰性《だせい》から脱却し、自己を対象化して初めて、自分をとりまく様々に交錯するつながりが認識でき、その認識に基づいて選択的につながりを切断する、つまり積極的な自己破壊が可能になる。

もちろん、つながりを切断したら自由になれるというわけではない。自己が関係性によって成立するものである以上、あらゆるつながりから解放されるということはありえないからだ。また、煩《わずら》わしければどのつながりでも自由に切断できるというわけでもない。たとえば、自分を自分の過去と切断してしまうわけにはいかない。自分が生まれつき持っている特性（遺伝や生まれた環境）や自己形成の歴史から完全に逃れることはできないからだ。自己形成の歴史を概観して現在の自分を新たな視点で位置付けることは可能だし、また必要なプロセスだが、過去のしがらみからすっかり解放されてゼロから始めよう、などということは、安易な思考放棄、責任放棄に他ならない。無限の自由を妄想するのではなく、⑦有限性への自覚を出発点におくべきだ。

さらに、⑧外部環境自体も変化していくものだ。すると、適応していくためには自分も変化する必要がある。変化を拒み、現在のアイデンティティに固執していると、つながりが健全に機能しなくなることになる。新しい周辺機器と接続できなくなったプラグみたいな存在になってしまいかねない。自分をバージョンアップしてはじめて、変化していく外部環境との健全なつながりを維持できるのだ。

そう考えると、学ぶことで自らを変化させるのは有効なことであり、その中で、これまでのつながりのいくつかを切断し、新たな形で結びなおす、あるいは新たなつながりを作るというダイナミズムこそが、常に人間には求められているのだという結論に達する。

——西きょうじ『さよなら自己責任　生きづらさの処方箋《しょほうせん》』による——

（注1）ダイナミズム＝内に秘めたエネルギー。力強さ。活力。

（注2）ムラ社会＝同類が集まる閉鎖的《へいさてき》な組織・社会を村にたとえた語。

問15　——線部分A「ヨギ」のカタカナと同じ漢字を用いているものを、次の中から一つ選び、その番号を答えなさい。

1　委員会のカイギが始まる　　2　戦争のギセイとなる

3　レイギ正しい青年だ　　4　人生のイギを考える

問16　——線部分B「キョウイ」のカタカナと同じ漢字を用いているものを、次の中から一つ選び、その番号を答えなさい。

1　イロンを唱える　　2　敵をイアツする

である。

2　現代詩における優れた作品とは、難解な表現がなく、また特別な詩語を用いることもなく、平凡な日常語を表現の工夫の仕方によって美しく仕立てたものでなければならない。

3　現代詩は、難解な言葉を多用する傾向にあるが、それに反して大木実は平明で磨かれた美しい言葉で作品をつづる。しかしながらそういった詩人は非常に珍しい存在となってしまった。

4　現代詩の鑑賞とは、作品から受ける情感を大切にしたうえで、その詩人が背負う背景や生い立ちなどにも注目し、それらを統合して読者が自由に解釈することも許容されるものである。

二

次の文章を読んで、後の問いに答えなさい。

まず、何かを学ぶというのは、新たなことを外部から取り入れ、それを自分のものとして①消化することだ。学ぶことによって自分の思考（内面）に変化が生じる。何かを学ぶと学ぶ前の自分とは変化しているわけだが、学んでしまうと学ぶ前の自分に戻ることはできない。よく考えてみると②学ぶとは恐ろしいことだ。他者（自然物であれ本の著者であれ学ぶ対象）によって、それまでの自分（の考え）が③不可逆的に破壊されるわけだから。しかし、これは創造に向かう破壊でもある。

ここで、自己は外部環境とのつながり（生物学的ネットワークや社会的ネットワーク）によって形成されているということを思い出してみよう。すると何かを学んだあとは、そのつながり（特に社会的ネットワーク）のままでは④居心地が悪くなるはずだ。これまでの自分が最適化されているネットワークに新たな自分が適合しているはずがないからだ。人間関係で考えるとわかりやすいだろう。自分が変化してしまうと、今までの仲間とこれまで通りに付き合うのは難しくなる。酒を飲まなくなるとか、映画の好みが変わるとか、新たな趣味にハマり始める、といったようなことでも人間関係の在り方が変化する可能性もある。付き合わなくなる相手もいるだろうし、関係性を変化させつつ付き合い続ける相手もいるだろう。もちろん、新たに付き合い始める人もでてくるはずだ。まとめると、学ぶことによって、いくつかのつながりが切断され、いくつかのつながりは更新され、新たなつながりが生み出される。しかし、しばらくの間は、以前の環境との不適合に居心地の悪さを感じることになるだろう。

そのような居心地の悪さをあえて作っていく必要があるのか、と思うかもしれない。おそらく、そうしなければいけない必然性はない。しかし、そうしたほうがいい、という理由はいくつかあげられる。

先に述べたとおり、自己は外部との関係性によって形成されるものだ。しかし関係性をそのままの形で維持しようとすることには無理がある。外部環境に支配された状態、あるいは環境に最適化した状態が続くと、ダイナミズム（注1）を失い⑤窒息《ちっそく》してしまう可能性もあるからだ。人間関係で考えてみるとわかりやすいかもしれない。いつも同じメンバーとだけ付き合い続けていると、自分のキャラが固定されて、そこから逃れるのが難しくなってしまう。同じキャラを演じ続けなければいけないという義務感によって自分の持つ可能性、多面性が押しつぶされてしまうような感じになるだろう。（中略）

また、過剰《かじょう》な人間関係（数であれ濃度であれ）は、人を息苦しくさせる。これは、ムラ社会（注2）の閉塞感《へいそくかん》やSNS上で、様々な人への反には、早くに別れた肉親への思慕の想《おも》いが強く込められ、詩人の深い哀感がうかがえる。

問8　――線部分②「その意」とありますが、これが具体的に示すものとして適当なものを次の中から一つ選び、その番号を答えなさい。

1　追憶　2　望郷　3　回想　4　旅愁

問9　――線部分③「孤独」とありますが、全体が、この二字熟語と同じ構成となっている四字熟語を次の中から一つ選び、その番号を答えなさい。

1　意気消沈　2　遠交近攻

3　完全無欠　4　大器晩成

問10　――線部分④「何か」とありますが、解説文の筆者は、[B]の詩に関しては、それが何であると考えていますか。次の中から適当なものを一つ選び、その番号を答えなさい。

1　詩人が背負っている生い立ち

2　傷心をいやす時間の経過

3　詩人が持つ詩への基本理念

4　詩人が持つ未来への希望

問11　――線部分⑤「異郷での寂しい情感」とありますが、この情感についての解説文の筆者の解釈を具体的に説明しているものとして適当なものを次の中から一つ選び、その番号を答えなさい。

1　関東大震災によって継母を亡くした詩人が継母と暮らした宇都宮の町で、ある雨の夕暮れ時にあった継母との楽しくもせつない記憶

2　関東大震災によって継母を亡くした詩人が、ある雨の夕暮れ時、新たな生活が始まった町を、哀しみに耐《た》えながら歩んだ日の記憶

3　父と離れて、継母と一時だけ過ごした見知らぬ町のわびしい雨の夕暮れの風景とこのわびしい田舎の町で誰《だれ》にも頼れぬという孤独

4　夕暮れ時、旅の途中で川のある町を訪れた詩人が、この町からかもし出されるうらぶれた風情《ふぜい》に対して抱いたものさびしさや憂《うれ》い

問12　[B]の詩における表現の特徴として適当なものを次の中から、一つ選び、その番号を答えなさい。

1　視点の移動と空間的な広がり

2　静寂さを表現する聴覚表現

3　触覚を中心とした感覚表現

4　明確なメッセージ性

問13　[A]・[B]の詩に共通する主題として、解説文の筆者が考えているものは何ですか。適当なものを、次の中から一つ選び、その番号を答えなさい。

1　故郷を離れる哀感　2　旅先での旅愁

3　少年の日の回想　4　故郷の美しさ

問14　この解説文を通じて示される筆者の考えを説明したものとして適当なものを次の中から一つ選び、その番号を答えなさい。

1　現代詩の鑑賞とは、その詩人の背景などについては考慮《こうりょ》せず、あくまでも作品の表現や書かれていることを第一に考え、詩人が意図した内容を忠実に汲み取ることこそを重視するもの

2　Aは、全く表現技法を用いない平明な言葉のみで表現された口語自由詩であるが、Bの詩は、倒置法が用いられた文語自由詩である。

3　Aは、擬態語が用いられた口語自由詩であるが、一方のBの詩は、表現技法を用いず、平明な言葉で表現される口語自由詩である。

4　Aは、体言止めが用いられた口語自由詩であり、Bの詩は、比喩《ひゆ》表現を用いず、平明な言葉で表現された口語自由詩である。

問4　[　　]部分に入る適当な言葉を次の中から一つ選び、その番号を答えなさい。

1　時間の推移　　2　季節の移り変わり
3　秋らしい風情　　4　非日常的な世界

問5　――線部分①「詩人の胸裏にありありと残っている回想」とありますが、解説文の筆者がこのように判断した根拠をAの詩の中から探し出し、その部分が含まれている行番号として適当なものを次の中から一つ選び、その番号を答えなさい。

1　2行目　　2　3行目　　3　4行目　　4　5行目
5　6行目　　6　7行目　　7　8行目　　8　9行目

問6　Aの詩について解説文の筆者は、詩の中で二回時間の移動があることを認めています。その最初の時間の移動と二回目の時間の移動とが認められる場所を指摘したものとして適当なものを次の中から一つ選び、その番号を答えなさい。

1　最初―3行目・二回目―8行目
2　最初―3行目・二回目―9行目
3　最初―3行目・二回目―11行目
4　最初―8行目・二回目―11行目
5　最初―8行目・二回目―9行目
6　最初―9行目・二回目―11行目

問7　Aの詩を解説文の内容を踏まえて説明したものとして、適当なものを次の中から一つ選び、その番号を答えなさい。

1　少年時特有の漠然《ばくぜん》とした不安などとは無縁の、甘い思い出をいきいきと描いており、「会話」などもたくみに詩の中に取り込むという手法が秀逸である。後半は聴覚で情景をとらえ、夜の静寂さを一層引き立てている。また、強い望郷の思いからこの詩は詠まれている。

2　少年時過ごした宇都宮での甘い楽しい思い出を、「会話」などもたくみに詩の中に取り込む作者特有の手法でいきいきと表現する。後半はおもに視覚で情景をとらえ、夕暮れ時の赤と緑との色彩《しきさい》の対比とが鮮やかである。また、この詩は強い望郷の念が随所に感じられる。

3　表面では、詩人が川のある町にふと立ち寄った時に感じた旅愁であるが、同時にどことなく故郷の町に似る情景から、かつての故郷への追憶をも併せて表現する二重構造を持った詩である。主に聴覚で情景をとらえ、夜の静寂を一層引き立て、美しい故郷を賛美している。

4　少年時特有の漠然とした不安などとは無縁である甘い思い出をいきいきと描いており、「会話」などもたくみに詩の中に取り込む手法が秀逸である。後半、「今夜も星が美しい」の表現

3 家家のうしろを川がながれていた
4 その川のうえにも雨は降っていた
5 川の向うにも
6 知らぬ町町はつづいていた
7 その町町の燈もけむっていた

詩人はこの田舎の町をどこともいっていない。一読して②その意を汲《く》み取《と》ることのできる詩ではあるが、精密に読んでいくと、この詩は深い情感がその一語一語にこもった珠玉《しゅぎょく》の作品である。詩人大木実の生い立ち（注1）を知らない読者には、これは川のある町にふと立ち寄った詩人の旅愁と映るであろう。もちろんそう解釈するのが最も妥当であろう。わびしい雨の夕暮れ、そしてこのわびしい田舎の見知らぬ町、ふとため息のようにもれる③孤独な小さな歌。しかしここであえて異を立ててみたい。

これは詩人の少年の日の回想ではないだろうか。あの大正の関東大震災後、宿郷町《しゅくごうちょう》にひとりあずけられた詩人が、ある雨の夕暮れに継母を喪《うしな》った哀《かな》しみを精一杯《せいいっぱい》にこらえながら宇都宮《うつのみや》の田川《たがわ》のほとりを歩んだ日の記憶がいつか、時を経て詩のモチーフとなったのではないだろうか。これはあくまでも推測の域を出ない。しかしそれでこそこの詩にある哀感が胸に迫るのでもある。詩の鑑賞にはそうした自由なBソウネンも許されてよいであろう。

雨に昏れた家家に燈がともった
家家のうしろを川がながれていた
その川のうえにも雨は降っていた

この三行の詩句には詩人の深い哀感がある。「淡い旅愁」とのみ感じられない④何かがありはしないであろうか。この詩には墨絵《すみえ》のようににじんで浮かぶ⑤異郷での寂しい情感がある。

——小川和佑《おがわかずすけ》『詩の読み方』による——

（注1）詩人大木実の生い立ち＝大木実は七歳の時に実母と死別、その後、関東大震災の時に継母と弟と妹を亡くし、宇都宮市宿郷町の遠縁の家に一時的に預けられた。

問1 ——線部A「タクみ」のカタカナと同じ漢字を用いているものを次の中から一つ選び、その番号を答えなさい。

1 仕事でコウミョウを立てる
2 コウミョウに相手をあざむく
3 コウカを発揮する
4 法律をセンコウする

問2 ——線部B「ソウネン」のカタカナと同じ漢字を用いているものを次の中から一つ選び、その番号を答えなさい。

1 ソウテイされた結果である
2 シンソウを明らかにする
3 ドクソウ的な方法を考える
4 ソウテイの美しい本だ

問3 A・Bの詩の用語や形式、表現技法の説明として適当なものを次の中から一つ選び、その番号を答えなさい。

1 Aは、擬人法《ぎじんほう》を多用した口語自由詩であり、Bも同様に口語自由詩であるが、表現技法を用いずに平明な言葉で表現されている

【国　語】（五〇分）〈満点：一〇〇点〉

一　次の詩と文章を読んで、後の問いに答えなさい。

A　故郷　　大木　実

桑畑の向こうにとなりの家がある
日の暮れ　煙があがり燈火《あかり》が点《つ》く
緑の雨戸を繰《く》りながら
「おうい」と大きな声で呼ぶ
しばらくして「おうい」と返事がある
「あしたまた遊ぼうや」
「遊ぼうや」
その家に　宗ちゃんという少年がいた——
山は暮れ
鳥屋《とや》に鶏《とり》たちも寝てしまった
そしてせせらぎの聞えるあたり
今夜も星が美しい

この詩の初出雑誌は戦中の「文芸」で、後に詩集『初雪』に収められた作品である。

筑摩書房版《ちくましょぼうばん》『現代詩集』の本文に拠《よ》れば三連から成り立つこの詩は、大木実の特質である平明で磨かれた美しい言葉でつづられている。第一連の二行がこの詩の導入部で、そこには田舎の夕暮れのイメージが短いながらも過不足なく表現されている。「煙があがり燈火が点く」という詩語は短い中に［　　］をよく表している。

①第二連これは詩人の胸裏《きょうり》にありありと残っている回想である。会話がAタクみに詩の中にとけ込んで、甘い少年の日の思いがいきいきと描かれているではないか。

第三連、再び詩人は現実の時間の中に回帰する故郷の声、それは夜の中に流れるせせらぎの響きである。自作解説によれば季節は晩秋、さればこそせせらぎの響きも清明に耳うつのであろう。どこといって難解なところのない詩である。かといってそれはこの詩のモチーフが決して低いという意味ではない。ここでは平凡《へいぼん》な日常語も詩人の手にかかると、かくも美しい詩となることが実証されている。優れた作品とはもとよりそうしたものであろう。

この詩の背景となった「故郷」とは大木自身の言葉によれば、「芳《は》賀郡逆川村《がぐんさかがわむら》」である。

「平凡な山村で、村人は田を作り畑を耕し、冬はいくらかの炭を焼く。栃木県《とちぎけん》といっても茨城県《いばらきけん》境に寄っていて、水戸線笠間市《みとせんかさまし》から八キロはいり、買物も用達も殆《ほと》ど笠間《かさま》ですます。私は父の郷里の風物をいくつも書いてきた。父はすでに死んでいる。」（自作解説）

ちなみにこの「故郷」という詩は詩人が海軍に応召中ふるさとを思って書いたものだという。軍隊生活の中で水のように湧《わ》いた「ふるさと」への思いがこの詩を書かせたのである。

次にもう一編、これも教科書にも収録された「雨の田舎町《いなかまち》」を挙げてみる。

B　雨の田舎町

雨に濡《ぬ》れ
雨に昏《く》れた家家に燈《ひ》がともった

2021年度

解 答 と 解 説

《2021年度の配点は解答欄に掲載してあります。》

＜数学解答＞ 《学校からの正答の発表はありません。》

問題1 (1) 1 － 2 4 3 3 4 4 5 7 (2) 6 4 7 6 8 3
(3) 9 7 10 5 (4) 11 3 12 2 13 2 14 2
(5) 15 4 16 9 (6) 17 5 18 1 (7) 19 6
(8) 20 1 21 2 22 2 23 2

問題2 (9) 24 4 25 3 (10) 26 2 27 3 (11) 28 1 29 9

問題3 (12) 30 2 31 3 32 4 (13) 33 － 34 6
(14) 35 4 36 3 37 2 38 3

問題4 (15) 39 1 40 3 41 6 (16) 42 5 43 3 44 6

問題5 (17) 45 6 46 2 (18) 47 4 48 1 (19) 49 8 50 5

○推定配点○

問題1～問題3 各5点×14 他 各6点×5 計100点

＜数学解説＞

問題1 （単項式の乗除，平方根，式の計算，2次方程式，方程式，角度，関数と図形，平面図形）

(1) $\left(-\frac{2}{3}x^3y^4\right)^3\div\left(\frac{4}{3}xy^2\right)^2\times\frac{8}{x^3y}=-\frac{2^3x^9y^{12}}{3^3}\times\frac{3^2}{2^4x^2y^4}\times\frac{2^3}{x^3y}=-\frac{4}{3}x^4y^7$

(2) $(7-\sqrt{48})(7+\sqrt{48})^2+\frac{6-\sqrt{27}}{\sqrt{3}}=(7-\sqrt{48})(7+\sqrt{48})(7+\sqrt{48})+\frac{\sqrt{3}(6-\sqrt{27})}{3}=(49-48)(7+4\sqrt{3})+2\sqrt{3}-3=4+6\sqrt{3}$

(3) $a:b=3:2$より，$b=\frac{2}{3}a$　$\frac{a^2+3b^2}{a+b}=\left\{a^2+3\times\left(\frac{2}{3}a\right)^2\right\}\div\left(a+\frac{2}{3}a\right)=\frac{7}{3}a^2\div\frac{5}{3}a=\frac{7}{5}a$

基本 (4) $(3x-2)^2=5(x+1)(x-1)+8$　$9x^2-12x+4=5(x^2-1)+8$　$4x^2-12x+1=0$　解の公式を用いて，$x=\frac{-(-12)\pm\sqrt{(-12)^2-4\times4\times1}}{2\times4}=\frac{12\pm\sqrt{128}}{8}=\frac{3\pm2\sqrt{2}}{2}$

(5) $(x+1)(2x-y+2)=5$　x，yは自然数であるから，$x+1=5$，$2x-y+2=1$　この連立方程式を解いて，$x=4$，$y=9$

基本 (6) 小さいほうの∠AOBの大きさは，$360°-128°\times2=104°$　$\angle\mathrm{AOP}=\frac{3}{3+1}\angle\mathrm{AOB}=\frac{3}{4}\times104°=78°$　よって，$\angle x=(180°-78°)\div2=51°$

基本 (7) 点Bのx座標をtとすると，$\mathrm{OC}=t$，$\mathrm{BC}=\frac{1}{2}t+3$　$\triangle\mathrm{ABC}=\frac{1}{2}\times\mathrm{BC}\times\mathrm{OC}$より，$\frac{1}{2}\times\left(\frac{1}{2}t+3\right)\times t=18$　$t^2+6t-72=0$　$(t-6)(t+12)=0$　$t>0$より，$t=6$

重要 (8) Aから線分BCにひいた垂線をAHとすると，Hは線分BCの中点であるから，$\mathrm{BH}=\frac{1}{2}\mathrm{BC}=3$　Dから直線BCにひいた垂線をDIとすると，直角三角形の斜辺と1つの鋭角がそれぞれ等しいから，$\triangle\mathrm{DCI}\equiv\triangle\mathrm{ABH}$　よって，$\mathrm{CI}=\mathrm{BH}=3$　△DBIに三平方の定理を用いて，$\mathrm{DI}=\sqrt{\mathrm{BD}^2-\mathrm{BI}^2}=$

$\sqrt{13^2-(6+3)^2}=2\sqrt{22}$　　したがって，平行四辺形ABCDの面積は，$6\times2\sqrt{22}=12\sqrt{22}$(cm^2)

重要 **問題2**（平面図形の計量）

(9)　PからCQにひいた垂線をPHとすると，△PQHに三平方の定理を用いて，$\mathrm{PH}=\sqrt{\mathrm{PQ}^2-\mathrm{QH}^2}=\sqrt{(6+2)^2-(6-2)^2}=4\sqrt{3}$　　よって，$\mathrm{BC}=\mathrm{PH}=4\sqrt{3}$(cm)

(10)　PQ：QH：PH＝8：4：$4\sqrt{3}$＝2：1：$\sqrt{3}$より，∠PQH＝60°　　BP//CQより，∠APB＝180°－60°＝120°　　PからABにひいた垂線をPIとすると，$\angle\mathrm{API}=\frac{1}{2}\angle\mathrm{APB}=60°$より，$\mathrm{AI}=\frac{\sqrt{3}}{2}\mathrm{PA}=\sqrt{3}$　　よって，$\mathrm{AB}=2\mathrm{AI}=2\sqrt{3}$(cm)

(11)　$\mathrm{PI}=\frac{1}{2}\mathrm{PA}=1$より，$\triangle\mathrm{BPA}=\frac{1}{2}\times2\sqrt{3}\times1=\sqrt{3}$　　△AQCは正三角形だから，$\triangle\mathrm{AQC}=\frac{1}{2}\times6\times\frac{\sqrt{3}}{2}\times6=9\sqrt{3}$　　よって，△BPA：△AQC＝$\sqrt{3}$：$9\sqrt{3}$＝1：9

問題3（図形と関数・グラフの融合問題）

基本 (12)　$y=\frac{2}{3}x^2$に$x=-2$，3をそれぞれ代入して，$y=\frac{8}{3}$，6　　よって，$\mathrm{A}\left(-2,\ \frac{8}{3}\right)$，B(3，6)

直線ABの式を$y=ax+b$とすると，2点A，Bを通るから，$\frac{8}{3}=-2a+b$，$6=3a+b$　　この連立方程式を解いて，$a=\frac{2}{3}$，$b=4$　　よって，$y=\frac{2}{3}x+4$

重要 (13)　AC：CB＝{0－(－2)}：(3－0)＝2：3＝4：6だから，線分OB上にOD：DB＝1：5となる点Dをとれば，(四角形OACD)：△BCD＝(4＋1)：(6－1)＝1：1となり，直線CDは△OABの面積を2等分する。点Dのx座標は$3\times\frac{1}{1+5}=\frac{1}{2}$　　y座標は$6\times\frac{1}{1+5}=1$　　よって，$\mathrm{D}\left(\frac{1}{2},\ 1\right)$　　C(0，4)より，直線CDの傾きは，$(1-4)\div\left(\frac{1}{2}-0\right)=-6$

重要 (14)　E(0，8)とする。点Eを通り直線ABに平行な直線と放物線との交点をPとすれば，EP//ABより，△PAB＝△EAB　　EC＝COより，△EAB＝△OAB　　よって，△PAB＝△OABとなり題意を満たす。直線EPの式は$y=\frac{2}{3}x+8$だから，$y=\frac{2}{3}x^2$と$y=\frac{2}{3}x+8$からyを消去して，$\frac{2}{3}x^2=\frac{2}{3}x+8$　　$x^2-x-12=0$　　$(x-4)(x+3)=0$　　$x=4,\ -3$　　$y=\frac{2}{3}x^2$に$x=4$を代入して，$y=\frac{32}{3}$　　よって，$\mathrm{P}\left(4,\ \frac{32}{3}\right)$

問題4（確率）

基本 (15)　さいころの目の出方の総数は，6×6×6＝216(通り)　　このうち，題意を満たすのは，$a=b=c$のときで，6通りあるから，求める確率は，$\frac{6}{216}=\frac{1}{36}$

(16)　直角三角形ができる線分の組み合わせは，($\sqrt{1}$，$\sqrt{2}$，$\sqrt{3}$)，($\sqrt{1}$，$\sqrt{3}$，$\sqrt{4}$)，($\sqrt{1}$，$\sqrt{5}$，$\sqrt{6}$)，($\sqrt{2}$，$\sqrt{3}$，$\sqrt{5}$)，($\sqrt{2}$，$\sqrt{4}$，$\sqrt{6}$)であり，それぞれ3×2×1＝6(通り)ずつの目の出方があるから，求める確率は，$\frac{5\times6}{216}=\frac{5}{36}$

問題5（空間図形の計量）

重要 (17)　BG＝$x$cmとすると，$\mathrm{CG}=(10\sqrt{2}-x)$cm　　AG^{2}について，$\mathrm{AB}^2-\mathrm{BG}^2=\mathrm{AC}^2-\mathrm{CG}^2$
$(4\sqrt{5})^2-x^2=(10\sqrt{2})^2-(10\sqrt{2}-x)^2$　　$80-x^2=200-(200-20\sqrt{2}x+x^2)$　　$-20\sqrt{2}x=-80$
$x=\frac{80}{20\sqrt{2}}=2\sqrt{2}$　　よって，$\mathrm{AG}=\sqrt{(4\sqrt{5})^2-(2\sqrt{2})^2}=\sqrt{72}=6\sqrt{2}$(cm)

基本 (18) 平行線と比の定理より，CP：PE＝CG：EH＝CG：BG＝$(10\sqrt{2}-2\sqrt{2})$：$2\sqrt{2}$＝4：1

基本 (19) GP：PH＝CP：PE＝4：1より，$PH=\frac{1}{4+1}GH=\frac{1}{5}\times10\sqrt{5}=2\sqrt{5}$ よって，三角錐P－DEHの体積は，$\frac{1}{3}\times\frac{1}{2}\times2\sqrt{2}\times6\sqrt{2}\times2\sqrt{5}=8\sqrt{5}\,(cm^3)$

★ワンポイントアドバイス★
問題2以降では，前問を手がかりに解いていくので，ミスをしないようにしよう。
時間配分を考えながら，できるところから解いていこう。

＜英語解答＞ 《学校からの正答の発表はありません。》

問題1 (A) No. 1 4 No. 2 3 No. 3 2 No. 4 4
(B) No. 5 3 No. 6 1 No. 7 3 No. 8 2 No. 9 2 No. 10 3

問題2 (A) (11) 3 (12) 3 (13) 4 (14) 4 (15) 2 (16) 2
(17) 4 (18) 3 (19) 1 (20) 3 (21) 3 (22) 2 (23) 2
(24) 1 (25) 3
(B) (数字の順) (a) 6・2 (b) 4・5 (c) 2・4 (d) 2・3
(e) 4・5 (f) 4・3 (g) 3・6 (h) 3・2 (i) 6・5 (j) 5・4

問題3 (A) (46) 4 (47) 6 (48) 1 (49) 2 (50) 0
(B) (51) 2 (52) 1 (53) 4 (54) 1 (55) 3

○推定配点○
問題1 各2点×10 問題2 各2点×25((B)各完答) 問題3 各3点×10 計100点

＜英語解説＞

問題1 リスニング問題解説省略。

問題2 (A)（語句補充問題：前置詞，動詞，助動詞，形容詞，受動態，名詞，副詞，現在完了，慣用表現）

(11) 「私は，トーナメントにおけるあなたの成功を聞いてとてもうれしいです。」〈hear of ～〉で「～のことを聞く」という意味を表す。

(12) 「コロンブスが1492年に着いた島はインドではありませんでした。」reach は「～に到着する」という意味を表す。1の arrive は〈at ～〉を伴う。2の get や come は〈to ～〉を伴う。

(13) A「私は1,000円しか持っていません。母さん，もう1,000円くれませんか。」B「そのお金で何をするのですか。」〈do ～ with …〉で「…を使って～をする」という意味を表す。

(14) A「この部屋は暑いです。外はもっと涼しいでしょう。」B「窓を開けましょうか。」〈shall I ～?〉は「(私が)～しましょうか」という意味を表す。

(15) 「その問題はとても難しかったですが，数人の生徒がそれを解くことができました。」〈a few ～〉で「少しの～，少数の～」という意味を表す。1の little は「ほとんど～ない」という意味，4の no は「全く～ない」という意味なので，会話の内容に合わない。また，3の almost は名詞の students を修飾することができない。

(16) 「この仕事は今月の終わりまでにされねばなりません。」〈have to ～〉で「～しなければならない」という意味を表し，do を使った受動態の形が組み合わされている。主語が work なので，能動態である1や4は意味が合わない。また，3の must は助動詞なので will の後に置けない。

(17) 「私の意見では，それは全く不可能です。」 in my opinion で「私の意見では」という意味を表す。

(18) 「何か他のものが必要ですか。」 something else，anything else で「何か他のもの」という意味を表す。

(19) 「彼らの習慣は私たちのものとは異なっています。」 〈differ from ～〉で「～と異なる」という意味を表す。動詞以外は置くことができない。

基本 (20) A「私たちの野球チームは次の試合で勝つでしょうか。」 B「そう願います。」「そのように」という意味は so で表す。

(21) 「私は今年の夏にハワイに旅行する計画でいます。」 〈go on a trip to ～〉で「～に旅行する」という意味を表す。 travel を使う場合は go travelling となる。

(22) 「ジェニーはそのプロジェクトに関するよいアイデアを思いつきました。」 〈come up with ～〉で「～を思いつく」という意味を表す。

(23) A「この人形はいくらですか。」 B「ちょうど2,000円です。10パーセントの税を含みます。」「含む」という意味は include 。1 invite は「招待する」，3 invent は「発明する」，4 increase は「増やす」という意味。

(24) 「あなたたちはお互いにどれくらいの間知り合いですか。」 know の目的語がないので，ア以外にあるような前置詞はいずれも不要である。

(25) A「ねえ，このレストランで昼食を食べませんか。」 B「オッケイです，そうしましょう。」〈why not?〉は「もちろんです，そうしましょう」などの意味を表す。

(B) (語句整序問題：不定詞，分詞，受動態，接続詞，前置詞，比較，進行形，形容詞，動名詞，受動態)

(a) (My grandfather gave me) many toys to play with in (my childhood.) 「私の祖父は私が子供だった頃に遊ぶためのおもちゃを多くくれました。」 不定詞の形容詞的用法は「～するための」という意味を表す。

(b) (I) got email from John saying he (would come to Japan this winter.) 「私はジョンから，彼がこの冬に日本に来るという電子メールをもらいました。」「～を表す」と言うときには say を用い，それが email を修飾するので，現在分詞が使われている。

(c) (It is) believed that finding four-leaved clover brings good luck(.) 「4つ葉のクローバーを見つけるのは幸運をもたらすと信じられています。」 〈it is ～ that …〉で「…することは～である」という意味になる。

(d) What is the weather like in (Australia in December?) 「12月のオーストラリアの天気はどのようですか。」 〈like ～〉は「～のような(に)」という意味を表す。

重要 (e) (There is) nothing more important than to be (honest.) 「正直でいる以上に大切なことはありません。」 〈nothing ～er than …〉で「…より～なものはない」という意味になる。

(f) The number of patients is increasing (these days.) 「患者の数は増え続けています。」 進行形の文なので〈be動詞＋～ ing〉の形にする。

(g) (Our teacher) divided us into groups of four(.) 「私たちの先生は私たちを4つのグループに分けました。」 〈divide ～ into …〉で「～を…に分ける」という意味になる。

(h) The statue doesn't look as big as I (expected.) 「その彫像は私が期待していたほど大きく見えません。」 〈not as ～ as …〉で「…ほど～でない」という意味を表す。

(i)　(I'm sorry, but) I don't like the long ride(.)「すみませんが，車に長く乗るのは好きではありません。」 ride は名詞で，「車に乗っていること」という意味を表す。

(j)　Taking pictures isn't allowed in this (area.)「写真を撮ることはこの地域では許されていません。」 受動態の文なので〈be動詞＋過去分詞〉という形にする。

問題3 (A) (会話文問題：語句補充)

ナオ：昨夜は何をしたの？

ジム：ぼくは次の学期のテストのために英語を勉強したよ。君はどうなの？

ナオ：ぼくは病院や薬に関するテレビ番組を見たんだ。とても面白かったよ。

ジム：その番組のどの部分が君に感銘を与えたかを知りたいな。[46]そのことについて教えてくれるかい？

ナオ：もちろん。科学者たちは毎年何千もの新薬を発見しているんだ。彼らは，それらが効くかどうかを確認し，人々が使用するのに安全であるかどうかを調べるため，すべての新薬をテストするんだよ。薬は彼らによって非常に慎重に試されるんだね。製薬会社は新薬を作ってテストするために彼らにお金を支払って，これらのことを行うことは非常に長い時間がかかる可能性があるんだ。[47]そのためにある薬は非常に高価なんだよ。

ジム：価格が上がっているのは本当だね。しかし，ジェネリック医薬品などの安価な薬の使用を促進した人もいると聞いているよ。

ナオ：工場で作られている薬は，植物から作られた薬のコピーであることが多いんだよ。

ジム：なるほど。その結果，製薬会社は薬の価格を下げることができるんだね。植物なしで必要な新薬を作るのは簡単ではないということかな？

ナオ：そうだね。[48]何千もの薬が熱帯雨林の植物から作られていることを覚えておくべきだね。人々が熱帯雨林を伐採すれば，新薬を作る可能性のある植物を失うことになるんだ。

ジム：自然のおかげで生き続けさせてもらっていることに感謝すべきだね。

ナオ：ところで，君は手術について何を知っているの？

ジム：もちろんその言葉は知っているけど，多くは知らないよ。

ナオ：手術とは，外科医と呼ばれる医師が臓器を取り出したり，治したり，交換したりするために人の体を切り開くときのことだね。約1,000年前，理髪店が手術を始めたんだよ。人々は髪を切ってもらうために理髪店に行くことができたよ。[49]理髪師はまた，悪い歯を抜いたり，ひどく負傷した腕や足を切り落としたんだ！

ジム：信じられないよ！　それは本当なの？

ナオ：テレビで，理髪店が外科医の役割を果たしたと言ったよ。以前は，理髪店は外に赤と白のポールを持ってたんだ。赤と白の縞模様は，血液と包帯のシンボルだったよ。

ジム：2色と言ったの？　ぼくたちが見るポールにはもう1色あるよね。青色はどうなの？

ナオ：君の言う通りだよ。君はそれが何を意味するかわかる？

ジム：すべての生命は海で始まったんだから，それは海を意味すると思うよ。

ナオ：いろんな人がいろんな理論を持っているけど，その理由はまだ不明なんだ。赤，青，白は動脈，静脈，包帯を意味する可能性があると言う人もいるよ。他の人は，それらはフランスや米国の旗からだと言うよ。

ジム：ぼくはそれは正しいとは思えないな。

ナオ：誰にもわからないさ。[50]医学は人々が長生きするのを助けたよ。1900年には，ほとんどの人が45歳ぐらいまでしか生きていないんだよ。今日，世界の多くの地域の人々は，1900年よりも30年長生きしている。2060年までには，多くの人が100歳まで生きると言う人もいるよ。

ジム：じゃあ，ぼくは100歳以上生きるよ！
3「ぼくは歴史ドラマを好むので，90年代後半に撮影された映画のDVDをたくさん持っているよ。」，5「当時，床屋は髪を切った後，ヘアドライヤーを使用しなかったよ。」，7「そのため，科学者は給料をあまり得られないんだ。」，8「植物の知識はすでに持っているので，ぼくたちには植物はもう必要ないよ。」，9「好きな薬を教えてくれないかな。」

(B)（長文読解問題：内容吟味）

（大意） 1959年，ヘンリー・デフィリップスのフランスとイタリアへの新婚旅行で，芸術専攻の彼の妻は多くの美術館へ彼を連れ回しました。彼は，美術館は非常に退屈であると思いました。彼はほとんど偶然に芸術への興味を発見したのです。

1980年代，彼がテニスをした友人は，ある物の化学成分を検査してくれるかどうかと尋ねました。それはたまたまゴッホの絵でした。友人は，その絵画を所有していたコネチカット州ワズワース・アテネウム美術館の主任保存管理者でした。一部の人々は，それが偽物だと思ったと言っていました。

デフィリップスは，彼が受け取った塗料サンプルがどれほど小さいかに驚きましたが，彼の友人は，あなたが300万ドルの芸術作品を持っているとき，可能な限り最小の部分を切り取るのだと説明しました。検査では，使用された材料はゴッホが持っていたであろうものと同じ種類であることを示しました。彼の友人は満足しました。そしてデフィリップスは夢中になりました。

彼は仕事の焦点をすっかり変えました。彼は以前，カタツムリ，ロブスター，イカのタンパク質の研究に25年を費やしていました。彼が今行っている仕事の多くは，美術修復家を助けることを含みます。使用されている材料を知れば，絵画をきれいにして明るくすることがはるかに簡単になり，元の美しさに戻ります。

デフィリップスはまた，美術探偵の一種として機能し，収集家が芸術作品が本物であるかどうかを判断するのを助けます。彼はまた塗料中に少量の二酸化チタンを見つけたとき，アテネウム美術館がフランスの画家ジェームズ・ティソのものだと思われる絵画を購入することを防ぎました。二酸化チタンは1920年代まで絵画に使用されておらず，ティソは1902年に死亡しました。

絵画の偽造は年間60億ドルのビジネスであり，偽の絵画を作るアーティストは非常に巧みです。あるFBI捜査官はかつてデフィリップスに，美術館の全作品の約25％が偽造であると語りました。個人の所蔵においては40％だと推定されます。

デフィリップスはコネチカット州のトリニティカレッジで40年以上化学を教えました。彼の教育のキャリアの後半を通して，彼は学生に美術保全技術を教えることに焦点を当てました。彼はいつも彼のクラスである「科学と芸術」を待つ生徒の長いリストを持っていました。

彼は今引退していますが，デフィリップスはまだこれらの技術で化学専攻者を指導し続けています。学生は，自分で混ぜた塗料を検査することを学びます。次に，彼らは構成をすでに知っている古い塗料サンプルを研究します。そうして初めて，彼らは未知のサンプルや絵画を分析し始めます。

彼の作品は科学と芸術の岐路に立ち，「私の人生を変え，妻の人生を変えました」と彼は言います。今日では，彼の妻を美術館に連れ回すのはデフィリップスの方です。

友人に「はい」と言うことは，時には非常に良い考えになることがあります。友人に好意を寄せ，美術作品の化学組成を見ることに同意した後，彼の人生を完全に変えたのは，ヘンリー・デフィリップスのためでした。デフィリップスは以前は芸術をあまり気にしませんでしたが，突然芸術における科学を見て，絵画を愛する方法を見つけました。彼はクリーニングと復元の作業を支援し，絵画が本物であるかどうかを確認するために，芸術作品を使用した材料を分析することに彼のキャリアの残りの部分を捧げました。デフィリップスは，彼が大学で教えた多くの学生に影響を与え，芸術と科学の共通点を見つけるのを助けました。

(51) 「デフィリップスは芸術に興味を持ちました」 第3段落の最後に「デフィリップスは夢中になった」とあるので，2が答え。1と4は文中に書かれていない内容なので，誤り。3は検査後に夢中になったという内容と合わないので，誤り。 1 新婚旅行でフランスとイタリアに行ったとき 2 彼がゴッホの絵画の化学組成のテストを終了した後 3 彼の友人が彼に300万ドルの芸術作品の絵のサンプルのことを説明したとき。 4 彼の友人が，受け取った材料を検査した結果を彼に示した後

(52) 「デフィリップスは25年間カタツムリ，ロブスター，イカのタンパク質を研究しました」 化学組成について詳しかったことが絵画の検査に役立ったと思われるので，1が答え。2と3は絵画の検査のためにカタツムリ，ロブスター，イカのタンパク質を研究した訳ではないので，誤り。3は芸術に関わることが「主な仕事」ではないので，誤り。 1 そして，それは彼が芸術探偵になるために役立ちました。 2 彼は使用されている材料を知ることが自分にとって重要だと思ったから。 3 そして彼の主な仕事は，芸術の修復者や収集家を助けることに変わった。 4 芸術作品が本物か偽物かを知りたかったから。

(53) 「ワズワース・アテネウム美術館が絵画を買おうとしたとき」 第5段落の第2文の内容に合うので，4が答え。他はすべて文中に書かれていない内容なので，誤り。 1 フランスの画家ジェームス・ティソは，彼らのために二酸化チタンを使用せずに新しい絵画を描きました。 2 デフィリップスは，画家が塗料に二酸化チタンを使用しているかどうかを尋ねるように彼らに助言しました。 3 彼らはその所有者であるジェームズ・ティソが1902年にフランスで死んだことを知りました。 4 デフィリップスは，塗料中の少量の二酸化チタンを見つけることによって，彼らがそれを買うのを止めました。

(54) 「デフィリップスの教育キャリアの後半に，」 第7段落の内容に合うので，1が答え。2は教える機会がなかったとは書かれていないので，誤り。3は文中に書かれていない内容なので，誤り。4はキャリアの後半に言われたわけではないので，誤り。 1 彼は主にコネチカット州のトリニティカレッジで芸術保全技術を教えました。 2 彼はクラス「科学と芸術」で有名になりましたが，生徒たちに教える機会はほとんどありませんでした。 3 彼はしばしば多くのアーティストがサイドビジネスとして巧みに偽の絵を作るのを手伝いました。 4 彼は，美術館の芸術作品の約25％が偽造であると，あるFBI捜査官から言われました。

重要 (55) 「デフィリップスが引退した後，」 第9段落の最後の文の内容に合うので，3が答え。他はすべて文中に書かれていない内容なので，誤り。 1 彼の仕事は彼の人生と同様に妻の人生を変えました。 2 彼は未知のサンプルや絵画を分析し始めました。 3 彼は，美術館に妻を連れて行くようになりました。 4 彼は彼の妻のおかげで，絵画を愛する方法を見つけました。

★ワンポイントアドバイス★

問題2(A) (14)には〈be made into ～〉が用いられている。同じ意味を〈be made from ～〉(～から作られる)を使って書き換えると Soysauce is going to be made from the soybeans. (しょうゆは大豆から作られる。)となる。

＜国語解答＞ 《学校からの正答の発表はありません。》

一	問1　2	問2　1	問3　4	問4　1	問5　7	問6　5	問7　1	問8　4
	問9　3	問10　1	問11　2	問12　1	問13　3	問14　4		
二	問15　3	問16　2	問17　2	問18　4	問19　1	問20　3	問21　3	
	問22　2	問23　1	問24　2	問25　1	問26　3	問27　1		
三	問28　1	問29　3	問30　1	問31　3	問32　2	問33　4	問34　2	
	問35　4	問36　3	問37　2	問38　1	問39　3	問40　1		
四	問41　3	問42　4	問43　3	問44　3	問45　2	問46　3	問47　1	
	問48　4	問49　4	問50　4	問51　1	問52　1	問53　3		

○推定配点○

問1・問2・問15・問16・問28・問29　各1点×6　　他　各2点×47　　計100点

＜国語解説＞

一　（詩と鑑賞文─主題・大意・要旨，内容吟味，指示語，脱語補充，漢字の書き取り，熟語，表現技法）

基本　問1　二重傍線部分A「巧み」，1「功名」　2「巧妙」　3「効果」　4「専攻」。

基本　問2　二重傍線部分B「想念」，1「想定」　2「真相」　3「独創」　4「装丁」。

重要　問3　Aの詩は，11行目「あたり」で体言止めが使われている口語自由詩，Bの詩は比喩表現を用いず，平明な言葉で表現された口語自由詩なので，4が適当。1の「擬人法」は，人ではないものを人に見立てて表現する技法で，Aでは擬人法は多用されていない。2の「倒置法」は，文節を入れ替えるなど普通の順序とは逆にする表現する技法，「文語」は昔の言葉のことなので不適当。3の「擬態語」は，物事の状態や身ぶりをそれらしく表した語のことで，Aでは用いていないので不適当。

問4　Aの第一連2行目の「煙があがり」は夕飯の準備を始めている様子，「燈火が点く」は暗くなってきて家の中であかりをつけている様子，すなわち昼間から日が暮れて，夕方～夜の「時間の推移」を表している。

問5　Aの第二連の8行目「宗ちゃんという少年がいた＿＿」で，当時の回想の中で少年の名前まで覚えていることを「ありありと残っている」と判断している。

問6　Aの最初～8行目までは夕暮れ，9行目からは星が見える夜になっている。

重要　問7　解説文で「会話がタクみに詩の中にとけ込んで，甘い少年の日の思いがいきいきと描かれている」「現実の時間の中に回帰する故郷の声，それは夜の中に流れるせせらぎの響きである。……せせらぎの響きも清明に耳打つのであろう」「この『故郷』という詩は詩人が海軍に応召中ふるさとを思って書いたものだという」と述べているので，1が適当。詩の背景となった「故郷」は，詩の作者によれば茨城県境近くの栃木県「芳賀郡逆川村」で，2の「宇都宮」はBの詩の背景であり，また「望郷の念が随所に」も不適当。3の「詩人が川のある町にふと立ち寄った時に感じた旅愁」，4の「『今夜も星が美しい』の表現には……詩人の深い哀愁がうかがえる」も不適当。

問8　傍線部分②は，一読（ざっと読むこと）して汲み取ることのできるもので，詩人の生い立ちを知らない読者には詩人の「旅愁」と解釈するのが最も妥当だろう，と述べているので4が適当。

問9　傍線部分③「孤独」の「孤」はひとりぼっちであるさま，「独」もひとりという意味で，意味の似た漢字を重ねた構成となっている。3も不足や欠点が全くないことという意味の「完全」，欠点がないことという意味の「無欠」で似た意味の熟語を重ねた構成となっている。1は「意気が消沈する」で，上から下にそのまま読み下す構成。2は「遠交(遠い国と親しく交わること)」と「近攻(近くの国を攻めること)」，また「遠」と「近」，「交」と「攻」が対立関係にある構成。4は『老子』が出典の故事成語。

問10　傍線部分④は「深い哀感」のことで，「これは……」で始まる段落で，関東大震災後，宿郷町にひとりあずけられた詩人が，ある雨の夕暮れに継母を喪った哀しみをこらえながら宇都宮の田川のほとりを歩んだ日の記憶が，時を経てＢの詩のモチーフとなったのではないかと述べているので，1が適当。

やや難　問11　問10でも考察したように，傍線部分⑤の「異郷」＝関東大震災後，ひとりあずけられた宿郷町，「寂しい情感」＝継母を喪った哀しみをこらえながら宇都宮の田川のほとりを歩んだ日の記憶，ということなので，2が適当。詩の作者は関東大震災で継母と弟，妹を亡くし，宇都宮市宿郷町の遠縁の家に預けられたので，1の「継母と暮らした宇都宮……」以降，3の「継母と一時だけ過ごした」はいずれも不適当。継母を喪った哀しみを説明していない4も不適当。

問12　Ｂの詩では，「雨に昏れた家家」から「家家のうしろを」ながれている「川」，その「川の向こう」につづいている「知らぬ町町」へと視点が徐々に広がっているので，1が適当。2の「聴覚表現」，3の「触覚」，4はいずれも不適当。

重要　問13　Ａの詩は解説文で，「甘い少年の日の思いがいきいきと描かれている」こと，Ｂの詩も「これは詩人の少年の日の回想ではないだろうか」と述べているので，3が適当。1・2はＢのみ，4はＡのみあてはまる。

重要　問14　解説文で，Ａの詩についてはこの美しい詩が書かれた背景を説明し，Ｂの詩については詩人の生い立ちを知らない読者の解釈を最も妥当としつつ，詩人の生い立ちに注目し，筆者独自の解釈も述べていることから，4が適当。1の「その詩人の背景などについては考慮せず」は不適当。2の「美しく仕立てたものでなければならない」とは述べていない。3も述べていないので不適当。

二　(論説文―大意・要旨，内容吟味，文脈把握，脱語補充，漢字の書き取り，語句の意味，熟語)

基本　問15　二重傍線部分A　「余儀」，1　「会議」　2　「犠牲」　3　「礼儀」　4　「意義」。

基本　問16　二重傍線部分B　「脅威」，1　「異論」　2　「威圧」　3　「本位」　4　「違反」。

問17　波線部「必要」は「必ず要る」で，2が適当。他の例は，1は「日没」＝「日が沈む」など，3は「読書」＝「書を読む」など，4は「真実」「安易」など。

問18　傍線部①は直後で述べているように，理論や知識などを十分理解して自分のものとして身につけ，自分の思考に変化を生じさせることなので，4が適当。

問19　傍線部分①直後の段落で，「何かを学んだあとは，そのつながりのままでは居心地が悪くなる」のは「これまでの自分が最適化されているネットワークに新たな自分が適合しているはずがないから」であることを述べているので，1が適当。①直後の段落前半の内容を説明していない他の選択肢は不適当。

問20　傍線部分③の「不可逆」は，再びもとの状態にもどれないこと。

重要　問21　問19でも考察したように，「何かを学んだあとは，そのつながりのままでは居心地が悪くなる」のは「これまでの自分が最適化されているネットワークに新たな自分が適合しているはずがないから」であり，さらに同段落後半で「学ぶことによって……新たなつながりが生み出される」が「しばらくの間は，以前の環境との不適合に居心地の悪さを感じることになる」と述べているので，3が適当。自分が従来の環境に不適合であるという感覚を説明していない他の選択肢は不適当。

問22　傍線部分⑤のある段落で，外部環境に最適化した状態＝自分のキャラが固定された状態，が続くと，同じキャラを演じ続けなければいけないという義務感によって自分の可能性，多面性が押しつぶされてしまうような感じになる，と述べているので，2が適当。1の「その要求に……」以降，3の「海外への……」以降は不適当。4の「自分の持つ可能性や多面性を押しつぶされないようにするための努力」も述べていないので不適当。

問23　傍線部分⑥直後で，⑥の理由として「自己とは関係性によって成立しているものだからだ」と述べているので，1が適当。

問24　空欄部分は「自分から離れて」「自己を対象化し」た状況なので，自分自身を第三者ととらえて物事を見たり考えたりするという意味の2が入る。

やや難　問25　傍線部分⑦のある段落で述べているように，自己は関係性によって成立するものなので，あらゆるつながりから解放されるということはありえず，自分の特性や自己形成の歴史から完全に逃れることはできないので，過去のしがらみからすっかり解放されてゼロから始めるという責任放棄ではなく，自己形成の歴史を概観(物事の全体を大まかに見わたすこと)して現在の自分を新たな視点で位置付ける，ということが⑦であるので，これらの内容を踏まえた1が適当。自己形成の歴史としてのつながりは切断してしまうわけにはいかないので，つながりの断絶には範囲があるということを説明していない他の選択肢は不適当。

重要　問26　傍線部分⑧のある段落で，「現在のアイデンティティに固執していると，つながりが健全に機能しなくなる」ので，「自分をバージョンアップして」いくことで外部環境との健全なつながりを維持できる，ということを述べているので，3が適当。外部環境の変化に対応して自分をバージョンアップさせることを説明していない他の選択肢は不適当。

やや難　問27　1は最後の段落で述べている。つながりの切断には「有限性への自覚を出発点におくべき」と述べているので，2の「自分に必要なつながりのみを選択していく」は合致しない。3の「相互の関係性を変化させていくこと」，4の「外部環境を変化させないと，その成果は実体を伴わない」も述べていないので合致しない。

三　(小説一情景・心情，内容吟味，文脈把握，漢字の書き取り，品詞・用法)

基本　問28　二重傍線部分A　「容態(体)」，1　「容器」　2　「一様」　3　「掲揚」　4　「用件」。

基本　問29　二重傍線部分B　「提出」，1　「締結」　2　「堤防」　3　「提起」　4　「抵抗」。

問30　波線部と1は断定の助動詞。2・4は格助詞，3は接続助詞。

問31　傍線部分①の「やみくも」は，先の見通しもなくむやみに事をすること。宮本や川口が訪ねてきて真実を告げるかもしれないと思って①のようにしているので，3が適当。

重要　問32　傍線部分②直後の段落で，「真実」＝「佐丸がほんとうはぼくを嫌って」いること，「ちっとも友だちじゃないこと。(「ぼく」を)陥れようとしていること。」，さらに後で「佐丸の本心を知りたくない」とフミが思っていることが描かれているので，2が適当。②直後のフミの心情を説明していない1，3は不適当。「ちがうかもしれない。……かもしれない。」は，佐丸の本心ではなくフミの推測なので4も不適当。

問33　問32でも考察したように，フミは「佐丸の本心を知りたくない」ために傍線部分③のように思っている。またこの後の父親との電話で，フミが大事で大切な友だちである佐丸を信じられないのは，「なくしたくない気持ちが強すぎて，恐くなるんだ」と父親が話していることから，4が適当。大切な友だちである佐丸を失うかもしれないということを説明していない他の選択肢は不適当。

重要　問34　傍線部分④は，宮本や川口から真実＝佐丸の本心を告げられるかもしれない，ということを知りたくなくて考えないようにしていたが，佐丸と一緒に行った場所の「想い出」が④のようにする，すなわち，忘れたくても思い出してしまう，ということである。④は「想い出」を人に見立てて人の動作のように表現する擬人法を用いているので，2が適当。佐丸との「想い出」を説明していない他の選択肢は不適当。

問35　傍線部分⑤は「誰にも気づかれそうもない窪みをみつけ」て「ほっとできた」ということなので，4が適当。⑤の後の場面で1の「携帯電話」の振動に気づいたので不適当。2の「佐丸と言い争いをしてしまったことを反省するため」も不適当。場所の説明ではない3も不適当。

問36　傍線部分⑥は，携帯電話の振動で父からだとわかり，「何かあったのだろうか」と思い「どうかした？」と話していることから，父が心配しているとは考えていなかったことが読み取れるので，3が適当。1の「息子に関心がないはずの父親」は描かれていないので不適当。2の「急患が来て大変な状況」，4の「学校から父親に連絡があった」はフミの推測なので，いずれも不適当。

やや難　問37　問33でも考察したように，フミが大事で大切な友だちである佐丸を信じられないのは，「なくしたくない気持ちが強すぎて，恐くなるんだ」と父親が話している。また冒頭の場面で「佐丸の本心を知りたくない」と思い，真実と向き合うことから逃げだそうとしていることから，2が適当。友だちを失ってしまうかもしれないという恐怖，事実から逃げだそうとしていたことを説明していない他の選択肢は不適当。

重要　問38　傍線部分⑧直後で，父の話を聞いたフミが「人の気持ちは……自分ではどうにもならない」のだから「自分自身の気持ちをなんとかするしかない」と思っていることが描かれているので，1が適当。⑧直後のフミの心情を踏まえていない他の選択肢は不適当。

問39　傍線部分⑨は，父の話を聞いて「少しでも，誠実に。思いやりを忘れずに。」という気持ちで佐丸を考えていることなので，3が適当。誠実に思いやりをもって佐丸のことを考えるようになったことを説明していない1，4は不適当。2の「少しでも佐丸をなだめられるよう」も不適当。

重要　問40　問39でも考察したように，父が話してくれたことで，誠実に，思いやりを忘れずにというように気持ちが変化し，傍線部分⑩後で，⑩の「犬」＝佐丸のお父さんが「春」と名づけた，佐丸の飼い犬の鳴き声が聞こえ，現実から逃げるために隠れていた「岩場から這い出し」，「声を合わせられたらいいなと思う。一緒に笑えたらもっといいなと思う。」＝佐丸との関係を前向きにとらえて希望を感じていることが描かれているので，1が適当。2の「後悔の念を感じている」，3の「人間は……友を失おうとも」，4の「他人の思惑を気にすることのむなしさを知り，新たな人間と新しい関係を築きたい」は，いずれも不適当。

四　**（古文―大意・要旨，内容吟味，文脈把握，語句の意味，品詞・用法，仮名遣い，口語訳，文学史）**

〈口語訳〉　Ⅰ　博雅三位の家に強盗が入った。三位は，板の間の下に逃げ（込んで）隠れていた。強盗が帰り，その後，（床下から）はい出て家の中を見ると，残っている物はなく，（強盗が）すべて取ってしまっていた。篳篥一つだけを置物厨子に残してあったのを，三位が（手に）とって吹いていらっしゃると，出て行った強盗が遠くでこれを聞いて，感情がおさえられなくなって（博雅三位の家まで）戻ってきて言うには，「ただ今の（あなたがお吹きになった）御篳篥の音をお聞きすると，しみじみと尊く感じて，（私の）悪い心がきれいさっぱりなくなりました。盗んだ品物はみんなお返し申しましょう」と言って，（盗んだもの）すべて置いて出ていった。昔の強盗は，またこのように優雅な心もあったのである。

Ⅱ　横川の恵心僧都の妹である，安養の尼上のところに強盗が入った。（強盗は家にある）物をすべて盗んで出て行ったので，尼上は紙ぶすまというものだけを着て座っていらっしゃったところ，姉である尼（＝安養の尼）のもとに，小尼公（という者）がいたが，（その小尼公が）走って参上して見ると，（強盗が盗んだ）小袖をひとつ落としていたのを取って「（強盗が）これを落としてございます。着てください。」と言って持ってきたので，尼上がおっしゃるには，「これも取った後は（強盗は）自分の物だと思っているにちがいない。持ち主の承諾をえないような物を，どうして着ることができるでしょうか。強盗はまだ遠くにはまさか行っていないでしょう。早く持っていらっしゃって，取らせなさいませ。」と言ったので，(小尼公は)門の方へ走り出て，「もしもし」と呼び返して，「これを落としましたよ。確かに差し上げましょう。」と言ったので，強盗たちは立ち止まって，しばらく考え込んだようすで，「都合の悪い所に参上してしまった。」と言って，取った物を，すべて返して置いて帰ったということだ。

問41　傍線部分①は，「聞く」の謙譲語。

基本　問42　歴史的仮名遣いの「は行」は現代仮名遣いでは「わ行」に，「ア段＋う」は「オ段＋う」になるので，「あはれにたふとく候ひて」→「あわれにとうとく候いて」となる。

問43　傍線部分③は「優雅である，風流である」という意味。

問44　傍線部分④の「みな」は，安養の尼の家にあったものすべて，「とりて」は「奪う，自分のものにする」，「出で」は「(中から外へ)出る」，「ば」は原因・理由の接続助詞で「～ので」という意味。

やや難　問45　傍線部分⑤は「いは(動詞「いふ」の未然形／れ(尊敬の助動詞「る」の連用形／ける(過去の助動詞「けり」の連体形／は(係助詞)」となる。

重要　問46　傍線部分⑥のある文は，これ＝強盗が落とした小袖も，取った後は「強盗は」自分の物だと思っているにちがいない，ということなので3が適当。

問47　傍線部分⑦の「いかが」は「どうして～できようか(いや，できない)」という意味を表す1が適当。

重要　問48　傍線部分⑧の「いまだ」の後に打消推量の助動詞「じ」があることから，その動作が実現していない意味を表す。「よも」も同じ「じ」を伴って「まさか，決して～ない」という意味になるので，4が適当。

重要　問49　傍線部分⑨は，落ちていた小袖を強盗に「取らせなさいませ。」という意味で，問46でも考察したように，強盗が盗んで，一度強盗の手に渡った小袖は強盗のものだと考え，小袖を強盗に返すために⑨のように言っているので，4が適当。

問50　傍線部分⑩は，安養の尼に命じられた「小尼公」が，強盗に「呼び返して」ということ。

問51　傍線部分⑪の「しばし」は「しばらく，少しの間」，「案じ」は「あれこれ考える，考え込む」，「気色」は「ようす，状態」という意味なので1が適当。

重要　問52　Ⅰの文章では，博雅三位の篳篥の演奏に感動して反省した強盗が，博雅の家から盗んだものを「みな置きて出でにけり(すべて置いて出ていった)」とあり，Ⅱの文章でも，安養の尼の家に入った強盗は「とりたりける物どもをも，さながら返し置きて帰り(取った物を，すべて返して置いて帰った)」とあるので，1が適当。2の「三位の優しさに触れ」と，Ⅱでは尼は直接強盗と話をしていないので「尼の言葉に感動し」が不適当。Ⅰで「返さなかった」とある3，4も不適当。

問53　他の作品の成立は，1・2は平安時代，4は江戸時代。

★ワンポイントアドバイス★

論説文では，何をテーマに，そのテーマを筆者がどのようにとらえ，考えているかを読み取っていくことが重要だ。

解答用紙集

○月×日　△曜日　天気(合格日和)

◆ご利用のみなさまへ
＊解答用紙の公表を行っていない学校につきましては、弊社の責任において、解答用紙を制作いたしました。
＊編集上の理由により一部縮小掲載した解答用紙がございます。
＊編集上の理由により一部実物と異なる形式の解答用紙がございます。

人間の最も偉大な力とは、その一番の弱点を克服したところから生まれてくるものである。──カール・ヒルティ──

東京学参株式会社

日本大学高等学校　2024年度

◇数学◇

※この解答用紙は学校からの発表がないため，東京学参が制作いたしました。

問題 1

(1)	1	⊖ ⓪ ① ② ③ ④ ⑤ ⑥ ⑦ ⑧ ⑨
	2	⊖ ⓪ ① ② ③ ④ ⑤ ⑥ ⑦ ⑧ ⑨
	3	⊖ ⓪ ① ② ③ ④ ⑤ ⑥ ⑦ ⑧ ⑨
	4	⊖ ⓪ ① ② ③ ④ ⑤ ⑥ ⑦ ⑧ ⑨
	5	⊖ ⓪ ① ② ③ ④ ⑤ ⑥ ⑦ ⑧ ⑨
	6	⊖ ⓪ ① ② ③ ④ ⑤ ⑥ ⑦ ⑧ ⑨
(2)	7	⊖ ⓪ ① ② ③ ④ ⑤ ⑥ ⑦ ⑧ ⑨
	8	⊖ ⓪ ① ② ③ ④ ⑤ ⑥ ⑦ ⑧ ⑨
(3)	9	⊖ ⓪ ① ② ③ ④ ⑤ ⑥ ⑦ ⑧ ⑨
	10	⊖ ⓪ ① ② ③ ④ ⑤ ⑥ ⑦ ⑧ ⑨
	11	⊖ ⓪ ① ② ③ ④ ⑤ ⑥ ⑦ ⑧ ⑨
(4)	12	⊖ ⓪ ① ② ③ ④ ⑤ ⑥ ⑦ ⑧ ⑨
	13	⊖ ⓪ ① ② ③ ④ ⑤ ⑥ ⑦ ⑧ ⑨
	14	⊖ ⓪ ① ② ③ ④ ⑤ ⑥ ⑦ ⑧ ⑨
(5)	15	⊖ ⓪ ① ② ③ ④ ⑤ ⑥ ⑦ ⑧ ⑨
	16	⊖ ⓪ ① ② ③ ④ ⑤ ⑥ ⑦ ⑧ ⑨
(6)	17	⊖ ⓪ ① ② ③ ④ ⑤ ⑥ ⑦ ⑧ ⑨
	18	⊖ ⓪ ① ② ③ ④ ⑤ ⑥ ⑦ ⑧ ⑨
	19	⊖ ⓪ ① ② ③ ④ ⑤ ⑥ ⑦ ⑧ ⑨
(7)	20	⊖ ⓪ ① ② ③ ④ ⑤ ⑥ ⑦ ⑧ ⑨
	21	⊖ ⓪ ① ② ③ ④ ⑤ ⑥ ⑦ ⑧ ⑨
(8)	22	⊖ ⓪ ① ② ③ ④ ⑤ ⑥ ⑦ ⑧ ⑨
	23	⊖ ⓪ ① ② ③ ④ ⑤ ⑥ ⑦ ⑧ ⑨

問題 2

(9)	24	⊖ ⓪ ① ② ③ ④ ⑤ ⑥ ⑦ ⑧ ⑨
	25	⊖ ⓪ ① ② ③ ④ ⑤ ⑥ ⑦ ⑧ ⑨
(10)	26	⊖ ⓪ ① ② ③ ④ ⑤ ⑥ ⑦ ⑧ ⑨
	27	⊖ ⓪ ① ② ③ ④ ⑤ ⑥ ⑦ ⑧ ⑨
	28	⊖ ⓪ ① ② ③ ④ ⑤ ⑥ ⑦ ⑧ ⑨
	29	⊖ ⓪ ① ② ③ ④ ⑤ ⑥ ⑦ ⑧ ⑨

問題 3

(11)	30	⊖ ⓪ ① ② ③ ④ ⑤ ⑥ ⑦ ⑧ ⑨
	31	⊖ ⓪ ① ② ③ ④ ⑤ ⑥ ⑦ ⑧ ⑨
	32	⊖ ⓪ ① ② ③ ④ ⑤ ⑥ ⑦ ⑧ ⑨
(12)	33	⊖ ⓪ ① ② ③ ④ ⑤ ⑥ ⑦ ⑧ ⑨
	34	⊖ ⓪ ① ② ③ ④ ⑤ ⑥ ⑦ ⑧ ⑨
	35	⊖ ⓪ ① ② ③ ④ ⑤ ⑥ ⑦ ⑧ ⑨
	36	⊖ ⓪ ① ② ③ ④ ⑤ ⑥ ⑦ ⑧ ⑨
(13)	37	⊖ ⓪ ① ② ③ ④ ⑤ ⑥ ⑦ ⑧ ⑨
	38	⊖ ⓪ ① ② ③ ④ ⑤ ⑥ ⑦ ⑧ ⑨
	39	⊖ ⓪ ① ② ③ ④ ⑤ ⑥ ⑦ ⑧ ⑨

問題 4

(14)	40	⊖ ⓪ ① ② ③ ④ ⑤ ⑥ ⑦ ⑧ ⑨
	41	⊖ ⓪ ① ② ③ ④ ⑤ ⑥ ⑦ ⑧ ⑨
	42	⊖ ⓪ ① ② ③ ④ ⑤ ⑥ ⑦ ⑧ ⑨
(15)	43	⊖ ⓪ ① ② ③ ④ ⑤ ⑥ ⑦ ⑧ ⑨
	44	⊖ ⓪ ① ② ③ ④ ⑤ ⑥ ⑦ ⑧ ⑨

問題 5

(16)	45	⊖ ⓪ ① ② ③ ④ ⑤ ⑥ ⑦ ⑧ ⑨
(17)	46	⊖ ⓪ ① ② ③ ④ ⑤ ⑥ ⑦ ⑧ ⑨
	47	⊖ ⓪ ① ② ③ ④ ⑤ ⑥ ⑦ ⑧ ⑨
(18)	48	⊖ ⓪ ① ② ③ ④ ⑤ ⑥ ⑦ ⑧ ⑨
	49	⊖ ⓪ ① ② ③ ④ ⑤ ⑥ ⑦ ⑧ ⑨

※この解答用紙は学校からの発表がないため，東京学参が制作いたしました。

問題 1

(A)	No.1	① ② ③ ④
	No.2	① ② ③ ④
	No.3	① ② ③ ④
	No.4	① ② ③ ④
(B)	No.5	① ② ③ ④
	No.6	① ② ③ ④
	No.7	① ② ③ ④
	No.8	① ② ③ ④
	No.9	① ② ③ ④
	No.10	① ② ③ ④

問題 2

(11)	① ② ③ ④
(12)	① ② ③ ④
(13)	① ② ③ ④
(14)	① ② ③ ④
(15)	① ② ③ ④
(16)	① ② ③ ④
(17)	① ② ③ ④
(18)	① ② ③ ④
(19)	① ② ③ ④
(20)	① ② ③ ④
(21)	① ② ③ ④
(22)	① ② ③ ④
(23)	① ② ③ ④
(24)	① ② ③ ④
(25)	① ② ③ ④
(26)	① ② ③ ④
(27)	① ② ③ ④
(28)	① ② ③ ④
(29)	① ② ③ ④
(30)	① ② ③ ④

問題 3

(31)	① ② ③ ④
(32)	① ② ③ ④
(33)	① ② ③ ④
(34)	① ② ③ ④
(35)	① ② ③ ④

問題 4

〔A〕	(36)	① ② ③ ④
	(37)	① ② ③ ④
〔B〕	(38)	① ② ③ ④
	(39)	① ② ③ ④
	(40)	① ② ③ ④

問題 5

〔A〕	(41)	① ② ③ ④
	(42)	① ② ③ ④
〔B〕	(43)	① ② ③ ④
	(44)	① ② ③ ④
	(45)	① ② ③ ④

日本大学高等学校　2024年度　◇国語◇

※この解答用紙は学校からの発表がないため，東京学参が制作いたしました。

一

問1	① ② ③ ④
問2	① ② ③ ④
問3	① ② ③ ④
問4	① ② ③ ④
問5	① ② ③ ④
問6	① ② ③ ④
問7	① ② ③ ④
問8	① ② ③ ④
問9	① ② ③ ④
問10	① ② ③ ④

二

問11	① ② ③ ④
問12	① ② ③ ④
問13	① ② ③ ④
問14	① ② ③ ④
問15	① ② ③ ④
問16	① ② ③ ④
問17	① ② ③ ④
問18	① ② ③ ④
問19	① ② ③ ④
問20	① ② ③ ④
問21	① ② ③ ④
問22	① ② ③ ④
問23	① ② ③ ④
問24	① ② ③ ④

三

問25	① ② ③ ④
問26	① ② ③ ④
問27	① ② ③ ④
問28	① ② ③ ④
問29	① ② ③ ④
問30	① ② ③ ④
問31	① ② ③ ④
問32	① ② ③ ④
問33	① ② ③ ④
問34	① ② ③ ④
問35	① ② ③ ④
問36	① ② ③ ④

四

問37	① ② ③ ④
問38	① ② ③ ④
問39	① ② ③ ④
問40	① ② ③ ④
問41	① ② ③ ④
問42	① ② ③ ④
問43	① ② ③ ④
問44	① ② ③ ④
問45	① ② ③ ④
問46	① ② ③ ④
問47	① ② ③ ④
問48	① ② ③ ④
問49	① ② ③ ④
問50	① ② ③ ④

日本大学高等学校　　2023年度　　◇数学◇

※この解答用紙は学校からの発表がないため，東京学参が制作いたしました。

問題 1

(1)	1	⊖ ⓪ ① ② ③ ④ ⑤ ⑥ ⑦ ⑧ ⑨
	2	⊖ ⓪ ① ② ③ ④ ⑤ ⑥ ⑦ ⑧ ⑨
	3	⊖ ⓪ ① ② ③ ④ ⑤ ⑥ ⑦ ⑧ ⑨
	4	⊖ ⓪ ① ② ③ ④ ⑤ ⑥ ⑦ ⑧ ⑨
(2)	5	⊖ ⓪ ① ② ③ ④ ⑤ ⑥ ⑦ ⑧ ⑨
	6	⊖ ⓪ ① ② ③ ④ ⑤ ⑥ ⑦ ⑧ ⑨
	7	⊖ ⓪ ① ② ③ ④ ⑤ ⑥ ⑦ ⑧ ⑨
(3)	8	⊖ ⓪ ① ② ③ ④ ⑤ ⑥ ⑦ ⑧ ⑨
(4)	9	⊖ ⓪ ① ② ③ ④ ⑤ ⑥ ⑦ ⑧ ⑨
	10	⊖ ⓪ ① ② ③ ④ ⑤ ⑥ ⑦ ⑧ ⑨
	11	⊖ ⓪ ① ② ③ ④ ⑤ ⑥ ⑦ ⑧ ⑨
(5)	12	⊖ ⓪ ① ② ③ ④ ⑤ ⑥ ⑦ ⑧ ⑨
	13	⊖ ⓪ ① ② ③ ④ ⑤ ⑥ ⑦ ⑧ ⑨
(6)	14	⊖ ⓪ ① ② ③ ④ ⑤ ⑥ ⑦ ⑧ ⑨
	15	⊖ ⓪ ① ② ③ ④ ⑤ ⑥ ⑦ ⑧ ⑨
(7)	16	⊖ ⓪ ① ② ③ ④ ⑤ ⑥ ⑦ ⑧ ⑨
	17	⊖ ⓪ ① ② ③ ④ ⑤ ⑥ ⑦ ⑧ ⑨
	18	⊖ ⓪ ① ② ③ ④ ⑤ ⑥ ⑦ ⑧ ⑨
(8)	19	⊖ ⓪ ① ② ③ ④ ⑤ ⑥ ⑦ ⑧ ⑨
	20	⊖ ⓪ ① ② ③ ④ ⑤ ⑥ ⑦ ⑧ ⑨
	21	⊖ ⓪ ① ② ③ ④ ⑤ ⑥ ⑦ ⑧ ⑨

問題 2

(9)	22	⊖ ⓪ ① ② ③ ④ ⑤ ⑥ ⑦ ⑧ ⑨
	23	⊖ ⓪ ① ② ③ ④ ⑤ ⑥ ⑦ ⑧ ⑨
	24	⊖ ⓪ ① ② ③ ④ ⑤ ⑥ ⑦ ⑧ ⑨
(10)	25	⊖ ⓪ ① ② ③ ④ ⑤ ⑥ ⑦ ⑧ ⑨
	26	⊖ ⓪ ① ② ③ ④ ⑤ ⑥ ⑦ ⑧ ⑨
	27	⊖ ⓪ ① ② ③ ④ ⑤ ⑥ ⑦ ⑧ ⑨

問題 3

(11)	28	⊖ ⓪ ① ② ③ ④ ⑤ ⑥ ⑦ ⑧ ⑨
	29	⊖ ⓪ ① ② ③ ④ ⑤ ⑥ ⑦ ⑧ ⑨
(12)	30	⊖ ⓪ ① ② ③ ④ ⑤ ⑥ ⑦ ⑧ ⑨
	31	⊖ ⓪ ① ② ③ ④ ⑤ ⑥ ⑦ ⑧ ⑨
	32	⊖ ⓪ ① ② ③ ④ ⑤ ⑥ ⑦ ⑧ ⑨
(13)	33	⊖ ⓪ ① ② ③ ④ ⑤ ⑥ ⑦ ⑧ ⑨
	34	⊖ ⓪ ① ② ③ ④ ⑤ ⑥ ⑦ ⑧ ⑨

問題 4

(14)	35	⊖ ⓪ ① ② ③ ④ ⑤ ⑥ ⑦ ⑧ ⑨
	36	⊖ ⓪ ① ② ③ ④ ⑤ ⑥ ⑦ ⑧ ⑨
	37	⊖ ⓪ ① ② ③ ④ ⑤ ⑥ ⑦ ⑧ ⑨
(15)	38	⊖ ⓪ ① ② ③ ④ ⑤ ⑥ ⑦ ⑧ ⑨
	39	⊖ ⓪ ① ② ③ ④ ⑤ ⑥ ⑦ ⑧ ⑨
	40	⊖ ⓪ ① ② ③ ④ ⑤ ⑥ ⑦ ⑧ ⑨

問題 5

(16)	41	⊖ ⓪ ① ② ③ ④ ⑤ ⑥ ⑦ ⑧ ⑨
	42	⊖ ⓪ ① ② ③ ④ ⑤ ⑥ ⑦ ⑧ ⑨
(17)	43	⊖ ⓪ ① ② ③ ④ ⑤ ⑥ ⑦ ⑧ ⑨
	44	⊖ ⓪ ① ② ③ ④ ⑤ ⑥ ⑦ ⑧ ⑨

※この解答用紙は学校からの発表がないため，東京学参が制作いたしました。

問題 1

(A)	No.1	① ② ③ ④
	No.2	① ② ③ ④
	No.3	① ② ③ ④
	No.4	① ② ③ ④
(B)	No.5	① ② ③ ④
	No.6	① ② ③ ④
	No.7	① ② ③ ④
	No.8	① ② ③ ④
	No.9	① ② ③ ④
	No.10	① ② ③ ④

問題 2

(11)	① ② ③ ④
(12)	① ② ③ ④
(13)	① ② ③ ④
(14)	① ② ③ ④
(15)	① ② ③ ④
(16)	① ② ③ ④
(17)	① ② ③ ④
(18)	① ② ③ ④
(19)	① ② ③ ④
(20)	① ② ③ ④
(21)	① ② ③ ④
(22)	① ② ③ ④
(23)	① ② ③ ④
(24)	① ② ③ ④
(25)	① ② ③ ④
(26)	① ② ③ ④
(27)	① ② ③ ④
(28)	① ② ③ ④
(29)	① ② ③ ④
(30)	① ② ③ ④

問題 3

(31)	① ② ③ ④
(32)	① ② ③ ④
(33)	① ② ③ ④
(34)	① ② ③ ④
(35)	① ② ③ ④

問題 4

〔A〕	(36)	① ② ③ ④
	(37)	① ② ③ ④
〔B〕	(38)	① ② ③ ④
	(39)	① ② ③ ④
	(40)	① ② ③ ④

問題 5

〔A〕	(41)	① ② ③ ④
	(42)	① ② ③ ④
〔B〕	(43)	① ② ③ ④
	(44)	① ② ③ ④
	(45)	① ② ③ ④

日本大学高等学校　2023年度

◇国語◇

※この解答用紙は学校からの発表がないため，東京学参が制作いたしました。

一

問1	① ② ③ ④
問2	① ② ③ ④
問3	① ② ③ ④
問4	① ② ③ ④
問5	① ② ③ ④
問6	① ② ③ ④
問7	① ② ③ ④
問8	① ② ③ ④
問9	① ② ③ ④
問10	① ② ③ ④

二

問11	① ② ③ ④
問12	① ② ③ ④
問13	① ② ③ ④
問14	① ② ③ ④
問15	① ② ③ ④
問16	① ② ③ ④
問17	① ② ③ ④
問18	① ② ③ ④
問19	① ② ③ ④
問20	① ② ③ ④
問21	① ② ③ ④
問22	① ② ③ ④
問23	① ② ③ ④ ⑤ ⑥

三

問24	① ② ③ ④
問25	① ② ③ ④
問26	① ② ③ ④
問27	① ② ③ ④
問28	① ② ③ ④
問29	① ② ③ ④
問30	① ② ③ ④
問31	① ② ③ ④
問32	① ② ③ ④
問33	① ② ③ ④
問34	① ② ③ ④
問35	① ② ③ ④
問36	① ② ③ ④

四

問37	① ② ③ ④
問38	① ② ③ ④
問39	① ② ③ ④
問40	① ② ③ ④
問41	① ② ③ ④
問42	① ② ③ ④
問43	① ② ③ ④
問44	① ② ③ ④
問45	① ② ③ ④
問46	① ② ③ ④
問47	① ② ③ ④
問48	① ② ③ ④
問49	① ② ③ ④
問50	① ② ③ ④

日本大学高等学校　2022年度

◇数学◇

※この解答用紙は学校からの発表がないため，東京学参が制作いたしました。

問題 1

(1)	1	⊖	⓪	①	②	③	④	⑤	⑥	⑦	⑧	⑨
	2	⊖	⓪	①	②	③	④	⑤	⑥	⑦	⑧	⑨
	3	⊖	⓪	①	②	③	④	⑤	⑥	⑦	⑧	⑨
	4	⊖	⓪	①	②	③	④	⑤	⑥	⑦	⑧	⑨
(2)	5	⊖	⓪	①	②	③	④	⑤	⑥	⑦	⑧	⑨
	6	⊖	⓪	①	②	③	④	⑤	⑥	⑦	⑧	⑨
	7	⊖	⓪	①	②	③	④	⑤	⑥	⑦	⑧	⑨
(3)	8	⊖	⓪	①	②	③	④	⑤	⑥	⑦	⑧	⑨
	9	⊖	⓪	①	②	③	④	⑤	⑥	⑦	⑧	⑨
(4)	10	⊖	⓪	①	②	③	④	⑤	⑥	⑦	⑧	⑨
(5)	11	⊖	⓪	①	②	③	④	⑤	⑥	⑦	⑧	⑨
	12	⊖	⓪	①	②	③	④	⑤	⑥	⑦	⑧	⑨
(6)	13	⊖	⓪	①	②	③	④	⑤	⑥	⑦	⑧	⑨
(7)	14	⊖	⓪	①	②	③	④	⑤	⑥	⑦	⑧	⑨
	15	⊖	⓪	①	②	③	④	⑤	⑥	⑦	⑧	⑨
	16	⊖	⓪	①	②	③	④	⑤	⑥	⑦	⑧	⑨
	17	⊖	⓪	①	②	③	④	⑤	⑥	⑦	⑧	⑨
	18	⊖	⓪	①	②	③	④	⑤	⑥	⑦	⑧	⑨
(8)	19	⊖	⓪	①	②	③	④	⑤	⑥	⑦	⑧	⑨
	20	⊖	⓪	①	②	③	④	⑤	⑥	⑦	⑧	⑨

問題 2

(9)	21	⊖	⓪	①	②	③	④	⑤	⑥	⑦	⑧	⑨
(10)	22	⊖	⓪	①	②	③	④	⑤	⑥	⑦	⑧	⑨
(11)	23	⊖	⓪	①	②	③	④	⑤	⑥	⑦	⑧	⑨
	24	⊖	⓪	①	②	③	④	⑤	⑥	⑦	⑧	⑨
	25	⊖	⓪	①	②	③	④	⑤	⑥	⑦	⑧	⑨
	26	⊖	⓪	①	②	③	④	⑤	⑥	⑦	⑧	⑨

問題 3

(12)	27	⊖	⓪	①	②	③	④	⑤	⑥	⑦	⑧	⑨
	28	⊖	⓪	①	②	③	④	⑤	⑥	⑦	⑧	⑨
	29	⊖	⓪	①	②	③	④	⑤	⑥	⑦	⑧	⑨
(13)	30	⊖	⓪	①	②	③	④	⑤	⑥	⑦	⑧	⑨
	31	⊖	⓪	①	②	③	④	⑤	⑥	⑦	⑧	⑨
	32	⊖	⓪	①	②	③	④	⑤	⑥	⑦	⑧	⑨

問題 4

(14)	33	⊖	⓪	①	②	③	④	⑤	⑥	⑦	⑧	⑨
	34	⊖	⓪	①	②	③	④	⑤	⑥	⑦	⑧	⑨
(15)	35	⊖	⓪	①	②	③	④	⑤	⑥	⑦	⑧	⑨
	36	⊖	⓪	①	②	③	④	⑤	⑥	⑦	⑧	⑨
(16)	37	⊖	⓪	①	②	③	④	⑤	⑥	⑦	⑧	⑨
	38	⊖	⓪	①	②	③	④	⑤	⑥	⑦	⑧	⑨
	39	⊖	⓪	①	②	③	④	⑤	⑥	⑦	⑧	⑨
	40	⊖	⓪	①	②	③	④	⑤	⑥	⑦	⑧	⑨

問題 5

(17)	41	⊖	⓪	①	②	③	④	⑤	⑥	⑦	⑧	⑨
(18)	42	⊖	⓪	①	②	③	④	⑤	⑥	⑦	⑧	⑨
	43	⊖	⓪	①	②	③	④	⑤	⑥	⑦	⑧	⑨
(19)	44	⊖	⓪	①	②	③	④	⑤	⑥	⑦	⑧	⑨
	45	⊖	⓪	①	②	③	④	⑤	⑥	⑦	⑧	⑨
	46	⊖	⓪	①	②	③	④	⑤	⑥	⑦	⑧	⑨

日本大学高等学校　2022年度

◇英語◇

※この解答用紙は学校からの発表がないため，東京学参が制作いたしました。

問題 1

(A)	No.1	① ② ③ ④
	No.2	① ② ③ ④
	No.3	① ② ③ ④
	No.4	① ② ③ ④
(B)	No.5	① ② ③ ④
	No.6	① ② ③ ④
	No.7	① ② ③ ④
	No.8	① ② ③ ④
	No.9	① ② ③ ④
	No.10	① ② ③ ④

問題 2

(11)	① ② ③ ④
(12)	① ② ③ ④
(13)	① ② ③ ④
(14)	① ② ③ ④
(15)	① ② ③ ④
(16)	① ② ③ ④
(17)	① ② ③ ④
(18)	① ② ③ ④
(19)	① ② ③ ④
(20)	① ② ③ ④
(21)	① ② ③ ④
(22)	① ② ③ ④
(23)	① ② ③ ④
(24)	① ② ③ ④
(25)	① ② ③ ④
(26)	① ② ③ ④
(27)	① ② ③ ④
(28)	① ② ③ ④
(29)	① ② ③ ④
(30)	① ② ③ ④

問題 3

(31)	① ② ③ ④
(32)	① ② ③ ④
(33)	① ② ③ ④
(34)	① ② ③ ④
(35)	① ② ③ ④

問題 4

(A)	(36)	① ② ③ ④
	(37)	① ② ③ ④
(B)	(38)	① ② ③ ④
	(39)	① ② ③ ④
	(40)	① ② ③ ④

問題 5

(A)	(41)	① ② ③ ④
	(42)	① ② ③ ④
(B)	(43)	① ② ③ ④
	(44)	① ② ③ ④
	(45)	① ② ③ ④

日本大学高等学校　2022年度

◇国語◇

※この解答用紙は学校からの発表がないため，東京学参が制作いたしました。

一

問1	① ② ③ ④
問2	① ② ③ ④
問3	① ② ③ ④
問4	① ② ③ ④
問5	① ② ③ ④
問6	① ② ③ ④
問7	① ② ③ ④
問8	① ② ③ ④
問9	① ② ③ ④
問10	① ② ③ ④
問11	① ② ③ ④
問12	① ② ③ ④

二

問13	① ② ③ ④
問14	① ② ③ ④
問15	① ② ③ ④
問16	① ② ③ ④
問17	① ② ③ ④
問18	① ② ③ ④
問19	① ② ③ ④
問20	① ② ③ ④
問21	① ② ③ ④
問22	① ② ③ ④
問23	① ② ③ ④
問24	① ② ③ ④
問25	① ② ③ ④

三

問26	① ② ③ ④
問27	① ② ③ ④
問28	① ② ③ ④
問29	① ② ③ ④
問30	① ② ③ ④
問31	① ② ③ ④
問32	① ② ③ ④
問33	① ② ③ ④
問34	① ② ③ ④
問35	① ② ③ ④
問36	① ② ③ ④
問37	① ② ③ ④
問38	① ② ③ ④

四

問39	① ② ③ ④
問40	① ② ③ ④
問41	① ② ③ ④
問42	① ② ③ ④
問43	① ② ③ ④
問44	① ② ③ ④
問45	① ② ③ ④
問46	① ② ③ ④
問47	① ② ③ ④
問48	① ② ③ ④
問49	① ② ③ ④
問50	① ② ③ ④
問51	① ② ③ ④

問題1

(1)	1	⊖	⓪	①	②	③	④	⑤	⑥	⑦	⑧	⑨
	2	⊖	⓪	①	②	③	④	⑤	⑥	⑦	⑧	⑨
	3	⊖	⓪	①	②	③	④	⑤	⑥	⑦	⑧	⑨
	4	⊖	⓪	①	②	③	④	⑤	⑥	⑦	⑧	⑨
	5	⊖	⓪	①	②	③	④	⑤	⑥	⑦	⑧	⑨
(2)	6	⊖	⓪	①	②	③	④	⑤	⑥	⑦	⑧	⑨
	7	⊖	⓪	①	②	③	④	⑤	⑥	⑦	⑧	⑨
	8	⊖	⓪	①	②	③	④	⑤	⑥	⑦	⑧	⑨
(3)	9	⊖	⓪	①	②	③	④	⑤	⑥	⑦	⑧	⑨
	10	⊖	⓪	①	②	③	④	⑤	⑥	⑦	⑧	⑨
(4)	11	⊖	⓪	①	②	③	④	⑤	⑥	⑦	⑧	⑨
	12	⊖	⓪	①	②	③	④	⑤	⑥	⑦	⑧	⑨
	13	⊖	⓪	①	②	③	④	⑤	⑥	⑦	⑧	⑨
	14	⊖	⓪	①	②	③	④	⑤	⑥	⑦	⑧	⑨
(5)	15	⊖	⓪	①	②	③	④	⑤	⑥	⑦	⑧	⑨
	16	⊖	⓪	①	②	③	④	⑤	⑥	⑦	⑧	⑨
(6)	17	⊖	⓪	①	②	③	④	⑤	⑥	⑦	⑧	⑨
	18	⊖	⓪	①	②	③	④	⑤	⑥	⑦	⑧	⑨
(7)	19	⊖	⓪	①	②	③	④	⑤	⑥	⑦	⑧	⑨
(8)	20	⊖	⓪	①	②	③	④	⑤	⑥	⑦	⑧	⑨
	21	⊖	⓪	①	②	③	④	⑤	⑥	⑦	⑧	⑨
	22	⊖	⓪	①	②	③	④	⑤	⑥	⑦	⑧	⑨
	23	⊖	⓪	①	②	③	④	⑤	⑥	⑦	⑧	⑨

問題2

(9)	24	⊖	⓪	①	②	③	④	⑤	⑥	⑦	⑧	⑨
	25	⊖	⓪	①	②	③	④	⑤	⑥	⑦	⑧	⑨
(10)	26	⊖	⓪	①	②	③	④	⑤	⑥	⑦	⑧	⑨
	27	⊖	⓪	①	②	③	④	⑤	⑥	⑦	⑧	⑨
(11)	28	⊖	⓪	①	②	③	④	⑤	⑥	⑦	⑧	⑨
	29	⊖	⓪	①	②	③	④	⑤	⑥	⑦	⑧	⑨

問題3

(12)	30	⊖	⓪	①	②	③	④	⑤	⑥	⑦	⑧	⑨
	31	⊖	⓪	①	②	③	④	⑤	⑥	⑦	⑧	⑨
	32	⊖	⓪	①	②	③	④	⑤	⑥	⑦	⑧	⑨
(13)	33	⊖	⓪	①	②	③	④	⑤	⑥	⑦	⑧	⑨
	34	⊖	⓪	①	②	③	④	⑤	⑥	⑦	⑧	⑨
(14)	35	⊖	⓪	①	②	③	④	⑤	⑥	⑦	⑧	⑨
	36	⊖	⓪	①	②	③	④	⑤	⑥	⑦	⑧	⑨
	37	⊖	⓪	①	②	③	④	⑤	⑥	⑦	⑧	⑨
	38	⊖	⓪	①	②	③	④	⑤	⑥	⑦	⑧	⑨

問題4

(15)	30	⊖	⓪	①	②	③	④	⑤	⑥	⑦	⑧	⑨
	31	⊖	⓪	①	②	③	④	⑤	⑥	⑦	⑧	⑨
	32	⊖	⓪	①	②	③	④	⑤	⑥	⑦	⑧	⑨
(16)	33	⊖	⓪	①	②	③	④	⑤	⑥	⑦	⑧	⑨
	34	⊖	⓪	①	②	③	④	⑤	⑥	⑦	⑧	⑨
	35	⊖	⓪	①	②	③	④	⑤	⑥	⑦	⑧	⑨

問題5

(17)	45	⊖	⓪	①	②	③	④	⑤	⑥	⑦	⑧	⑨
	46	⊖	⓪	①	②	③	④	⑤	⑥	⑦	⑧	⑨
(18)	47	⊖	⓪	①	②	③	④	⑤	⑥	⑦	⑧	⑨
	48	⊖	⓪	①	②	③	④	⑤	⑥	⑦	⑧	⑨
(19)	49	⊖	⓪	①	②	③	④	⑤	⑥	⑦	⑧	⑨
	50	⊖	⓪	①	②	③	④	⑤	⑥	⑦	⑧	⑨

問題1

(A)	No.1	① ② ③ ④
	No.2	① ② ③ ④
	No.3	① ② ③ ④
	No.4	① ② ③ ④
(B)	No.5	① ② ③ ④
	No.6	① ② ③ ④
	No.7	① ② ③ ④
	No.8	① ② ③ ④
	No.9	① ② ③ ④
	No.10	① ② ③ ④

問題2

(A)	(11)	① ② ③ ④
	(12)	① ② ③ ④
	(13)	① ② ③ ④
	(14)	① ② ③ ④
	(15)	① ② ③ ④
	(16)	① ② ③ ④
	(17)	① ② ③ ④
	(18)	① ② ③ ④
	(19)	① ② ③ ④
	(20)	① ② ③ ④
	(21)	① ② ③ ④
	(22)	① ② ③ ④
	(23)	① ② ③ ④
	(24)	① ② ③ ④
	(25)	① ② ③ ④

(B)	(a)	(26)	① ② ③ ④ ⑤ ⑥
		(27)	① ② ③ ④ ⑤ ⑥
	(b)	(28)	① ② ③ ④ ⑤ ⑥
		(29)	① ② ③ ④ ⑤ ⑥
	(c)	(30)	① ② ③ ④ ⑤ ⑥
		(31)	① ② ③ ④ ⑤ ⑥
	(d)	(32)	① ② ③ ④ ⑤ ⑥
		(33)	① ② ③ ④ ⑤ ⑥
	(e)	(34)	① ② ③ ④ ⑤ ⑥
		(35)	① ② ③ ④ ⑤ ⑥
	(f)	(36)	① ② ③ ④ ⑤ ⑥
		(37)	① ② ③ ④ ⑤ ⑥
	(g)	(38)	① ② ③ ④ ⑤ ⑥
		(39)	① ② ③ ④ ⑤ ⑥
	(h)	(40)	① ② ③ ④ ⑤ ⑥
		(41)	① ② ③ ④ ⑤ ⑥
	(i)	(42)	① ② ③ ④ ⑤ ⑥
		(43)	① ② ③ ④ ⑤ ⑥
	(j)	(44)	① ② ③ ④ ⑤ ⑥
		(45)	① ② ③ ④ ⑤ ⑥

問題3

(A)	(46)	① ② ③ ④ ⑤ ⑥ ⑦ ⑧ ⑨ ⓪
	(47)	① ② ③ ④ ⑤ ⑥ ⑦ ⑧ ⑨ ⓪
	(48)	① ② ③ ④ ⑤ ⑥ ⑦ ⑧ ⑨ ⓪
	(49)	① ② ③ ④ ⑤ ⑥ ⑦ ⑧ ⑨ ⓪
	(50)	① ② ③ ④ ⑤ ⑥ ⑦ ⑧ ⑨ ⓪
(B)	(51)	① ② ③ ④
	(52)	① ② ③ ④
	(53)	① ② ③ ④
	(54)	① ② ③ ④
	(55)	① ② ③ ④

一

問1	① ② ③ ④
問2	① ② ③ ④
問3	① ② ③ ④
問4	① ② ③ ④
問5	① ② ③ ④ ⑤ ⑥ ⑦ ⑧
問6	① ② ③ ④ ⑤ ⑥
問7	① ② ③ ④
問8	① ② ③ ④
問9	① ② ③ ④
問10	① ② ③ ④
問11	① ② ③ ④
問12	① ② ③ ④
問13	① ② ③ ④
問14	① ② ③ ④

二

問15	① ② ③ ④
問16	① ② ③ ④
問17	① ② ③ ④
問18	① ② ③ ④
問19	① ② ③ ④
問20	① ② ③ ④
問21	① ② ③ ④
問22	① ② ③ ④
問23	① ② ③ ④
問24	① ② ③ ④
問25	① ② ③ ④
問26	① ② ③ ④
問27	① ② ③ ④

三

問28	① ② ③ ④
問29	① ② ③ ④
問30	① ② ③ ④
問31	① ② ③ ④
問32	① ② ③ ④
問33	① ② ③ ④
問34	① ② ③ ④
問35	① ② ③ ④
問36	① ② ③ ④
問37	① ② ③ ④
問38	① ② ③ ④
問39	① ② ③ ④
問40	① ② ③ ④

四

問41	① ② ③ ④
問42	① ② ③ ④
問43	① ② ③ ④
問44	① ② ③ ④
問45	① ② ③ ④
問46	① ② ③ ④
問47	① ② ③ ④
問48	① ② ③ ④
問49	① ② ③ ④
問50	① ② ③ ④
問51	① ② ③ ④
問52	① ② ③ ④
問53	① ② ③ ④

東京学参の

中学校別入試過去問題シリーズ

＊出版校は一部変更することがあります。一覧にない学校はお問い合わせください。

東京ラインナップ

あ　青山学院中等部(L04)
　麻布中学(K01)
　桜蔭中学(K02)
　お茶の水女子大附属中学(K07)
か　海城中学(K09)
　開成中学(M01)
　学習院中等科(M03)
　慶應義塾中等部(K04)
　啓明学園中学(N29)
　晃華学園中学(N13)
　攻玉社中学(L11)
　国学院大久我山中学
　　(一般・CC)(N22)
　　(ＳＴ)(N23)
　駒場東邦中学(L01)
さ　芝中学(K16)
　芝浦工業大附属中学(M06)
　城北中学(M05)
　女子学院中学(K03)
　巣鴨中学(M02)
　成蹊中学(N06)
　成城中学(K28)
　成城学園中学(L05)
　青稜中学(K23)
　創価中学(N14)★
た　玉川学園中学部(N17)
　中央大附属中学(N08)
　筑波大附属中学(K06)
　筑波大附属駒場中学(L02)
　帝京大中学(N16)
　東海大菅生高中等部(N27)
　東京学芸大附属竹早中学(K08)
　東京都市大付属中学(L13)
　桐朋中学(N03)
　東洋英和女学院中学部(K15)
　豊島岡女子学園中学(M12)
な　日本大第一中学(M14)
　日本大第三中学(N19)
　日本大第二中学(N10)
は　雙葉中学(K05)
　法政大学中学(N11)
　本郷中学(M08)
ま　武蔵中学(N01)
　明治大付属中野中学(N05)
　明治大付属八王子中学(N07)
　明治大付属明治中学(K13)
ら　立教池袋中学(M04)
わ　和光中学(N21)
　早稲田中学(K10)
　早稲田実業学校中等部(K11)
　早稲田大高等学院中学部(N12)

神奈川ラインナップ

あ　浅野中学(O04)
　栄光学園中学(O06)
か　神奈川大附属中学(O08)
　鎌倉女学院中学(O27)
　関東学院六浦中学(O31)
　慶應義塾湘南藤沢中等部(O07)
　慶應義塾普通部(O01)
さ　相模女子大中学部(O32)
　サレジオ学院中学(O17)
　逗子開成中学(O22)
　聖光学院中学(O11)
　清泉女学院中学(O20)
　洗足学園中学(O18)
　捜真女学校中学部(O29)
た　桐蔭学園中等教育学校(O02)
　東海大付属相模高中等部(O24)
　桐光学園中学(O16)
な　日本大中学(O09)
は　フェリス女学院中学(O03)
　法政大第二中学(O19)
や　山手学院中学(O15)
　横浜隼人中学(O26)

千・埼・茨・他ラインナップ

あ　市川中学(P01)
　浦和明の星女子中学(Q06)
か　海陽中等教育学校
　　(入試Ⅰ・Ⅱ)(T01)
　　(特別給費生選抜)(T02)
　久留米大附設中学(Y04)
さ　栄東中学(東大・難関大)(Q09)
　栄東中学(東大特待)(Q10)
　狭山ヶ丘高校付属中学(Q01)
　芝浦工業大柏中学(P14)
　渋谷教育学園幕張中学(P09)
　城北埼玉中学(Q07)
　昭和学院秀英中学(P05)
　清真学園中学(S01)
　西南学院中学(Y02)
　西武学園文理中学(Q03)
　西武台新座中学(Q02)
　専修大松戸中学(P13)
た　筑紫女学園中学(Y03)
　千葉日本大第一中学(P07)
　千葉明徳中学(P12)
　東海大付属浦安高中等部(P06)
　東邦大付属東邦中学(P08)
　東洋大附属牛久中学(S02)
　獨協埼玉中学(Q08)
な　長崎日本大中学(Y01)
　成田高校付属中学(P15)
は　函館ラ・サール中学(X01)
　日出学園中学(P03)
　福岡大附属大濠中学(Y05)
　北嶺中学(X03)
　細田学園中学(Q04)
や　八千代松陰中学(P10)
ら　ラ・サール中学(Y07)
　立命館慶祥中学(X02)
　立教新座中学(Q05)
わ　早稲田佐賀中学(Y06)

公立中高一貫校ラインナップ

北海道　市立札幌開成中等教育学校(J22)
宮　城　宮城県仙台二華・古川黎明中学校(J17)
　市立仙台青陵中等教育学校(J33)
山　形　県立東桜学館・致道館中学校(J27)
茨　城　茨城県立中学・中等教育学校(J09)
栃　木　県立宇都宮東・佐野・矢板東高校附属中学校(J11)
群　馬　県立中央・市立四ツ葉学園中等教育学校・
　市立太田中学校(J10)
埼　玉　市立浦和中学校(J06)
　県立伊奈学園中学校(J31)
　さいたま市立大宮国際中等教育学校(J32)
　川口市立高等学校附属中学校(J35)
千　葉　県立千葉・東葛飾中学校(J07)
　市立稲毛国際中等教育学校(J25)
東　京　区立九段中等教育学校(J21)
　都立大泉高等学校附属中学校(J28)
　都立両国高等学校附属中学校(J01)
　都立白鷗高等学校附属中学校(J02)
　都立富士高等学校附属中学校(J03)
　都立三鷹中等教育学校(J29)
　都立南多摩中等教育学校(J30)
　都立武蔵高等学校附属中学校(J04)
　都立立川国際中等教育学校(J05)
　都立小石川中等教育学校(J23)
　都立桜修館中等教育学校(J24)
神奈川　川崎市立川崎高等学校附属中学校(J26)
　県立平塚・相模原中等教育学校(J08)
　横浜市立南高等学校附属中学校(J20)
　横浜サイエンスフロンティア高校附属中学校(J34)
広　島　県立広島中学校(J16)
　県立三次中学校(J37)
徳　島　県立城ノ内中等教育学校・富岡東・川島中学校(J18)
愛　媛　県立今治東・松山西中等教育学校(J19)
福　岡　福岡県立中学校・中等教育学校(J12)
佐　賀　県立香楠・致遠館・唐津東・武雄青陵中学校(J13)
宮　崎　県立五ヶ瀬中等教育学校・宮崎西・都城泉ヶ丘高校附属中学校(J15)
長　崎　県立長崎東・佐世保北・諫早高校附属中学校(J14)

公立中高一貫校「適性検査対策」問題集シリーズ

総合編　作文問題編　資料問題編　数と図形編　生活と科学編　実力確認テスト編

私立中・高スクールガイド
THE《ザ》 私立
私立中学&高校の学校生活がわかる！

〈ダウンロードコンテンツについて〉

本問題集のダウンロードコンテンツ、弊社ホームページで配信しております。現在ご利用いただけるのは「2025年度受験用」に対応したもので、**2025年3月末日**までダウンロード可能です。弊社ホームページにアクセスの上、ご利用ください。
※配信期間が終了いたしますと、ご利用いただけませんのでご了承ください。

高校別入試過去問題シリーズ

日本大学高等学校　2025年度

ISBN978-4-8141-2966-9

[発行所] 東京学参株式会社
〒153-0043　東京都目黒区東山2-6-4

書籍の内容についてのお問い合わせは右のQRコードから　⇒

※書籍の内容についてのお電話でのお問い合わせ、本書の内容を超えたご質問には対応できませんのでご了承ください。

2024年6月20日　初版